심리치료와 행복추구

Psychotherapy and the Quest for Happiness by Emmy van Deurzen
English language edition published by SAGE Publications of London, Thousand Oaks, New Delhi
and Singapore ⓒ Emmy van Deurzen, 2009
All rights reserved.

Korean translation edition ⓒ CIR Co., Ltd. 2017
Published by arrangement with SAGE Publications Ltd., London, UK
through Bestun Korea Agency, Seoul, Korea.
All rights reserved.

행복은 편안하게 즐기면서 단순히 행복한 느낌을 즐기는 것이 아니다.
행복은 마음의 상태로서 나 자신과 타인과 세계에 대해서 마음을 열 것을 요구한다.
행복하게 있기보다 행복을 행하는 것은 세계와 삶을 있는 그대로 만나는 것이다.

상담과 철학의 만남

심리치료와 행복추구

에미 반 두르젠 저
윤희조, 윤영선 역

씨
아이
알

행복을 추구하는 모든 이들에게

나는 푸른 정원을 꿈꾸고
한때 당신의 입맞춤처럼
햇빛은 나의 얼굴에 깃드네

머지않아 나는 오르려고 하네
이 어두워진 땅에
수줍은 빛으로

−수 허바드, 《Ghost Station》

• 역자 서문 •

대부분의 사람이 그렇겠지만 실존치료를 처음 접하게 된 것은 롤로 메이와 얄롬을 통해서였다. 죽음, 자유, 소외, 무의미 등 네 가지 키워드로 정리하는 방식으로 처음 접하게 되었다. 그 당시 나의 문제의식은 불교상담과 서구상담의 연결점을 찾는 것이었다. 원생 가운데 실존상담으로 논문을 쓰겠다는 원생이 있어서, 원생을 도와주려고 최근 실존상담으로 논문을 쓴 다른 원생에게 연락을 했다. "교수님 최근의 실존상담은 이전의 실존상담과 달라졌어요." "그래 이야기 한번 해봐라" 짧은 전화통화였지만 실존상담이 불교상담과 밀접하다는 것을 직감할 수 있었다. 그 이후로 일 년 넘게 실존상담과 불교에 대한 이야기를 나누었다.

나는 그때 이후로 하나의 돌파구가 뚫리는 것 같았다. 불교와 상담과 철학이 만날 수 있는 접점으로 실존상담과 실존철학을 새롭게 만나게 된 것이다. 실존철학은 현대철학의 대표적인 사조이다. 니체와 하이데거를 중심으로 현상학과 프랑스철학의 사조를 이어가고 있다. 상담에서도 실존상담은 정신분석과 인간중심상담의 가운데에 놓인다. 정신분석적 전통이 인간중심적 전통과 연결되는 지점에 실존치료가 놓여 있다.

현대의 실존치료를 대표하는 사람으로는 두르젠, 스피넬리, 슈나이더가 있다. 이들 가운데 두르젠은 현대 실존치료를 대표하는 영국의 실존심리치료사이다. 그녀는 현대철학에서 출발하여 이를 바탕으로 실존상담으로 영역을 확대하고 있다. 그녀가 제시하고 실존상담의 테제는 '모든 것은 연결되어 있다' 등 불교의 연기론과 닮아 있다. 또한 그녀는 플라톤, 소크라테스, 키에르케고르, 니체, 루소, 파스칼, 스피노자, 헤겔, 칸트, 로크를 비롯하여 후설, 야스퍼스, 하이데거, 사르트르, 보봐르, 메를로퐁티, 마르셀, 까뮈와 같은 실존주의 철학자들을 자신의 사상적 원천으로 삼고 있다. 바르트, 들뢰즈, 가따리, 푸코 그리고 이리가레이 등과 함께 철학적 훈련을 받았다.

그녀의 말 가운데 4장과 7장에 나오는 말은 두고두고 새겨볼 만한 말이다. '참으로 인간이 되기 위해서 우리는 삶의 모순에 기꺼이 개방되어 있어야 하고 삶의 길에서 이 모든 문제를 기꺼이 겪어야 한다. 우리는 가끔 이러한 것들 없이도 살 수 있지만 삶이 진실하고 훌륭하게 되는 것은 이러한 일을 직면하면서 사는 삶을 통해서이다.' '이것이 치료의 모든 것이다. 즉 더 많은 것을 성취하기 위해서가 아니고, 우리가 누구인지 어떻게 하면 원하는 사람이 되는지에 대하여 성찰하고 사물을 보는 법을 다시 배우기 위하여, 시간을 갖고 우리의 삶을 검토하는 것이 치료의 전부이다.'

　　실존상담연구소에서 실존상담을 좀 더 알아가게 되었고, 그곳에서 공역자인 윤영선 박사님을 만나게 되었다. 윤 박사님은 이미 실존치료와 관련된 박사학위를 쓰고서 실존상담 관련 원서를 여러 권 번역한 상태였다. 실존상담연구소 소장님으로 계신 이정기 교수님 소개로 원서를 접하게 되었다. 이 책은 두르젠이 실존상담 자체에 대한 연구에 집중한 이후에 자신의 연구 성과를 철학과 연관시켜서 일목요연하게 서술하고 있는 저서이다. 그리고 현대사회의 주제라고 할 수 있는 행복을 주제로 하고 있다. 행복의 추구가 아마 대부분의 현대인들의 삶의 목표가 되고 있는 것이 현실이다. 이러한 현실에서 행복이라는 것에 대해서 다시금 문제를 제기한다. 행복추구가 삶의 목표가 될 수 있는가? 괴로움이 없는 상태가 인간이 진정으로 원하는 상태인가? 이것은 현대사회가 만들어낸 이데올로기가 아닐까?라는 의문을 제기한다. 불교상담에서도 마찬가지이지만, 상담의 목표를 정확히 인지하는 것은 이후의 상담의 전개에서 필수적인 부분이라고 할 수 있다. 그러기에 행복이 상담의 목표가 될 수 있는지를 진지하게 고민하게 되는 것이다.

　　행복의 반대말로 사용되는 고통에 대해서도 마찬가지이다. 고통은 제거해야 하고 행복은 추구해야 하는가라는 근원적인 질문을 한다. 저자는 인간의 고통에 대해서 무수한 질문을 던진다. 인간의 고통은 반드시 없애야 되는 것인지, 자체로 해로운 것인지 등을 질문한다. 저자는 이를 새롭게 바라볼 수 있는 관점을 모색하고, 이러한 관점 위에서 심리치료를 새롭게 정립하고자 한다.

그러한 의미에서 두르젠은 근원적인 문제를 제기하고 있다. 우리로 하여금 상담의 목표를 과연 어디에 두어야 할 것인가?를 근원적으로 고민하게 만든다. 목표와 지향점이 달라지면 상담이 전혀 다른 방향으로 전개될 수 있기 때문이다. 그러므로 상담을 처음 시작하는 수련생과 초학자들은 반드시 고민해보아야 할 문제이다. 이러한 문제에 대해서 두르젠은 근원적인 대답을 제공하고 있다. 그녀는 이러한 답을 비단 심리학에서 뿐만 아니라 철학에서도 구하고 있다. 그래서 부제를 '철학과 상담의 만남'으로 붙여보았다. 저자는 행복의 정복(conquest)이 아니라 행복에 대한 탐구(quest)를 하고자 한다. 행복을 이미 목표로 정하고 이것을 어떻게 하면 획득할지에 관심을 가지는 것이 아니라 정말 행복이 상담과 삶의 목표가 될 수 있는지에 대해서 먼저 탐구하고자 한 것이다.

이 책을 본격적으로 번역하면서 윤 박사님과 매주 일요일 오전에 만나 한 줄 한 줄 꼼꼼히 교정보기를 2년 정도 하였다. 장문의 영국식 영어에 은유적 표현도 많고, 철학적 용어를 정확히 번역해야 하는데, 서양의 신화에 대해서도 해박한 지식을 요구했다. 축자적으로 번역한 것을 몇 번에 걸쳐서 교정하고 윤문을 거듭했다. 원문의 기억이 남아 있어서 번역자들이 보면 쉽게 이해가 되지만 번역된 한글 자체만 놓고 보면 어색한 문장을 윤문하는 데 약 3년이 걸렸다. 많은 시간이 걸린 작업이지만 아직도 매끄럽지 못하거나 잘못된 곳이 있다면 번역자들의 몫이다.

고마운 분들이 있다. 일찍부터 실존상담에 관심을 갖고 국내에 이를 소개하고 계시며, 이 책을 소개해주신 이정기 교수님께 감사드린다. 또한 꼼꼼히 윤문해준 엄세정 씨에게도 감사를 전한다. 원문의 기억 때문에 번역자에게는 보이지 않는 어색한 문장을 정제된 한국어 문장으로 다듬어주었다. 그리고 씨아이알 출판사의 박영지 편집장님, 편집을 담당해주신 최장미 선생님께 또한 감사의 마음을 전한다.

윤희조

• 목 차 •

Chapter 2

좋은 삶: 치료의 지침으로서 철학

Chapter 3

긍정심리학: 웰빙의 과학

Chapter 4

예측할 수 있는 어려움: 일상의 도전

Chapter 5

삶의 위기: 트라우마를 이겨내다

Chapter 6

말은 은이고 침묵은 금이다:
느낌은 말로 표현되지 않은 채 남아 있다

Chapter 7

존재의 의미: 행복추구를 넘어서

결 론

서 론
행복과 심리치료

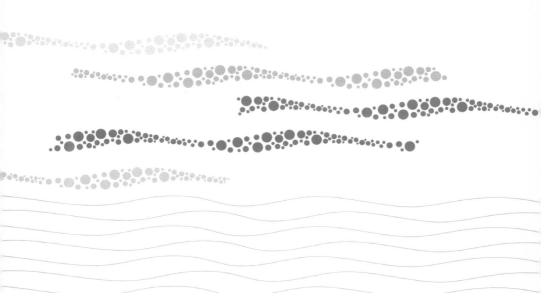

서 론 :
행복과 심리치료

인간이 두려워하는 것은 죽음이 아니라
결코 삶을 다시 시작하지 못한다는 것이다.
— 마르쿠스 아우렐리우스

1. 우리는 지금 어디에 있는가?

우리는 힘든 시대를 살고 있다. 문명과 문화가 우리를 편안하고 행복하게 해줄 것이라고 생각하지만, 행복은 그보다 더 복잡한 것으로 보인다. 우리는 분명히 이전보다 더 풍족하다. 많은 개인 소유물을 가지고 있고 많은 일용품을 소비한다. 수많은 기술적 업적을 자랑하며 훨씬 많은 것을 알고 통제한다. 또한 많은 자원을 다양하게 활용할 수 있으며 최대한으로 개발한다. 경제는 지속적인 성장과 확장을 이루어가고 있다. 그러나 영원한 행복의 상태에는 이르지 못했고 아마도 가까운 장래에도 그렇게 되지 못할 것이다. 태양 아래 새로운 것은 없다. 삶은 여전히 쉽지 않고, 쉽지 않았고, 쉽지 않을 것이다. 새로운 것은 새로운 결점을 가지고 있고, 새로운 책임과 문제를 가져다준다. 좋은 삶을 사는 것은 쉽지 않다. 그리고 좋은 삶을 올바르게 이해하는 것도 쉽지 않다. 많은 사람들은 점점 더 복잡해지고 스트레스가 많아지는 오늘날의 삶으로부터 버려진 느낌을 받는다. 우리는 행복을 원하지만 실제로 그것을 어디에서, 어떻게 찾아야 할지를 모른다. 걱정, 두려움, 우울, 후회, 의심, 혼란, 불안으로 우리는 많은 시간을 소비한다. 잘 산다고 하는 사람들조차도 스트레스를 느끼고 많은 시간을 피곤해한다.

이것은 전혀 새로운 현상이 아니다. 태곳적부터 사람들은 삶이 어려운 도전이라는 것을 알고 있었다. 예술가와 작가들은 인간 조건의 핵심 부분인 불행을 보여주고, 투쟁과 마음의 고통에서 영감을 얻는다. 왜냐하면 이것이 본질적으로 인간의 문화, 즉 우리의 근원적 연약함, 두려움, 좌절을 극복하는 것이기 때문이다. 오늘날 과학과 기술은 자연세계의 위험을 다루는 여러 가지 방법을 고안해낸다. 그렇게 고안된 방법들은 우리 모두가 직면해야 할 자연세계의 위험을 매우 효율적으로 길들이고 통제할 수 있게 한다. 전체적인 목표는 계속해서 우리의 삶을 더 편안하고 더 안전하게 만드는 것이다. 엄격하게 물질적인 면에서 보면 이 목표는 점점 더 이루어지고 있지만, 경제 성장이라는 러닝머신 위에서 더 빨리 뛰어야 하는 대가를 치루고 있다. 인류는 이 성장에 대한 대가를 지불하고 있다는 것을 점점 알아가고 있다. 그 가운데서 우리는 역설적, 잠정적으로 위협적인 부작용과 편안함이라는 반갑지 않은 결과와 직면하게 된다. 우리의 삶의 양식을 다각도로 검토하는 것이 이 우주와 인류의 미래에 매우 중요하다는 것이 분명하다(Martin, 2006의 예를 보라).

2. 과학인가 예술인가?

삶의 양식, 우리의 정신적, 도덕적, 정서적 삶을 사는 방식은 다각도로 검토되어야 한다. 그러나 놀랍게도 과학자들은 개인적 또는 대인 관계적인 상호작용에 대하여 점점 더 많이 알게 되면서 정서와 행동을 자동적으로 조작하고, 통제하며 관리할 수 있다고 생각한다. 이 영역에서 보이지 않는 혁명이 일어나고 있고 그것은 앞으로 수십 년 동안 예측할 수 없는 결과를 보여줄 것이다. 신경과학자와 사회학자가 우리의 마음을 더 잘 프로그램화하고 우리의 행동을 조작할 때, 우리는 우리가 원하는 것과 원하지 않는 것을 주도적으로 분명하게 해야 할 필요가 있다. 어떻게 기계적이고 사실적인 지식이 우리를 통제하지 않고 도울 수 있는지에 대하여 더 많이 생각할 필요가 있다. 인간의 자유, 자발성과 창조성을 어떻게 보호할 것인가? 의미는 어디에서 오며, 우리가 믿고 바랄 수 있는 것이 무엇인지를 어떻게 결정할 것인가? 초월의 의미는 무엇이며, 미래에 우리는 무엇을 신뢰할 것인가?

이러한 인간 삶의 국면들은 전통적으로 과학보다는 예술, 종교, 철학의 영역이었다. 예술은 인간의 조건과 투쟁하는 것을 창조적으로 표현하는 반면, 종교는 그러한 투쟁을 규제하고 통제하는 것을 목적으로 한다. 철학은 관습적으로 예술적 표현과 종교적 지시를 감시하면서, 그것을 성찰하고 세계를 이해할 수 있는 여지를 제공한다. 그런 방식으로 철학자는 정치인과 교육자를 지도하는 위치에 있었고 사회에서 벌어지는 도덕적 논쟁을 보호하였다. 오늘날 누가 정치인들의 윤리적 사고를 이끌고 있는가? 그 임무는 변호사, 기업가와 경제학자들에게로 넘어갔다. 그들은 모두 지속적인 경제 성장과 관련되어 있다. 철학자는 인간의 삶을 성찰하고 삶을 이해하는 데 중립적인 위치를 지켜왔다. 그들은 그 순간의 이익에 굴하지 않고 더 큰 그림을 그리려 하였다. 비록 그들이 다루고 있는 주제가 점점 더 생존에 요해짐에도 불구하고, 우리는 기본적으로 지혜에 대한 언급을 회피하고 있다. 인간 실존을 구체적인 사실과 특성에 고정시키려는 과학적인 노력은 분별, 추론, 올바른 판단을 할 수 있는 인간의 능력을 실제로 장악하면서 그 능력을 신뢰하지 못하게 했다. 과거에는 종교적 가치가 철학을 지배하였지만, 오늘날은 똑같은 방식으로 과학적 가치가 철학을 지배하면서 철학의 자유를 방해하고 철학의 발전을 멈추게 하였다. 인간의 고통에 대한 이해와 성찰을 인정하긴 하더라도, 그것은 이성의 뒷전이 되었다. 과학은 예술과 철학과 종교를 불필요하게 만들고 인간의 고통을 제거할 것인가? 결코 그렇지 않다.

　예술가와 철학자는 과학자와 결코 경쟁하지 않는다. 그들은 싸우는 데 관심이 없기 때문에 전쟁에서도 질 수 없다. 예술가들은 인간 고통을 근절하는 것이 아니라 오히려 그것에 많은 관심을 보인다. 여러 가지 방식으로 인간의 고통을 묘사하고 기록하며 인간 실존의 고통과 기쁨을 밝히고 그것의 모순을 강조하며 그 깊이를 파고들어 끝없는 신비의 심연으로 들어가려한다. 예술은 정서의 무대이고 예술가의 표현은 역경, 고통과 불행 위에서 만개한다. 왜냐하면 그것은 인간의 창의성이 뿌리내리고 자라나 꽃을 피우는 옥토이기 때문이다. 영감이 발견될 수 있는 곳은 인간 경험을 깊이 관통하는 장소이다. 예술가들은 삶의 풍부함이 모순 속에 있음을 안다. 그들에게 삶의 목적은 동질성, 통제 가능하고 예측 가능한 지루한 평범함이 아니다. 역경을 근절하는 것이 아니라, 열정적이고 철저한 경험의 강도와 깊이가 있는 삶을 사는 것이다.

　철학자들은 삶이 결코 평탄하고 쉽게 풀리거나 단순하고 합리적인 공통분모로 이루어져 있다고 주장하지 않는다. 그들은 똑같이 인간의 문제와 어려움을 이해하려 한다. 이와 마찬가지로 예술가들도 인간의 문제와 어려움을 여러 가지 자신들의 방식으로 제거하려는 것이 아니라 그것의 목적을 이해하기 위하여 탐색하고 표현한다. 철학자들은 때때로 혼돈스러운 인간의 조건에 대하여 질서를 확립하려고 한다. 그것은 갈등과 문제를 제거하려는 것이 아니라 그것을 이해하고 더 잘 해결하기 위한 것이다. 근본적으로 지혜를 사랑하는 사람이라는 의미를 가진 철학자라는 단어는 그 문제가 무엇인지, 무엇이 바람직한 것인지를 고요하게 충분히 자각하면서 어려움을 지혜롭게 다루는 것을 목표로 한다. 그들이 추구하는 것은 종교에서 추구하는 것과 어느 정도 유사하다. 실제로 일부 종교는 동양 철학으로 알려져 있다. 그러나 대부분의 종교와는 달리 철학은 삶의 특별한 방식을 처방하지도 않고 따라야 할 교리를 만들지도 않는다. 철학의 목적은 사람들이 스스로 생각하기를 배우도록 격려하는 것이다.

　우리가 예술가와 철학자에게서 영감을 받는 이유는 무엇인가? 그 이유는 그들이 중요한 것과 접촉하고 있고 또 소중한 것에 귀를 기울이도록 우리를 일깨워주기 때문이다. 훌륭한 예술가와 철학자는 실재와 직접 직면한 경험과 영감으로 작업을 한다. 이것은 예술가와 철학자가 종종 정서적 고통과 절망을 출발점으로 사용한다는 것을 의미한다. 자신이 겪은 삶과의 투쟁을 기록하기 때문에, 그들의 작품은 자신의 고뇌와 고통을 가치 있는 것으로 변형하려는 시도를 한다. 그들은 삶 자체라는 굳건한 땅 위를 걷는다. 예술은 모든 사람을 평등하게 한다. 우리는 언제나 우리 자신의 고통은 부인하지만 예술가의 고통은 인식한다. 키에르케고르 Kierkegaard의 명언은 여기에 딱 들어맞는다. 왜냐하면 키에르케고르의 연구는 직접적으로 자신의 삶에 기초하고 있기 때문이다. 그는 자신의 고통을 초월하는 데 대가였고 그것을 다음과 같이 잘 표현하였다.

> 나의 영적 작업은 완벽하게 나에게 만족을 주고 내가 그것에 몰두하기만 하면 모든 것을 기쁘게 받아들이도록 한다. 그것은 내가 나의 삶을 볼 수 있는 방법이기도 하다. 그것은 다른 사람들에게 위로와 기쁨이라는 좋은 소식을 가져다주는 반면, 나 자신은 고통 속에 매여 있다. 이런 방식으로 나의 마음을 탐색할 수 있다는 이 한 가지를 제외하고서는 고통이 완화되기를 기대할 수 없다(Kierkegaard, 1999: VIII 1 A 645)

키에르케고르가 자신의 작업에서 위안을 얻고 자신의 고통에서 영감을 받았다고 언급하는 것은 우리에게 희망을 준다. 그는 삶의 고난과 고뇌에 직면하는 열쇠를 발견했다. 불행하게도 반 고흐van Gogh는 고통을 이해할 수 없었고 표현할 수만 있었다. 그의 절망은 분명히 영감을 주었지만 궁극적으로 그 안에서 구원을 발견하지 못했다.

당신이 현기증의 위험을 감수하는 것은 불평 없이 고통을 겪는 법을 배울 때뿐이고, 혐오감 없이 고통을 바라보는 법을 배울 때뿐이다. 그것은 가능하지만, 당신은 희미하게 얼핏 볼 수 있을 뿐이다. 그것은 삶의 다른 편에서 보면 고통의 실존에 대해서 그럴듯한 이유를 알게 되는 것이다. 그러나 때때로 여기에서 보면 그것은 수평선 전체를 가득 채우는 희망 없는 폭우와 만나고 있는 것이다(van Gogh in Bernard, 1985: 209).

어떤 사람들은 자신의 고통에 압도당하는 느낌을 받지만 어떤 사람들은 거기에서 영감을 얻는다. 그러나 인간 존재는 언제나 그것에 의하여 넘어지기보다는 역경과 불행을 이겨내려고 노력한다. 우리는 문제 있는 것에서 좋은 것을 얻는 방법을 배운다. 그러나 그렇게 어렵사리 얻은 지혜의 진주를 지키는 것은 쉽지 않다. 그것은 종종 세대에서 세대로 전해지는 말이나 속담이나 상식으로 치부되면서 힘을 잃는다. 인간 조건에 대한 통찰에 기초하여 자신의 작품을 쓰는 철학자나 작가는 얼마 되지 않는다. 우리는 선조들로부터 삶을 더 잘 배울 필요가 있다. 이 세계에서 인간 존재가 성취하는 것 가운데 가장 좋은 것은 인간 조건이 가지는 시련이나 고난과 투쟁하는 것이고, 그것을 초월하여 다음 세대로 이 배움을 전수하는 것이다. 이것이 전통적으로 예술과 철학의 영역이다. 그것은 인간 조건을 관찰하고, 논평하며, 강조하고, 설명하여 다른 사람들이 보다 유익하고 넉넉한 삶을 살게 하는 것이다. 그러나 이것은 행복 그 자체를 추구하는 것이 아니라, 행복에 대하여 결코 배타적일 수 없는 복잡한 삶 전체에 대한 것이다.

3. 대안으로서의 철학

최근 들어 과학자는 철학과 예술 영역을 좀 더 객관적이고 사실적으로 받아들이기 시작했다. 인지 치료사는 웰빙과 행복을 측정할 수 있고 계발할 수 있으며 불행한 사람들에게 웰빙과 행복으로 나아가는 방법을 가르칠 수 있다고 주장한다. 그러한 주장은 인간 실존을 통제할 수 있고 통제해야 하는 것으로 생각하는 물질적 세계관에 기초한 것이다. 철학이 점점 더 과학적 전통과 가까워지고 분석을 강조할 때, 그러한 견해가 우세해질 수 있다는 것은 놀라운 일이 아니다. 지난 수십 년 동안 과학적 전통은 종종 학문 영역을 언어학적 관찰과 과학적 논쟁으로 축소시켜서 원래의 실존적 임무와 인간 이해와는 멀어지게 하였다. 물론 아직도 철저하게 윤리적이고 도덕적인 신념을 지키는 철학자들도 있지만 그 숫자는 점점 더 줄어들고 있다.

예측할 수 없는 매일매일의 실재를 이해하는 과제가 관심을 끌고 있다. 심리학자, 치료사와 상담사가 우리 시대의 응용 철학자가 되었다. 그들은 의미의 공백을 대신하는 존재이다. 사람들의 일상적인 문제와 선입견을 다루기 때문에 영적이고 도덕적인 멘토의 역할을 하게 되었다. 그러나 그들 자신이 그렇게 하고 있는 것도 모르고, 그것을 직업으로 삼지도 않았다. 그들은 언제나 철학적 훈련도 없이 그렇게 하고 있으며, 그들의 도덕적 지침은 모든 사람의 취향에 맞지도 않고, 분명하게 알려지기보다는 그들의 일에 포함되어 있는 정도이다. 그들은 주로 심리학적 이론을 바탕으로 상담을 하지만, 사람들이 고민하고 있는 것이 도덕적, 영적,

철학적 문제라고 공개적으로 인정하지 않고 내담자의 딜레마에 심리학적 이론을 적용한다.

지금은 치료사들이 자신의 새로운 역할로서 실존적 안내자를 어떻게 진지하게 받아들일 것인지를 스스로에게 물을 수 있는 좋은 때이다. 그들은 이런 측면에서 자신의 위치를 어디에 놓아야 할 것인가? 그들은 과학자를 모방하여 단순히 증거에 기반을 둔 인지행동적 원리를 적용해야 할 것인가? 확립된 사실과 가치와 분명한 목적을 지고 행동하고 생각하는 과학적 노력이 치료가 될 수 있을 것인가? 정상성과 적응력을 목표로 하고 슬픔과 고통을 제거하며 행복에 이르는 지름길을 제공하는 것이 옳은 것인가?

의심의 여지없이 과학에서 배울 것이 많이 있다. 뇌와 인지과정에 대한 새로운 이해는 마음에서 일어나는 일을 더 분명하게 알 수 있도록 우리를 도울 수 있다. 우리는 새로운 사회학과 심리학적 연구를 통하여 탐구할 수 있고, 치료와 직접적으로 관련이 있는 정신질병이나 사회적 소외에 대한 중요한 통찰을 할 수 있다. 우리는 이 모든 새로운 지식의 원천을 본격적으로 살펴볼 필요가 있다. 그러나 이것들 중 어떤 것도 인간의 고통을 막을 수 없고 정신적 질병을 치유할 수 없다. 그리고 예측 가능한 실존의 문제도 완전히 제거할 수 없다. 새로운 인지이론은 철학자, 예술가, 치료사가 처음부터 알고 있었던 것의 일부만을 알게 된 것이다.

물론 사람들을 어떻게 도울 것인가에 대한 오래된 논쟁에서 어려운 과학적 접근법이 유용하고 새로운 시각을 제공할 수 있다. 그러나 그것은 하나의 시각일 뿐 인간의 많은 경험을 배제시켜 그림자 속에 둘 뿐이다. 증거에 기반을 둔 과학적 접근법이 사람들의 일상적인 삶의 실제 증거를 무시한다는 것은 약간 아이러니하다. 사람들의 웰빙을 양적 기준으로 정하는 삶에 초점을 맞추는 것이 얼마나 큰 대가를 치르게 될 것인가? 과학적인 태도를 가지고 삶에 대해서 메타분석을 함으로써 우리들은 새로운 생각과 새로운 결과물을 가져올 수는 있지만 그것들 중 어떤 것도 더 행복한 삶을 보장할 수 없고, 고통과 불만이나 죽음을 없앨 수 없다는 것을 알지 못한다는 것은 좀 특이한 일이다.

우리는 새로운 물건이나 새로운 이익을 얻을 때마다 분명히 비용을 지불한다. 그러나 새로운 것에 대한 감사는 잠깐이고, 곧 이전과 같은 수준으로 돌아간다. 새로운 물건과 방법은 우리를 황홀하게 하지만 행복을 보장하지는 않는다. 더 길게 보면 바람직하지 않은 부작용과 유해한 결과를 낳게 될 것이다. 우리는 이미 돈으로 사랑, 삶, 행복이나 의미를 살 수 없다는 것을 알고 있다. 돈은 좀 더 편안함과 편리함만을 제공할 수 있을 뿐이다. 목적을 이루는 자원이고 수단은 되지만 최종적인 해답은 아니다. 이것은 과학에도 적용된다. 과학은 우주를 탐험할 수는 있지만 자연의 기본적인 과정을 바꿀 수도 없고 인간의 삶과 죽음의 근원적 고통을 막을 수도 없다. 예를 들어 우리가 노화를 지연시켜서 수 세기 동안 생존할 수 있다고 할지라도, 이것은 세계 인구를 증폭시킬 뿐이다. 또한 증가하는 인구문제로 인해서 다른 형태로 인구를 조절할 수도 있다. 우리는 문제를 잘 견디고 참고 새로운 방식으로 다루는 방법을 배울 수는 있지만, 전부 제거할 수는 없다. 그것은 우리 실존의 중요한 부분이다. 우리가 문제를 변화시킬 수는 있지만 그것을 완전히 없애려고 할 때 계속해서 불안정해지고 실패하게 될 것이다.

　이 모든 것에는 실제로 모순이 있다. 20세기 중반에 우리는 기술에 의해서 더 오래 살고 더 행복하고 더 편안하게 살게 될 미래를 예상했다. 그리고 21세기 초가 되면 일은 기계가 하고, 더 빨리 은퇴하여 일을 덜하면서 레저를 즐길 수 있을 것이라고 믿었다. 그러나 우리가 알고 있는 현실은 다르다. 기술 사회의 성과가 클수록 우리는 '더 빠르게' '더 많이' 요구하는 지구촌의 삶에 맞추어 가느라 더 열심히 달려야 한다. 생산성을 더 많이 높일수록 새로운 장치에 대한 갈증을 풀기 위하여 계속해서 더 열심히 일해야 한다. 우리는 탄력을 잃지 않고 세계 주변부로 밀려나지 않기 위해서 커다란 러닝머신 위에서 쉬지 않고 달려야 한다. 삶은 점점 더 바빠지고 스트레스가 많아진다. 우리는 점점 더 일과 걱정에 압도당한다. 더 많이 활동하고 독립적으로 되면서 우리는 공동체와 가족 안에서 안정감을 느끼지 못한다. 결과적으로 개인적 가치는 종종 채무불이행과 필요에 따라 결정된다. 가치는 점점 더 편안한 삶을 추구하는 사회 문화와 대중매체의 이미지에 의해서 규제를 받는다. 그러나 우리에게 만족이나 올바른 느낌을 주지 못한다. 점점 더 많은 사람들이 더 늦기 전에 다시 돌아보고, 과거를 숙고하며, 현재를 탐색하여, 새롭고 더 나은 방향을 찾아야 할 시점이라는 것을 깨닫고 있다. 어쨌든 우리는 미래를 책임지고 더 나은 세계를 만들어가야 한다. 그러나 우리는 이러한 전망에 압도당해서 그것을 혼자서 할 수 없다고 느낀다. 우리는 위대한 성공의 중심에 있으면서도 실패자처럼 느낀다. 왜냐하면 우리는 우리 자신, 우리의 이상, 서로에게서 그리고 삶 자체로부터 소외되어 있고 멀어져 있기 때문이다.

4. 삶에 대한 이해

우리는 새롭게 공동연구를 해야 할 필요가 있다. 왜냐하면 우리 모두는 연결되어 있고 우리 앞에는 삶을 다시 이해해야 한다는 거대한 과제가 있기 때문이다. 즉, 그동안 만족했던 피상적 가치 이상으로 우리를 만족시킬 수 있는 삶의 새로운 코드를 창조하는 것이다. 우리는 도덕적 진공 상태로 남고 싶은지 아니면 도덕적이고자 노력하길 원하는지를 질문할 수 있다. 만약 후자라면 어떻게 해야 할 것인가?

만일 우리가 인간의 발전 과정과 보조를 맞추고 싶다면, 계속해서 맹신적이고 기복적으로 기존 종교를 믿는 사람이 있다고 할지라도, 우리는 기존 종교를 믿는 상태로 단순하게 돌아갈 수는 없다. 기존 종교는 구식이 되었고 우리가 창조하는 세계와는 맞지 않는다. 그것이 믿을 만하다면 우리는 이를 검토하여야 한다. 우선 우리는 과학이 우리에게 말해주었던 사실과 반대되는 종교를 믿을 수 없다. 우리의 지성을 모욕하는 것을 믿으라고 할 수는 없다. 우리는 뒤로 돌아갈 수 없다. 과학적 합리주의가 만족스러운 선택일 수는 없지만, 그렇다고 비합리주의가 가능한 대안도 아니다. 종교는 분명히 분파로 나뉘고 필연적으로 교리의 제한을 받는다 (Dawkins, 2006). 각 분파와 교리는 자신의 입장이 있다. 각각 자신이 진리를 전하는 데 더 우월하다고 주장하며, 종종 불행하게도 서로 대립하는 견해를 견디지 못한다. 우리가 마지막까지 해서는 안 될 것이 종교적 지배권을 획득하기 위하여 이러한 경쟁을 증가시키고, 전쟁하게 하고, 관용하지 않는 것이다. 그러나 도킨스Dawkins가 우리에게 말하는 것처럼 우리는 종교를 버릴 수 없다. 기독교, 유대교, 이슬람교, 불교, 힌두교, 시크교, 유교, 도교, 조로아스터교, 그 밖의 종교 모두는 훌륭하고 흥미로운 생각, 신념, 원리와 실천방법을 제공하며, 많은 사람들은 이러한 전통을 계속해서 소중하게 여긴다. 인간 존재는 사람이 아니라 자신보다 더 높은 곳에 있는 무엇인가에 소속되고 싶어 하는 깊은 욕구를 가지고 있다. 인간은 언제나 자신을 안전하게 붙잡아줄 형이상학적 원리와 별에게 이르려고 할 것이다. 과학은 진리와 믿음의 연결고리를 아직 제시하지 못하고 있다.

　따라서 종교를 버리고 자신을 무신론자라고 부르는 사람들은 종종 미신이라는 뒷문을 통해서 영성의 영역으로 들어간다. 왜냐하면 그들은 종교로부터 그들에게 중요한 것들에 대하여 만족할 만한 설명을 더 이상 듣지 못하기 때문이다. 몇몇 과학자들은 과학이 일종의 최소한의 종교라고 옹호하지만, 우리는 종교적 실천과 신념에 대하여 만족할 만한 대안을 제공하는 과학적 이론을 보지 못했다. 과학은 종교처럼 종교적 헌신과 특별한 세계관에 대한 헌신을 요구할지라도, 우리의 초월적 열망에 대한 대안은 아니다(McGrath & McGrath, 2007). 그 문제들 가운데 하나는 과학적 견해가 지적이고 이성적인 것이어서 실존의 깊은 층을 다루지 않는다는 것이다. 과학은 만족스러운 메타이론이 아니기 때문에, 상상을 거부하는 무신경한 방식으로 일반화하는 전문가의 설명에 쉽게 만족한다. 개별 과학은 분명히 사실적 진리의 요소를 강하게 주장하고, 과학자들은 지구와 물질적 우주에 대하여 추측할 수 있는 구성요소를 제공한다. 마음을 다루는 학자들도 마찬가지로 인지이론의 구성요소로부터 이론을 만들어 낸다. 그러나 이런 종류의 이론은 전문적이고 추상적이어서 경험적이고 실존적인 요소들에 대한 언급은 거의 하지 않는다. 사람들의 개인적인 정서 경험이나 예술과 종교에 대한 관심은 거의 언급하지 않는다. 그러한 이론은 기묘하게도 의미, 신화, 도덕성에 대한 우리의 욕구를 다루지 않는다(Midgley, 2004). 근원적인 질문에 대하여 생각할 때, 우리는 인간 존재가 어떻게 의식하는지 그리고 목적과 이해와 초월을 왜 갈망하는지에 대한 질문을 배제하는 것 같다. 주목할 만한 예외는 있지만, 이 주제를 물리학자, 생물학자, 우주론자가 정면으로 다루지는 않는다(Davies, 2007; Dennett, 2003; Martin, 2006).

과학은 지적 훈련을 하게 하지만, 우리의 영적 도덕적 열망을 실제로 만족시키지는 못한다. 과학이 모든 것에 대한 믿을 만한 이론을 제시하려면, 우리의 감정, 의미추구, 시간, 죽음, 고통의 경험과 같은 실존의 큰 주제들과 씨름하는 것을 염두에 두어야 할 것이다. 또한 경쟁과 적자생존에 대한 이야기보다는 공동체, 소속감, 사랑과 친밀감에 대한 우리의 욕구를 성찰해야 할 것이다. 그리고 삶의 목적에 대한 우리의 깊은 감각을 고려해야 할 것이다.

이러한 성찰과 고려가 없을 때, 혼란과 믿음 상실의 시대에 너무나 많은 사람들이 영성이라는 다른 형태의 얕은 물에서 첨벙거리는 것도 놀랄 일이 아니다. 우리는 신비를 갈망하고 신성한 것을 열망하면서 기적을 바란다. 우리는 믿어야 할 무엇인가를 필요로 하지만 그것을 어디에서 찾아야 할지를 모른다. 생태학은 의미에 대한 우리의 욕구를 어느 정도 만족시키는 것 같다. 그러나 생태학적인 것은 유사 종교에 쉽게 헌신하는 것이 될 수 있고, 그것은 단지 세속적인 물질적 집착이 될 뿐 더 넓은 의미에 대한 이해로 나아가지는 못한다. 한편 예로부터 소수의 사람들에게 비밀리에 전수되어 온 모든 종류의 점성술과 신비주의는 결코 대중화되지 못하였다. 그것은 일상의 진퇴양난 속에서 극적인 결과와 분명한 지침을 약속하는 빠른 해결책이 있다고 우리를 유혹한다. 그러나 그러한 손쉬운 선택은 결국 우리의 깊은 이해에 대한 욕구를 만족시키지 못하고, 오히려 우리를 미궁에 빠뜨리고 더 혼란스럽게 할 것이다. 우리는 단지 미신이 덧없고 허망하다는 것을 자각할 뿐이다. 우리는 성장을 무시할 수 없고, 다른 시대, 다른 환경, 다른 대륙에 살았던 한 세대에 대해서만 설명하는 것에 만족할 수 없다. 우리는 신성을 잃을 수도 있지만 점치는 것이 대안은 아니다.

만일 우리가 실재를 더 많이 이해하고자 한다면, 모래 속에 머리를 박고 과학적 지식이 없는 세계 속에 좌초되어 있어서는 안 된다. 우리가 알고 있는 것을 모른다고 가장할 수도 없다. 쉽고 마법 같은 해결책이 거기에 있다고 생각하고 싶겠지만, 사실은 그렇지 않다. 우리는 신중하게 생각해야 한다. 의미 있는 것을 끝까지 생각하여 우리 스스로 설명할 수 있어야 한다. 가치와 신념은 임의적이거나 수동적일 수 없다. 만일 가치와 신념이 임의적이거나 수동적이라면 우리는 두려움의 지배를 받았던 암흑시대로 돌아가 그것을 믿게 될 것이다. 암흑시대로 돌아가는 운명을 피하기 위하여, 어떤 사람들은 이러한 운명에 대하여 아무 생각 없이 장난삼아 이야기하지만, 우리는 사고를 건전하게 해야 하고 생각을 계속해서 검토해야 한다. 스스로 진리와 올바른 삶에 대한 탐구를 추구하려면, 행복이 유일한 목표이고 성배를 찾으면 당면한 문제가 해결될 것이라는 가정으로부터 시작할 수는 없다. 우리는 사탕가게에서 먹고, 살고, 잠자면서 영원히 행복하길 원하는 천진난만한 아이들처럼 최대의 쾌락을 목적으로 추구할 수는 없다. 만일 우리가 구원으로 가는 지름길을 원한다면 분명히 그릇된 길로 가게 될 것이다. 만연하고 있는 모든 종류의 중독은 그것을 잘 보여주는 예이다. 그것에는 지름길이 없다. 우리는 길고 힘든 길을 가야 하고 우리의 행동, 생각 그리고 삶의 방식에 대하여 책임을 져야 한다.

5. 새로운 질문

이제 우리 자신이 누구인지를 질문해야 할 필요가 있다. 우리는 어디에 이르고 싶은가? 삶의 목표와 목적은 무엇인가? 신에게 단순하게 복종할 수 없다면 인간 실존의 과제는 무엇인가? 그것은 단지 진화원리를 선호하는 것인가? 최대의 행복일 수 있을까? 아니면 그 이상의 것이 있을까?

내담자들은 종종 그들이 원하는 모든 것은 삶에서 행복을 얻는 것이라고
말한다. 우리는 행복을 삶의 바람직한 목표라고 생각하기 때문에 상담에
서도 그렇게 해야 하는가? 아니면 더 나은 길이 있는가? 이 책은 이 모든
질문을 하고 다양한 방식으로 그 질문에 대한 답을 찾아갈 것이다. 그러
한 것들이 심리치료사와 상담사에게는 근본적인 주제이다. 행복은 가능
한 것인가? 우리는 행복을 적극적으로 추구해야 하는가? 만일 그렇다면
상담 전문가들은 어떤 역할을 해야 하는가? 이 전문가들은 사람들의 웰
빙을 향상시킬 수 있는가? 그들의 임무는 주로 우울과 불안 증상을 극복
하게 하는 것인가? 무슨 수를 써서라도 불행을 제거해야 하는가? 아니면
사람들이 자신의 삶을 행복에만 초점을 맞추지 않고도 또는 인간의 일반
적인 고통을 제거하지 않고도 어떻게 살아야 하는지를 생각하게 해야 하
는가? 종교적, 교육적 조언과 충고를 보면 분명히 상담은 처음부터 긴
여정이다. 상담은 의학화되었고 전문적으로 조직화되었으며 엄청난 성
장을 이룬 후에 이제는 증거에 기반을 둔 실천 기준에 따라 예리하게 세
분화되고 있다. 그러나 우리는 이렇게 새로운 기법에 기초한 증거에 만족
하는가? 우리는 정신 건강과 정서적 웰빙을 향상시키는 방법으로써 상
담과 치료를 재정의하고 싶은가? 상담이 행복을 목표로 하는 단기적인
개입이 되길 원하는가? 아니면 세계는 미쳐가고 있고 우리는 인간 조
건의 복잡성을 이해하지 못하고 있는가? 전통적으로 상담사들은 자신
들을 결코 축복을 주는 자로 보지 않았으며 보통 자신들의 기능이 사람
들을 행복하게 하는 것임을 강력하게 부인하였다. 그런데 왜 지금은

그것을 잊어버렸는가?

이제는 이 문제를 해결해야 할 필요가 있다. 상담이 인간의 웰빙과 행복에 관하여 어떤 역할을 하고 있는가? 이 질문에 답하기 위하여 우리는 먼저 수많은 다른 질문을 다루어야 할 것이다. 행복이란 무엇인가? 우리는 행복에 대하여 각자 다른 개념을 가지고 있는가? 행복이 심리치료의 적절한 목표인가? 치료는 행복이 없는 것에 대한 대책인가 아니면 단지 일시적인 은폐인가? 불행은 질병인가? 사람들은 행복해야 하는가? 그리고 치료는 긍정심리치료사의 발자취를 따라야 하는가? 우리는 이 모든 질문들에 대한 답을 찾을 것이지만 또한 반대편도 진실일 수 있는지 그리고 불행이 모든 인간 삶의 본질적인 부분일 수 있는지 심지어는 좋은 부분은 아닌지를 생각해볼 것이다. 같은 방식으로 노동과 고통이 삶의 핵심적인 부분은 아닌지를 생각해볼 것이다. 우리는 불행을 더 잘 견디거나 아니면 불행을 견디는 우리의 능력을 완벽하게 하는 방법을 찾아서 불행을 보다 효율적으로 다루어야 할 것인가? 치료사들은 사람들이 어떻게 행복할 수 있는지 또는 불행할 수 있는지 아니면 둘 다인지를 가르쳐 주어야 하는가? 아니면 이 문제에 대하여 중립을 지키면서 사람들이 자신의 결론에 이를 수 있게 해야 하는가? 치료사들마다 자신의 전문 영역의 목적에 대해서 다양한 견해를 가질 것이다. 그러나 내담자들은 이것을 거의 알지 못할 것이다. 따라서 행복추구에서 치료사의 역할이 무엇인지에 대한 기본적인 주제를 분명하게 하는 것이 중요하다.

6. 이 책의 역할

이 책은 삶을 더 잘 이해하고 싶어 하는 내담자에게 치료와 상담이 제시하는 것을 철학적으로 탐색하고자 한다. 치료사들은 사람들을 더 행복하게 하는 데 목표를 두지만, 그렇게 할 수 없다는 것을 알면서도 그것에 목표를 두는 함정에 왜 그렇게 쉽게 빠지는지를 생각해봐야 한다. 치료문화는 실제로 전혀 새로운 것이 아니고 수많은 사람들이 자연을 어떻게 통제하는지 또는 아름다운 것을 어떻게 창조하는지를 발견하는 것이다. 뿐만 아니라 치료문화는 스스로를 그리고 서로를 더 잘 이해하고, 또 가장 중요한 것은 좋은 삶을 산다는 것이 무엇을 의미하는지를 이해함으로써 자신의 상황을 향상시킬 가능성을 탐구하는 것이다. 이것은 보통 지혜의 추구로 언급되는 것이고, 그것이 지혜의 예술을 실천했던 사람들을 치료사가 아니라 철학자라고 부르는 이유이다.

따라서 우리는 철학이 심리치료를 재정의하는 데 어떤 역할을 하는지 그리고 그렇게 하는 것이 행복추구를 돕는지 아니면 방해하는지를 성찰할 것이다. 이것들은 단기간의 증거에 기반을 둔 치료적 개입과 긍정심리학에 근거한 치료를 받아들이는 국가의 정부가 다루어야 할 중요하고도 시의적절한 질문이다. 우리 모두가 심리치료와 상담이 무엇인지에 대하여 잊어버리더라도, 불행을 없애려는 시도에도 불구하고 집요하게 없어지지 않는 실존적 고통의 증거가 있다는 것을 우선 기억하자. 누군가를 더 행복하게 하려는 것은 단순한 것도 아니고 확실한 것도 아니다. 우리는 정말로 어떻게 살아야 하는지를 사람들에게 가르치기 위한 치료 형태를 기계적으로 매뉴얼화하고 싶은가? 이것은 교리적으로 나아가는 처방전과 같은 접근법의 단서를 보여준다. 그것은 헉슬리Huxley의 『멋진 신세계Brave New World』와 공명한다. 해결책은 널리 퍼져 있어서 쉽게 얻을 수 있는 행복약이나 가루약이라는 사회적 산물이 아니다. 해결책은 항우울제, 신경안정제, 암페타민, 코카인, 헤로인, 마리화나, 알코올이 아니다. 그리고 인지적 수단에 의하여 마음을 어떻게 통제할 것인가를 배우는 것도 유일한 해결책이 아니다.

과학적 지식이 확장되는 시점이야말로 실제로 새로운 지혜가 인간의 상황 속으로 재도입되어야 하는 적절한 시기이다. 지금 치료사들은 이 시점에서 핵심적인 역할을 하고 있다. 이때 치료사들은 두 종류로 나누어지는 것 같다. 인지적 변화와 함께 갈 것을 선택하는 사람들은 인지적 변화를 믿을 뿐 아무 것도 보지 못하지만, 엉망이 된 인간성을 어쨌든 치료 과정 속으로 가져와서 다룰 수 있다는 희망을 가진다. 그들은 무엇인가를 하는 것이 아무것도 하지 않는 것보다 낫다고 주장한다. 증거에 기반을 둔 단기개입은 최소한 민주적이고 수입이 증가한다는 장점을 가지고 있다. 다음으로 통찰과 카타르시스에 기초하여, 장기역동치료 또는 인간중심치료를 하느라 애를 쓰는 치료사들이 있다. 이 책은 제3의 방법을 발달시킬 것이다. 그것은 인간의 고통에 대하여 앞의 두 가지 접근법을 넘어서는 것이고, 보다 근본적인 관점에서 치료를 다시 생각해보는 것이다. 치료의 역사가 백년을 넘긴 지금, 대부분의 치료사들은 여러 가지 다양한 접근법과 방법을 통해서 치료를 배울 수 있고, 치료를 어느 정도 통합하는 것이 좋다고 받아들인다. 그러나 우리들 대부분은 그렇게 할 때 배워야 할 것에 대하여 이해하고 평가하는 훈련이 필요하다는 것을 잘 알고 있다. 우리는 이러한 성찰을 더 높은 수준에서 받아들여야 하고 그것을 삶 자체에 대한 성찰로 연결시켜야 할 필요가 있다.

7. 이 책의 목적

이 책은 그러한 성찰을 할 수 있게 한다. 특별한 치료 방법, 기술, 기법이 아니라 철학적 명료함과 논리적 사고를 제공할 것이다. 정신건강 전문가, 치료사와 상담사는 전문가와 내담자 차원이 아니라, 자신의 삶과 개인적 능력의 차원에서 멈추어 다시 생각해야 한다. 이 책은 근본적이고 보다 철학적인 방향으로 치료를 발달시키는 데 관심이 있는 사람들을 위한 길을 제시한다. 인지행동적 접근법에 의한 변화를 묵인하거나 반대하지는 않는다. 정신역동적 접근법이나 인간중심적 접근법을 선호하지도 반대하지도 않는다. 단지 그 모든 치료로부터 배우고, 가장 광범위한 관점을 가짐으로써 인간 조건에 대한 이해를 통합할 것을 제안한다. 인간 실존과 존재의 목적이라는 지평선 위에서 치료를 치료 자체의 지평선과 재결합시키고자 한다. 숙련된 치료적 통합은 철학적 명료함을 요구하고, 바로 그것을 우리가 이루어나갈 것이다.

어떻게 하면 보다 풍요롭고 보다 진실하게 살 것인지에 대한 의문을 가지고 내담자들도 그런 삶을 살도록 돕고 싶다면, 이 책은 당신에게 꼭 맞는 책이다. 오래된 주제를 새로운 방식으로 생각하게 할 것이지만, 그렇다고 그것이 쉽게 답을 주지는 않을 것이다. 그것은 당신을 인간의 근원으로 바로 돌아가게 할 것이다. 그 근원에서 당신 개인과 전문가로서 열망과 욕구로 나아가게 할 것이고, 당신의 삶과 일이 보다 견고하고 원기왕성하며 보다 실제적인 토대 위에서 재정비될 수 있도록 할 것이다. 제1장에서는 심리치료에서의 신념과 가치의 역할, 그리고 인간이 어떻게 그들의 신념에 이를 수 있는지에 대하여 살펴볼 것이다. 제2장에서는 행복추구가 실제로 무엇이며 행복한 삶을 산다는 것은 무엇을 의미하는지에 대하여 살펴볼 것이다. 제3장에서는 긍정심리학을 검토하면서 그것이 행복과 주관적 웰빙을 주장하는 것에 대하여 살펴볼 것이다. 제4장에서는 행복한 실존에 방해가 되고 예측할 수 있는 인간의 어려움을 재검토할 것이다. 제5장에서는 일을 훨씬 더 힘들게 만드는 예측할 수 없는 위기를 다룰 것이다. 제6장에서는 정서가 표현되지 않지만, 정서를 종종 다룰 필요가 있는 치료적 의사소통을 염두에 두면서, 다른 정서와 마음의 상태라는 맥락에서 행복을 다시 살펴볼 것이다. 제7장은 행복으로 충분하지 않다면 삶이 무엇인가에 대하여 살펴볼 것이다. 이 책 전체를 통하여 우리는 전문적인 심리치료의 역할과 현재의 지위에 도전할 것이다. 그리고 행복에 대한 개념을 잠재적 목표로 다루면서, 웰빙, 의미, 이해, 목적이나 초월과 같은 다른 목표와 대조하고 비교할 것이다. 이 모든 탐색을 한 이후에 우리가 시작은 했지만 잊고 있었던 가치로 되돌아온다는 것을 발견하게 될 것이다. 그러나 우리가 편안하게 되기 전까지는 집 주위를 빙빙 돌 것이기 때문에, 이번에는 우리 발로 견고한 땅을 딛게 될 것이다.

우리는 생각하고 논쟁하는 것만으로는 더 이상 행복을 찾을 수 없을 것이라는 가설을 내놓을 수 있다. 그렇게 많은 사람이 얻을 수 없었던 것, 즉 행복의 확실한 근거를 몇 페이지의 책과 성찰이 제공한다면 놀라운 일이 될 것이다. 그러나 우리는 행복이 왜 손에 잡히지 않는지를 그리고 우리가 새로운 지식, 통찰, 기술을 계속 쌓는다고 할지라도 삶에서 그런 마술은 없다는 것을 알게 될 것이다. 우리 삶의 여정은 해 뜨는 수평선 너머 어딘가에 행복이 있다고 하지 않고, 인간 삶의 지도를 읽을 수 있게 하며, 올바른 삶의 방법과 방향을 발견할 수 있게 할 것이다.

심리치료에서 가치와 믿음의 요소
판도라 상자 열기

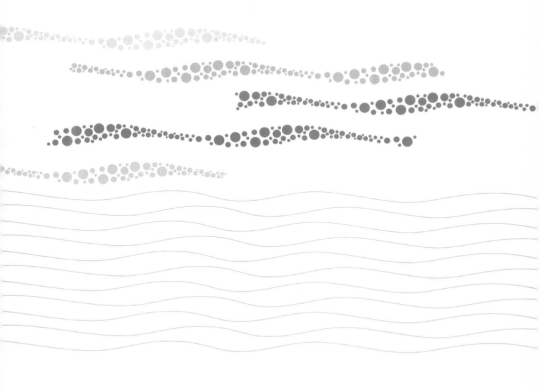

Chapter 1
심리치료에서 가치와 믿음의 요소 :
판도라 상자 열기

영혼 그 자체는 황제의 친구
아니면 적이 보낸
가장 고뇌하게 만드는 스파이

─에밀리 디킨슨, 1994 : 46

행복추구에 있어서 치료의 역할은 무엇인가? 사람들이 상담과 심리치료에서 얻고자 하는 것은 무엇인가? 그들은 진심으로 관심을 가져주는 친구, 더 행복한 삶을 살도록 도와주는 친구를 만나고 싶어 하는 것인가? 그렇다면 그 기대는 현실적인가? 치료가 그 질문에 대한 답이 될 것인가? 치료는 사람들이 모든 고통을 극복할 수 있고 영원히 행복하게 살 수 있다는 망상을 만들어내는 도피처인가? 어쨌든 행복이란 무엇인가?

캠브리지 영어사전은 행복을 "쾌락이나 만족을 주는 감정"이라고 정의한다. 인터넷 백과사전 위키피디아에서는 행복을 "좋거나 기쁜 느낌을 주면서 오래 지속되거나 영속적인 정서적 또는 감정적 상태"로 정의한다 (Wikipedia, 2006). 치료도 내담자에게 그러한 긍정적인 즐거움과 지속적인 정서 상태를 갖도록 해야 하는가? 다르게 말하자면 치료는 상황을

좋게 만들고 사람들이 좋은 느낌을 갖도록 해야 하는가? 그렇다면 치료
는 희망적 사고에 근거한 것인가? 궁극적으로는 얻을 수도 없고 지속시
킬 수도 없는, 일종의 유토피아를 상기시키는 것인가? 우리는 치료가 인
간의 실제적인 문제를 다루는 것인지 아니면 단기간의 효과만을 다루는
것인지를 알아야 할 필요가 있다. 치료는 선과 악, 삶과 죽음, 불안과
절망 같은 인간의 근원적 주제를 다루는 것인가? 우리 사회와 새로운 치
료의 기초가 되는 이데올로기와 믿음체계를 살펴봄으로써 치료를 이해하
고, 행복을 추구하는 우리의 여행을 시작할 것이다. 왜냐하면 그러한 것
들이 행복에 대한 우리의 기대를 말해주기 때문이다.

1. 문화와 이데올로기

어떤 문화가 다양한 믿음에 관대하여 어떤 사람을 사회의 주변인으로
남겨둘 때조차도, 그 문화는 사람들을 지배적인 이데올로기 속으로 유인
하거나 들어오게 한다. 그것은 어떤 것은 믿도록 가르치고 어떤 것은 믿
지 않도록 가르친다. 근본적인 행동 규칙을 보여주고, 그러한 원리와 예
법에 엄격하게 복종할 것을 요구한다. 그때 한편으로는 일종의 금지라는
형태로 명령하고, 다른 한편으로는 이상과 열망이라는 형태로 목적을 갖
게 한다. 이 관습과 가치는 일반적으로 사람들을 연결하는 문화적 종교로
산뜻하게 포장된다. 이 관습과 가치는 하나 또는 그 이상의 성스러운 책
을 중심으로 이루어진다. 그 책은 신성하거나 성스러운 것으로 정의되기
때문에 의문을 가져서는 안 된다. 그렇게 기술되는 세계관을 고수하는

것은 혼돈을 질서로, 혼란을 의미로 마법처럼 변화시킨다.

이렇게 문화와 결합된 신성은 다양할 수 있지만, 그것이 종교적이고 신성한 지위를 얻지 못하면 신화로 남아 있어야 한다. 신화는 문화의 기원을 말하는 것이고, 더 이상 의문시되지 않고, 믿음으로 받아들여진다. 우리는 하나의 문화적 준거틀을 수용하는 정도로 신화를 그 문화에 포함시킬 수 있을 뿐이다. 그 문화의 사상, 규칙, 믿음, 관습은 그 문화의 기반을 형성하는 가족과 제도의 네트워크를 통하여 효율적으로 전파된다. 그것은 가치의 형태로 전달되고, 그 가치는 어느 정도는 세대가 바뀌면서, 시간과 관습에 따라서 그리고 무엇이 가장 바람직한지에 따라서 특별한 순간에 추구되는 것으로 변화될 것이다. 문화는 이렇게 근본적인 믿음으로부터 힘을 얻고, 이념과 사회로부터 비롯되는 특별히 정의된 이상과 기준을 목표로 하는 행동 방향을 제시한다. 가치는 다른 모든 것과 비교하여 값어치 있는 것을 행하는 것이 원칙이다. 가치는 사람들이 자신의 경험이나 소유를 평가할 수 있게 하고 그것에 값을 매기게 한다. 가치는 사람들이 스스로에게 기대하는 것 그리고 잘 사는 삶의 특징과 목적을 명료화하게 하는 척도이다. 가치는 우리가 소중하게 여기는 것을 지키거나 얻기 위하여 얼마나 많은 것을 기꺼이 포기할 수 있는가로 결정된다. 궁극적 가치는 자신의 삶을 포함하여 모든 것을 포기할 수 있는 어떤 것이다. 궁극적 가치는 우리 사회의 궁극적 선이다. 궁극적 악은 궁극적 선에 대적한다. 궁극적 악은 우리가 가장 두려워하는 적이다. 악은 본질적으로 우리가 소중하게 여기는 선의 기반을 적극적으로 약화시키거나 선을 위협한다. 그러나 보통은 그렇게 보이지 않는다.

각각의 문화는 선과 악에 대한 견해를 담고 있다. 왜냐하면 사람들이 무엇이 바람직하고 바람직하지 않은지에 대한 정확한 감각을 가지고 있어야 어떻게 행동해야 하고 삶의 목표를 무엇으로 설정해야 할지를 알 수 있기 때문이다. 사회 안에 존재하는 창조 신화는 선과 악의 이미지를 사실적으로 보여준다. 왜냐하면 이 신화는 세계가 성장하는 근원적 갈등을 정의하고 있기 때문이다. 신화는 사회 안에서 개인이 예상할 수 있는 삶의 토대를 제공한다. 따라서 우리의 삶은 처음부터 인간 존재의 기원과 목적에 대한 분명하고도 명료한 설명에 근거하고 있다. 좋은 행동 방식과 나쁜 행동 방식이 무엇인지 그리고 어떻게 행동해야 하는지에 대하여 분명하게 듣는다. 우리에게 주어진 신화, 가치, 믿음, 열망은 선한 행동이라는 안전선 안에서 우리를 지키고, 이데올로기나 종교의 교리로 요약되거나 조직된다. 우리는 이러한 기준 안에서 삶을 살고 그 경계선 안에서 평가된다.

종교와 창조 신화는 문화를 풍성하게 하는 마법의 세계이다. 창조 신화는 모든 문화에 있지만 모든 문화에서 분명하게 나타나지는 않는다. 21세기의 서양문화에서 서양의 신화는 여러 가지로 나누어져 있다. 왜냐하면 우리는 다양한 신화를 받아들이고, 모든 문화에서 다양한 집단에서는 각자가 자신의 전설과 성스러운 이야기를 가지고 있기 때문이다. 대부분 서양 사회는 에덴동산에서 시작된 인류의 기원이라는 오래 전에 만들어진 유대-기독교 이야기를 아직도 하고 있다. 이슬람교도 구약에서 나온 것이기 때문에 이 신화를 이야기하고 있다. 반면 힌두교와 불교는 일반적으로 서양 세계에서 중요한 위치를 차지하고 있지 않다. 왜냐하면 서구와 달리 유일신교에서 주장하는 복음주의적 열망을 가지고 있지 않기 때문이다.

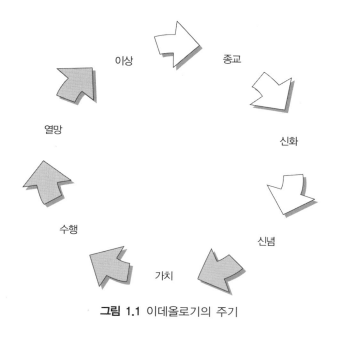

그림 1.1 이데올로기의 주기

2. 핵심 신화와 그것에 대한 새로운 도전

대부분의 서구인들은 아직도 상상 속의 낙원에서 추방되었다는 이야기 가운데 살고 있다. 이는 만일 그렇게 되지 않았다면, 훨씬 더 나은 삶을 살 수 있다는 것을 의미한다. 인간이 연약하기 때문에 타락하고 실패한다고 우리는 마음속 깊이 생각한다. 실존은 원죄와의 투쟁에 관한 것이다. 사람들은 모든 것을 용서받고 싶어 한다. 그러면 천국에서 살 수 있게 되고, 이 땅의 힘든 일에 대해서 보상을 받을 것이라고 생각한다. 이 신화는 여전히 우리의 기억 가운데 가장 많은 부분을 차지하고 있고, 이 신화를 통해서 우리는 할 수 있는 최선의 행동과 크고 작은 성취를 이룩한다. 우리는 이 땅에 살아 있을 때 오든 죽었을 때 오든 나중에 오게 될 더 좋은 때를 목표로 하여, 최선을 다한다면 긍정적인 결과가 올 것이라고 기대하고 구원을 추구한다.

이 문화적 신화에서 끝없는 추구는 아담과 이브가 유혹을 이겨내지 못했기 때문이라는 것을 우리는 종종 잊어버린다. 그것은 쾌락의 강렬한 유혹이 아니라 자연스러운 호기심이 선악과를 따게 한 것이었다. 그들이 낙원에서 쫓겨난 것은 금지된 열매를 선택하고 먹을 수 있는 능력을 일깨워준 뱀의 유혹에 의하여 교묘하게 꾸며졌다. 그들은 요구했던 것을 정확하게 얻었다. 에덴동산에서 나와서 성의 차이, 수치심, 후회와 죄책감 그리고 삶과 죽음의 대비를 바로 알게 되었다. 그들은 인간의 고통, 노동, 갈등, 책임을 직면한다. 그래서 인간의 역사와 문화는 고통 속에서 시작된다. 왜냐하면 에덴동산에서 추방된 우리는 스스로의 지혜와 땀으로 살아야 하기 때문이다. 인간은 실제 세계로 들어오자마자 생존하는 법을 배우고 그것을 다음 세대로 전달하기 위하여 기록해야 한다. 그리고 고통을 견디는 법을 배워야 한다.

수천 년 동안 우리는 다양하고 기발한 생존 방식을 발달시키면서 이 모든 실존적 문제를 다루어야 했다. 이와 같은 기발한 독창성이 궁극적으로는 새로운 세계의 가치 체계와 일련의 새로운 신념, 즉 과학과 기술 그리고 그것에 수반된 산업과 소비주의를 낳게 했다. 이 모든 것들은 고통을 줄이고 지성을 활용하여 더 편하게 살고자 하는 욕망에서 생긴 것이다. 여기에서 강조되는 것은 바로 지식, 이해와 성취욕구 그리고 경쟁을 위한 능력이다. 19세기 이후 다윈의 진화론은 마침내 대안이 되는 적절한 창조 신화를 만들어냈고 그것은 새로운 종교, 즉 과학적 관찰과 기술적 기량을 가진 인류의 위대한 능력에 대한 믿음과 새로운 낙관론에 적절한 것이 되었다. 진화론은 우리의 존재에 대한 이야기이다. 20세기 초 물리학의 빅뱅이론도 새로운 개념에 꼭 필요한 우주론적 이론 배경을 제공하였고, 동시에 이것은 우리의 지배적인 이데올로기를 완벽하게 정비하기 위한 준비이기도 하다.

3. 종교로서의 과학

현대의 과학정신이 이데올로기로 위장하고 있다는 것을 알아차리는 사람은 거의 없다. 그것은 점진적이면서 은밀한 기업인수와도 같은 것이다. 그러나 그것은 극단적으로 성공한 기업인수이다. 왜냐하면 새로운 과학적 믿음체계의 교리는 새로운 교회, 학교, 매체, 대학을 통하여 너무 쉽게 퍼져나가고, 흡수되고, 너무나 잘 받아들여졌기 때문이다. 물론 새로운 종교는 이전의 종교보다 우리를 더 혼란스럽게 한다. 왜냐하면 새로운 종교는 훨씬 덜 안정적이지만, 계속해서 만들어내는 사실과 결과물은 엄

청난 권위를 요구하기 때문이다. 어떤 교회도 그렇게 강렬한 마법을 보여
줄 수는 없다. 과학은 새로운 개념, 자료, 이론을 정기적으로 제시하여,
언제나 우리가 그 정보를 알 것을 요구한다. 그 목적은 우리가 최신의
발명, 이론, 도구 등을 발전시키고 가까이 하여 유행이나 시대에 뒤떨어
지지 않도록 하는 것이다. 그리고 우리는 더 유연하고 더 역동적인 삶을
살면서, 과학적 자료에 근거하여 최대한의 성공을 위해서 매일매일 가능
한 한 많은 잠재력을 실현하도록 노력하는 활동을 한다. 젊은이의 문화가
우세한 것은 당연하다. 그리고 우리가 장수, 건강, 행복에 집착하는 것도
당연하다. 정보의 나이는 지식의 나이를 대체하였고, 지식의 나이는 이
미 예전에 지혜의 나이를 대체하였다. 지혜는 성숙에서만 나올 수 있지
만, 빠르게 변화하는 정보는 즉시성에 의존하기 때문에 젊은이의 활력에
더 잘 맞는다. 따라서 이제 우리는 더 이상 옛 가치에 맞추어 행동하지
않으며, 선조가 잘 확립해놓은 틀에 그리고 신의 말에 맞추지 않고, 최신
의 연구에 따라 우리에게 제공되는 새로운 증거를 따른다. 우리는 증거에
기반을 둔 삶을 살면서 우리가 따라야 할 최신의 유행과 가치를 알기 위
하여 대중매체에서 단서를 얻는다. 어떤 날은 건강하게 장수하기 위하여
무엇을 먹어야 한다는 말을 듣지만, 그다음 날은 바뀌어서 또 다른 유행
을 따르라는 충고를 듣는다. 정치인들도 자신의 이익에 따라 과학적 자료
를 사용하고 조작하기를 배운다. 그들은 모두 새로운 곡조에 맞춰 춤을
추고, 유용하고 새로운 증거와 함께 새로운 법률을 제안한다. 그들이 이
를 넘어서는 폭넓은 견해를 내놓지 않는 것은 당연하다. 그들은 과학적

자료와 매체에 의하여 만들어진 대중의 의견 사이에서 방향을 유지한다.

따라서 우리는 더 이상 신성과 영원한 삶의 상징을 신뢰하지 않고 어른들을 따르려하지 않는다. 어른들은 시대에 너무 뒤떨어져 있다. 우리는 보편적 가치에 관심을 가지는 것이 아니라, 즉각적이고 직접적인 결과라는 빛나는 약속에 끌린다. 그러므로 우리는 사회가 권하는 화려하고 성공적인 삶의 아이콘을 신뢰한다. 우리는 높고 유리한 위치에 있는 것 같은 스타와 유명 인사들의 대단해 보이는 술책과 수법과 삶의 양식을 열망한다. 그러나 많은 사람들은 이것은 유명 인사들의 왕국이고, 유사 과학, 정치, 연속극, 대중의 의견, 일상적인 자동차 퍼레이드, 옷과 좌절감을 주면서도 불만스럽고 시큰둥해 보이는 아름다운 사람들이, 자극적으로 혼합된 매체 문화임을 발견하게 된다. 그러나 그것은 도식적인 일상 속에서 우리를 실제적인 프로젝트나 개인적인 역할을 하는 사람으로 다루지 않음으로써 실패하게 한다. 우리가 유지하고 있는 세속적 가치는 너무나 일시적이어서 옛 종교가 할 수 있었던 것과 똑같은 방식, 즉 영적, 정서적으로 깊이 있는 방식으로 결합하지 못한다. 사실 그것은 우리를 갈라놓는다. 왜냐하면 우리는 지금 상상 속에서 만들어낸 부와 명성의 엘도라도라는 태양 아래에 몇 안 되는 곳을 위하여 영원히 경쟁하고 있기 때문이다.

더 나아가 우리는 옛 종교와 신흥 종교의 공존 사이에서 계속되는 긴장을 느끼고 있다. 그 긴장을 어떻게든 해결해야 한다. 그것을 다루는 방식 가운데 하나는 타협안을 내놓는 것이다. 가능한 타협안으로는 만족스러운 목표 개념과 학문적 이론을 통합하는 것이다. 그러한 이론을 위한 가능성 가운데 하나는 지적설계intelligent design로서, 그것은 신이 세계를 창조했지만 (아마도 빅뱅으로) 새롭게 창조된 세계가 다윈의 진화론에 따라서 발전하고 있다는 것이다. 이것은 옛 종교를 되살리고 싶은 사람들이 좋아하는 해결책이지만, 오히려 옛 종교를 희석시키는 것이고, 모든 사람이 좋아하는 것도 아니다.

  그 수수께끼를 풀기 위한 다른 해결책도 있다. 허무주의는 유명한 해결책으로, 세속적인 곳에서 단순하게 살면서 모든 영성을 포기하는 것이다. 불가지론은 기본적으로 그와 똑같은 태도를 가지지만 좀 더 소극적인 형태이다. 많은 사람들은 이 영성을 부정하는 것을, 너무 극단적이고 냉혹하게 보기 때문에, 자신의 삶을 두 가지로 분리해서 문제를 단순화한다. 그들은 옛 종교를 개인적인 삶속에서는 새로운 의도를 가지고 지지하지만, 현대적인 삶에서는 세속적이다. 이것은 어떤 개인적 또는 도덕적 목적을 따라야 할지를 더욱 알기 어렵게 만든다. 행복추구와 같은 매력적이고 솔직한 목적을 단순하고도 명백하게 따르는 것은 매우 유혹적이다. 실제로 우리가 본질적으로 물질세계의 최대의 쾌락, 편안함과 편리함을 추구하는 것에 기초한 세속적 세계의 가치를 선택한다면, 우리는 쾌락주의자가 될 것이다. 만일 옛 가치를 충실하게 추구한다면 행복eudaimonia의 형태로 추구하려 할 것이다. 그것은 신 또는 생명력과 조화를 이루는 삶을 살면서 좋은 삶을 추구하는 것이다. 그러나 우리에게는 너무 많은 신이 있고, 그만큼 유용하고 새로운 영적 추구도 많다.

4. 재정의된 이데올로기

이 모든 혼란 가운데에서 우리 대부분은 우리를 인도하는 진리와 목적이 무엇인지를 정확하게 알지 못한 채, 혼합된 믿음의 형태를 가지고 산다. 한편 우리는 인간의 재능을 믿고 기술적인 것에 기초한 21세기의 쾌락지향적인 추구에 몰두함으로써 우리의 확신을 강화한다. 다른 한편 우리는 옛 형태의 종교나 새로운 인간주의적 가치의 원리를 계속해서 신뢰한다. 우리는 가난한 사람들을 위한 자선을 중요하게 여기거나 정직이나 충성을 중요하게 여길 것이다. TV로 방송되는 생중계 후원이나 불우 어린이 돕기와 같은 자선 사업은 우리를 공통의 목표로 묶어주고 우리가 살고 있는 세계를 살만하도록 느끼게 하기 때문에 많은 사람들에게 호소력이 있다. 우리들 대부분은 돈과 감각적 만족을 넘어서 더 높은 곳으로 순수하게 나아가는 것에 가치를 두고 있다. 우리는 우리 자신을 훌륭하게 느끼는 그때 인간주의적 가치와 관련된 행동을 하게 된다. 반면 감각적 쾌락 원리를 추구할 때도 우리 자신을 훌륭하게 여긴다. 그러나 이 두 가지 작동양식 사이의 모순은 아주 분명하다. 그리고 사람들이 종종 자신의 삶의 목적이 실제로 무엇인지에 대하여 당혹스럽거나 혼란스럽다고 고백하는 것도 이상한 일은 아니다. 그들은 세속적인 방식으로 자신의 삶을 정의하는 궁극적 원리로써 명성, 성공, 부, 쾌락을 믿는다. 그러나 내면에서는 이것이 충분하지 않고, 숨겨진 이데올로기에 따라 더 많은 것이 필요하다고 느낄 것이다. 결국 우리는 어렴풋하게 정의된 상태로 살지만 지속적으로 실존적 죄책감을 느낀다. 문제는 우리 대부분은 그 이유를 충분히 생각할 만큼 버틸 시간이나 기회를 가지고 있지 않다는 것이다. 우리는 삶의 동기가 무엇인지를 실제로 모른다. 사람들은 종종 자신이 원하는 모든 것은 결국 행복이고, 가능하다면 다른 사람들도 그 과정에서 행복하게 하고 싶다고 믿는다.

　사람들은 순수한 쾌락주의의 형태로 이 행복을 추구하는 것이 엄청난 문제점을 유발한다는 것을 알지 못한다. 왜냐하면 쾌락주의는 박탈, 고통, 슬픔, 고난, 늙어감, 실패라는 삶의 국면을 수용하기 어렵게 하기 때문이다. 이 모든 것은 종교가 일반적으로 받아들이고, 입증하며 통합하는 것들이다. 인간주의의 한 형태로서 쾌락주의는 종종 인간 존재가 생명체 중에서 최고이며 삶의 첫 번째 목표가 행복과 성취라는 믿음을 가진다. 그것은 오늘날 사람들이 가지고 있는 많은 이데올로기 가운데 하나이다. 다양한 이데올로기는 그림 1.2에 잘 나타나 있다.

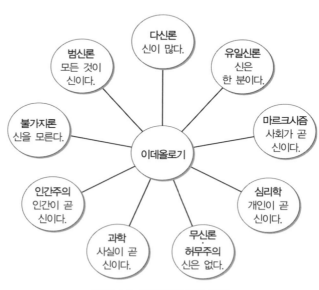

그림 1.2 이데올로기의 범위

이데올로기는 가치, 믿음, 열망에 대한 분명한 도덕적 틀을 제공한다. 왜냐하면 이데올로기가 유신론이든 아니든, 삶의 궁극적 이유와 목적이 무엇인지를 말해주기 때문이다. 인간성은 역사가 기록되어 있는 한 또는 우리가 지구의 어느 곳에 있든, 유신론적 이데올로기를 포함한다. 다신론으로부터 유일신론까지 오랫동안 우리는 다신들 또는 유일신의 보호 하에 안전하게 존재하는 인간에 대하여 종교적으로 설명하였다. 그러나 우주가 어떻게 조화를 이루는지에 대한 다른 설명도 있다. 불교와 도교 그리고 많은 형태의 서양 철학은 신에 의존하지 않고 우주를 설명하고 있다. 서양식 사고는 물론 천년 동안 기독교 사상의 지배를 받았지만, 이 모든 것은 종교적 이데올로기가 진화와 동기라는 과학적 설명으로 대체되었던 19세기 말에 변화하였다. 다윈주의, 마르크스주의, 프로이트주의가 인간의 사고에 혁명을 일으켰다. 인간의 목적 개념이 대폭 바뀌었다. 우리의 근원과 신에 대한 이론이 모두 변하였다. 다윈은 창조 원리에 의문을 가졌고 그것을 자신의 진화 이론으로 대체시켰다. 그것은 실존에 대한 보다 신뢰할 만한 원리라고 설명되었다. 그러나 우리가 삶의 주요 동기와 적자생존의 원리에 따라 최소한의 강자만이 살아남는다는 것을 믿게 하였다. 마르크스는 모든 종교적 사고를 단순히 중독으로 치부해버려 그것을 인간의 아편이라고 했고 경제 이론을 선호하였다. 억눌린 대중에게 힘을 주는 평등주의 원리를, 즉 헤겔이 전조가 되어 시작된 사회적 발전을 위한 인간 능력을 열렬하게 믿었다. 불행하게도 대중의 지혜는 헤겔이 기대했던 것만큼 믿음직스럽지 못했다. 프로이트 이론 또한 종교적 사고를 소망적 사고라고 하여 보기 좋게 거부하고, 성적 본능의 단순한 잠재의식이라고 설명하였다. 이 개념은 다른 문화 발달과 함께 대중의 마음에 뿌리내렸다. 예를 들어, 산아제한 기술은 성적 해방과 쾌락주의가 억압과 금욕적 삶보다 더 낫다는 원리에 근거한 라이히 요법과 같은 성적 혁명을 가져왔다. 도덕성을 증명할 신이 더 이상 없을 때 삶에 대한 새로운 규범을 실험하는 것이 가능하고 바람직하다. 니체가 설명했듯이 우리는 우리의 모든 가치를 재평가했어야만 했다.

5. 규범과 원리

우리는 대체로 사실에 근거한 원리 위에 새로운 규칙을 논리정연하게 세우려 한다. 신은 인간 존재, 사회, 문화로 대체되고 이제 그것들은 우리에게 전적인 복종을 요구하고 있다. 서양 세계에서 점점 더 많은 사람들이 자신의 내적 동요를 다룸으로써 영적 추구를 신을 기쁘게 하는 것이나 보편적 법칙이라고 더 이상 정의하지 않는다. 그들에게 영적 추구는 최대한 성공하는 것이고 문화와 사회에서 인정받는 것이다. 그것은 영원이 아니라 우리와 같은 선상에 있는 다른 사람들에게 인정받는 것이다. 우리는 태어나는 순간부터 처음에는 가족을 통하여 다음에 텔레비전이나 다른 영향력 있는 것을 통하여 세계의 규칙을 따르기 시작한다. 그것은 삶의 목적이 우리의 가족과 사회 집단의 한계를 넘어서 운, 명성, 승리를 쟁취하는 것이라고 가르친다. 당연히 반항적이고 통제하기 어려운 십대

아이들은 더 이상 가족을 존경하지 않는다. 왜냐하면 그들의 삶의 지평선은 훨씬 더 멀리 나아가 있기 때문이다. 자신을 신의 도구가 아닌 생존의 도구로 재정의한 사람들은 더 이상 복종이 아니라 자기 자신을 주장해야 한다. 만일 강한 자만 살아남는다면 우리는 가능한 한 강해져야 한다. 재정적으로, 직업적으로, 개인적으로도 우리 자신을 경쟁적으로 만들어야 한다. 우리는 강하고, 매력적이어야 하고 행복해야 한다. 그러나 우리는 이것에 대하여 분개한다.

그러나 그것에 대하여 아무리 많은 말을 하고, 세계가 돌아가는 방식에서 결점을 찾아내도, 미디어, 깨진 가족, 느슨해진 종교, 마약, 성적 해방 등에 책임을 전가해도, 모든 악의 원인이 다른 곳에 있는 것은 아니다. 우리가 만든 변화는 어쩔 수 없고 우리는 새로운 상황에서 사는 법을 배워야만 한다. 대부분의 사람들은 오늘날의 세계에 대하여 계속해서 혼란스러워하고 그 안에서 의미를 발견하는 것이 어렵다고 생각한다. 우리는 실존의 모순에 직면하고, 북극성 같이 영원한 것은 없다는 불안 때문에 의미 없음으로 빠져든다. 그렇기 때문에 우리는 옛 신을 새로운 신으로 대체하려 한다.

우리가 의지할 수 있는 아직은 잠정적이지만 수많은 초월적 원리가 있다. 우리는 인본주의나 심리학주의에서처럼 인간 존재에 대한 믿음을 가지거나, 또는 마르크스주의나 사회주의에서처럼 사회를 위하여 일할 수 있다. 우리는 물론 결정을 연기하여 우리 자신에 대하여 모르거나 알고 싶지 않다고 단순히 말하는 불가지론자라고 말할 수도 있다. 또는 이데올로기 개념을 전부 거부하여 우리 자신을 허무주의자라고 말할 수도 있다. 전반적으로 이것은 우리의 에너지를 어디에 써야 할지에 대하여 마음을 아직 정하지 않았다는 것을 의미한다. 그 대신 우리는 해체하거나 파괴하는 것에 에너지를 쓸 때 가장 큰 이익을 얻을 것이다. 왜냐하면 세계 안에서 우리 자신을 위한 자리를 발견하지 못했기 때문이다. 허무주의는 해체주의, 회의주의, 무정부주의, 광신주의와 함께, 포스트모던 세계에서 사람들이 점점 더 대중적인 태도를 가지게 하였다. 우리는 점점 더 냉소적인 사회에 살게 되고 우리의 아이들은 초월적 원리를 점점 더 믿지 않기 때문에 그들의 목표는 종종 명성, 부, 행복을 향하게 된다. 그것은 자기 자신을 위한 여지를 만들고 세계 문화를 정복하는 가장 직접적인 방법인 것이다. 한때 지혜와 성숙은 대단히 가치 있는 미덕의 상징이었고, 더 높은 실존적 목적과 일치하는 삶에 대한 보상이었다. 그러나 이제는 젊음, 최대의 즐거움, 재미가 가장 가치 있는 실존의 특성이 되었다. 근시안적인 사고가 아직 밝혀지지 않은 우리의 가치 체계를 채우고 있는 것이다.

6. 거짓 예언자

서양의 이데올로기는 근원적으로 환원주의적인 목표에 지속적으로 기초를 두고 있기 때문에, 예언자들은 종종 새로운 기술로 새로운 희망과 꿈을 주는 사람들이다. 그들은 단순하게 우리의 삶을 더 행복하게 더 건강하게 더 오래 살게 한다고 약속하는 기술과 방법을 고안해낸다. 물리적 세계를 이해하고 새로운 지식을 가진다 해도 확실히 우리는 이전보다 인간 존재의 목적으로부터 더 소외되어 있다. 우리는 그것에 대하여 거의 생각하지 않는다. 우리는 사람을 행복하게 하는 것 또는 삶의 의미를 말하지만, 그것이 무엇을 위한 것인지에 대한 질문은 하지 않는다. 우리는 옛 신화를 대체하기 위한 일관성 있고, 믿을 만하며, 어떻게 해서든 도덕적으로 만족스러운 이야기를 하려고 하지 않는다. 그 대신 우리는 인간 존재의 메커니즘을 말해주고 기껏해야 그것으로부터 최대의 이익을 어떻게 얻는지에 대하여 말해주는 물질주의의 신화인 환원주의를 주장한다. 아마도 사람들은 물질주의의 의미에 대해서 도전하려 하지 않고, 마치 세계는 커다란 파티이고 삶은 특별한 것이라고 경험하여야 할 것처럼, '좋은 시간을 보내는 것'과 같은 단순한 가치에 대하여 말한다. 그렇지만 그것이 언제나 '좋은 시간'을 의미하는 것은 아니다. 사람들은 종종 자신의 행복을 약간 모호해하거나 혼동한다. 삶은 즐겁고 쉬워야 한다는 기대와 비교하면서 자신의 불행을 과대평가할 것이다. 우리는 부, 젊음, 성공을 행복과 혼동하고, 이 모든 것을 가장 많이 획득한 사람들은 갑자기 우리의 우상이 된다. 그들은 행복해 보인다. 그들은 이상화된 삶을 살기 때문에 행복해 보이지만, 실제로 그런 것은 아니다. 왜냐하면 성취에 대한 자신의 외적 이미지와 결점과 실패에 대한 내적 느낌 사이에서 오는 낯선 모순과 투쟁하기 때문이다. 그들은 자신이 얻으려고 하는 행복이 바보의 황금일 뿐이라는 것을 발견할 것이다. 실제적인 것은 잡을 수가 없다.

사람들이 영적 파산과 혼란으로 가지 않도록 치료사는 이러한 철학적 문제를 이해할 필요가 있다. 우선 치료사는 인간의 삶의 근간을 형성하는 개인적인 확신과 이론에 익숙해질 필요가 있다. 치료사는 내담자의 인지적 신념을 이해할 뿐만 아니라 내담자들의 이데올로기와 영적 믿음도 중요하게 여겨야 한다. 치료사는 내담자의 도덕적 판단과 자기평가의 기초가 되는 근본 개념을 다룰 수 있어야 한다.

물론 이것은 내담자의 도덕적 체계와 종교로부터 나온 개념에 익숙해지면, 삶을 바라보는 방식에 대한 다양한 관점을 얻을 수 있다는 것을 의미한다. 그러나 훨씬 더 중요한 것은 다른 사람들이 어떤 관점을 가지고 있는지를 이해하도록 비교리적인 도덕적 사고와 개인적으로 연결되는 것이다. 그런 면에서 서구 사회에서 지배적인 유대-기독교 도덕성 또는 이슬람 도덕성의 뿌리를 넘어서, 대안이 되는 세계관을 즐겁게 탐구하는 것은 도움이 될 것이다. 이것은 우리가 아주 많은 종교의 창조이야기와 인간의 목적 사이의 유사성을 알 때 가능하다. 기독교, 유대교, 힌두교, 불교, 이슬람교, 도교, 무속신앙, 조로아스터교, 우상숭배, 헬레니즘 등 현저하게 많은 세계 종교들은 인류의 기원과 선악의 뿌리에 대해서 비슷한 개념을 토대로 가진다. 많은 아프리카 부족과 마오리족도 이와 비슷한 이야기를 가지고 있다.

만일 우리가 도덕성의 창조에 대한 서구적인 설명의 원천으로 돌아가기를 원한다면, 유대-기독교의 믿음체계를 탐구하기보다는 그리스, 로마, 이집트, 게르만, 켈트, 앵글로색슨 또는 스칸디나비아 신화를 재탐구하는 것이 더 좋을 수 있다. 이들의 믿음이 아직도 서구 사회에 어느 정도는 남아 있지만 그것을 종교로서 진지하게 받아들이는 사람은 거의 없다. 그렇지만 이들의 믿음은 어느 누구도 공격하거나 소외시킬 위험 없이 충분히 익숙하게 충분한 거리를 두고 그것들을 생각할 자유를 준다. 우리가 그러한 종교의 창조 신화를 검토할 때, 인류의 기원에 대하여 상상력이 풍부한 최근의 과학적 이야기와 우리가 기대했던 것보다 더 많이 일치한다는 것을 보여준다. 나는 고대 그리스의 창조 신화를 간략하게 성찰함으로써 이것을 밝힐 것이다.

7. 프로메테우스와 인간의 창조

표준적인 창조 신화를 보여주는 그리스 신화에 의하면 태초에 카오스만 있었다고 말한다. 모든 것은 혼돈이었고 형체가 없었다. 어떤 것이 분명하게 나누어져 있거나 구별되어 있지 않았다. 지구, 바다, 공기는 모두 섞여 있었다. 지구는 딱딱하지 않았고, 바다는 흐르지 않았다. 그리고 공기는 투명하지 않았다. 지구, 바다, 하늘이 서로 분리되었을 때 세계는 우리가 알고 있는 것처럼 존재하게 되었다. 이것들 중 어떤 것도 현대의 진화적 사고 또는 대부분의 다른 종교적 견해와 모순되지 않는다.

그리스 신화에서(Graves, 1992) 세계를 구성하는 기본적인 요소는 신으로 표상되었다. 이들 중 많은 것은 분명히 글자 그대로의 진리라기보다는 상징으로 받아들여질 수 있다. 따라서 태초에 무질서의 신 혼돈Chaos은 땅의 여신 가이아Gaia를 낳았고, 또 그녀는 사랑의 신 에로스Eros를 낳았다. 태초에 혼돈과 땅 사이를 중재하는 사랑의 원리가 있었다. 이

사랑에서 다른 신, 즉 하늘의 신 우라노스Ouranos, 바다의 신 오케아노스
Oceanos, 강의 여신 레아Rhea가 창조되었다. 가이아의 아들 우라노스(하
늘)와 가이아(땅)는 지하 세계의 신인 타이탄Titan들을 낳았다. 그 가운데
어린 신이 시간의 신 크로노스Chronos였다. 이는 시간이 매우 중요한 척
도라는 것을 말해준다.

　이후에 타이탄과 다른 신들은 더 많은 특별한 신과 반신반인, 예를 들
어 죽음의 신 타나토스Thanatos, 잠의 신 힙노스Hypnos, 분노와 복수의
신 네메시스Nemesis와 같은 신격화된 통치자들을 낳았다. 그들은 부정적
으로 보였을지라도, 인간에게 근원적이고 중요한 모든 경험을 보여주는
존재였다. 힌두교에서도 마찬가지이다. 이 신들은 모두 부정적인 것과
관련되어 있는데, 이것은 매우 흥미로운 일이다. 시간의 신 크로노스는
그의 아버지 하늘의 신 우라노스와 싸워서, 결국 그의 어머니인 땅과 아
버지인 하늘을 갈라놓았고, 이후에 둘은 하나로 합쳐지지 못했다. 가족
의 갈등과 예측불허의 변동에 대한 중요성을 보여주는 첫 번째 예이다.
이러한 분리 때문에 시간의 신 크로노스가 힘을 가지게 되었고, 땅과 하
늘을 지배하게 되었다. 일상의 삶에서 그러하듯이, 시간은 모든 것을 분
리한다. 인간의 삶에 대한 이 흥미로운 비유는 인간 존재를 구성하고 삶
을 지배하는 것이 땅이나 하늘만이 아니라 시간이라는 것을 상기해준다.
크로노스는 자신의 여동생 강(흐름)의 여신 레아와 결혼하였지만, 아들
들이 자신을 퇴위시킬 것을 두려워하여 아이들을 모두 먹어버렸다. 그러
나 결국 여섯 번째 아이 제우스가 어머니에 의하여 구출되었는데, 레아는

크로노스에게 아들 대신 돌을 주어서 다른 아이들도 토해내게 하였다. 그들은 헤스티아Hestia, 헤라Hera, 데메테르Demeter, 하데스Hades 그리고 포세이돈이었으며, 제우스와 함께 재빨리 올림포스산으로 도망갔다. 가족 간의 갈등은 모든 인간관계의 본질이며 미래의 인간관계에 대한 설명을 해준다. 아니 설명이 아니라 오히려 확신을 준다. 어머니가 아이들을 아버지의 분노에서 살며시 구해주는 것은 영웅적이지만 비극적이다. 왜냐하면 거기에는 치러야 할 대가가 있기 때문이다. 비극은 인간 기원에 대한 이 이야기에서 계속해서 나타난다. 그러나 점점 더 좋은 형태로 나타난다.

신과 타이탄이 정착하자 그들은 온갖 종류의 동물을 새롭게 창조하였다. 그러나 그들은 더 고상한 동물을 창조하고 싶어서 인간을 창조하였다. 올림포스 신들의 편을 들었던 타이탄 중 하나였던 프로메테우스 Prometheus는 물과 흙으로 인간을 만들었다. 프로메테우스는 노동과 산업의 표상이었다. 인간은 흙에서 만들어졌기 때문에, 즉시 자신의 실존을 위하여 일해야 했고 땅으로부터 물건을 만들어내야 했다. 인간은 처음부터 다른 동물들보다 더 많은 능력을 부여받았다. 프로메테우스는 신의 이미지를 따라서 인간을 만들었고 똑바로 서게 하였다. 얼굴이 땅을 향하고 있는 다른 동물과는 달리 인간 존재는 하늘을 향하고 있다. 그렇게 높은 지위와 높은 열망은 문제를 야기하게 되었고, 인간의 자만 이후에 인간의 타락을 필연적으로 예측할 수 있게 하는 판도라의 상자 이야기가 만들어졌다. 이제 이 타락을 성서에서 말하는 것처럼 낙원으로부터 쫓겨

나는 벌이 아니라 하늘에 닿으려는 우리 욕망의 필연적인 결과로 보자.

프로메테우스가 모든 피조물, 즉 동물뿐만 아니라 인간도 창조하라는 과제를 부여받았을 때, 그의 형제 에피메테우스Epimetheus에게 이 힘든 작업을 함께 하자고 요청하였다. 에피메테우스는 일을 잘 하여, 동물들에게 좋은 특성들을 모두 나누어 주었기 때문에 그가 일을 마쳤을 때에는 남은 것이 없었다. 그래서 인간을 만들게 되었을 때 프로메테우스가 그의 일을 도왔다. 인간은 다른 동물과 달리 부족한 것이 너무 많다는 것을 깨닫고 프로메테우스는 인간에게 자신을 방어할 수 있는 특별한 선물을 주기로 결심하였다. 이 선물이 바로 불이었다. 그때까지 불은 신에게만 엄격하게 허용되어 있었던 것이었다.

프로메테우스는 태양에서 불을 훔쳐서 횃불에 불을 붙였고, 그것을 인류에게 가져다주었다. 이제 사람은 무기와 도구를 만들어서 땅을 경작하고 동물과 다른 사람들로부터 자신을 방어하며, 자신의 집을 따뜻하게 지킬 수 있었다. 이로 인해서 인간의 문화가 발달할 수 있게 되었고, 인간은 신과 동등하게 또는 거의 동등하게 과학과 예술과 기술을 배울 수 있게 되었다. 흥미롭게도 이것은 산업, 과학, 기술을 발달시킨 인류의 역사를 정확하게 설명하는 좋은 예이다. 그러나 제우스는 프로메테우스가 저지른 일을 알게 되었고, 극도로 분노했다. 그는 대장장이 헤파이스토스Hephaestus를 시켜서 코카서스Caucasus 산꼭대기에 프로메테우스를 족쇄로 매달아 놓았다. 프로메테우스는 수백년 동안 거기에 매달려 있었고, 제우스가 보낸 독수리는 매일 그의 간을 쪼아 먹었다. 밤에 내리는 서리는 그의 상처를 아물게 했지만 다음날 아침에는 고통이 다시 시작되었다. 그 고통은 끝이 없었다. 즉, 프로메테우스가 벌을 받았기 때문에 인간 존재는 신의 것인 불을 선물로 받은 것이다. 그러나 인간은 아직도 그 대가를 치러야 한다.

8. 판도라의 상자

제우스는 프로메테우스가 인간에게 얼마나 큰 이익을 준 것인지 알아보기 위하여 인간에게 행복과 성공을 파괴할 수 있는 선물을 주었다. 제우스는 인간에게 여자를 주기로 결심하였다. 그는 프로메테우스가 했던 모든 것을 쉽게 되돌릴 수 있을 것이라고 생각하여, 아름답고 젊은 소녀를 창조하였다. 그 이름은 판도라였으며, '모든 것이 주어졌다'라는 의미를 담고 있었다. 실제로 판도라는 신들이 그녀에게 줄 수 있었던 모든 이익을 누렸다. 헤파이스토스는 판도라에게 아름다운 신체와 목소리를 주었고, 아테나는 재능과 창의력을 주었다. 아프로디테Aphrodite는 그녀에게 황홀의 마법을 걸어주었고, 머큐리Mercury는 설득력을 주었다. 지구에서 가장 놀랄 만한 피조물이 되도록 많은 것을 주었다. 제우스는 프로메테우스의 형제인 에피메테우스에게 판도라를 주었다. 에피메테우스는 유혹을 이기지 못하고, 그것이 고통을 의미하는 줄 알면서도 그녀를 데리고 왔다.

판도라는 비밀을 담고 있는 상자를 가지고 왔다. 그녀는 그 상자를 열어보지 말라는 말을 들었지만, 어느 날 에피메테우스가 경고했음에도 불구하고 호기심을 참을 수가 없어서 뚜껑을 열었다. 그러자 갑자기 수많은 문제, 질병, 고통이 세상 밖으로 나와 버렸다. 인류가 알고 있는 모든 질병이 갑자기 전 세계로 퍼졌다. 인간에게 영향을 줄 수 있는 모든 악, 증오, 악의가 멀리 퍼져나갔다. 판도라는 자신이 풀어준 것을 보고 너무 놀라서 재빨리 뚜껑을 닫았다. 그때 그 상자에서 나오지 못했던 한 가지 가 있었는데, 그녀는 그것을 언제나 상자 안에 안전하게 둘 수 있었다. 이런 방식으로 인간에게 필요한 것을 보존할 수 있었다. 질병과 마주하는 어떤 사람이라도 마지막으로 의지할 것이 있다. 작지만 마지막까지 소중 한 것은 언제나 우리 손에 달려 있는데, 그것은 바로 희망이다. 그것은 모든 것이 힘들고 불가능해보일지라도 인간의 삶을 살만하게 하는 선물 이었다. 희망은 아무리 힘든 운명이라도 견딜 수 있게 해준다.

9. 심리치료에서 이야기의 적절성

창조 이야기는 우리에게 그럴듯한 신화를 제공하기도 하지만 인간의 곤경을 설명해주기도 한다. 현재 많은 사람들이 종교의 창조 신화를 글자 그대로 받아들이는 것과는 달리, 아무도 이 이야기가 역사적으로 일어났 던 사건을 정확하게 보여주는 것이라고는 생각하지 않을 것이다. 그러나 신화는 인간의 투쟁과 매일매일의 현실을 훌륭하게 설명해준다. 삶의 모 험에 대한 청사진을 제공해준다. 왜냐하면 그 이야기는 문제를 극복하기 위해서 그 선물을 활용하는 것은 우리에게 달려 있다고 분명하게 말해주 기 때문이다. 우리의 문제는 보통 자만심, 즉 우리의 창조성에 대한 지나친 확신 때문에 생긴다. 판도라의 상자 이야기는 최악의 상황에서도 우리를 인도할 희망이 언제나 있음을 상기시켜준다. 인간 삶에 대한 이 이야기는 수많은 해석이 가능하지만 사실로 받아들여지지는 않는다. 따라서 그것은 인간 삶의 기원에 대한 진화적 개념과도 일치한다. 그것은 언제나 상호작용하며, 운명보다 한발 앞서가는 길을 발견하고자 할 때, 나아갈 길을 인도하는 인간의 지혜와 투쟁을 강조한다. 그리스 신화는 그러한 승리가 얼마나 일시적인지를 언제나 강조한다. 왜냐하면 인간의 비극과 운명은 언제나 커다란 장애물과 문제를 가져다주면서 우리의 발목을 잡기 때문이다. 비극과 운명은 결코 끝이 없고, 인간의 삶은 본질적으로 이것들과 마주하는 방법을 발견하는 것이다. 이것은 성서 이야기와 마하바라타에서도 마찬가지이다. 그리고 이는 종교와 문학의 접점이기도 하다. 그러한 신화는 우리에게 삶에 대하여 가르치는데, 삶은 언제나 갈등, 역경, 불화로 가득 차 있는 모험이기 때문에, 우리는 어떻게든 삶을 배워야 한다.

우리는 세련된 문화를 발전시켜 왔지만, 그 문화에는 분명히 이전보다도 더 다루기 어려운 문제가 포함되어 있다. 아담과 이브의 이야기처럼 판도라의 이야기도 인간의 도전이란 우리가 직면하는 많은 문제들을 해결하기 위하여 수고해야 하는 것이라고 말한다. 그것은 남자와 여자 사이의 관계가 종종 어려움의 핵심에 있음을 말해준다. 또한 자연스러운 호기심이 우리를 계속해서 문제 속으로 이끌어갈 때 인류의 문명은 더 진화한다. 일종의 정서적, 이념적 요소들은 사람들에 대하여 순수하게 '과학적인' 설명을 못하게 한다. 치료는 일상에 근거하고 있는 인간 존재를 직면하는 일, 그 일을 이야기로 풀어내는 것에 기초할 필요가 있다. 우리 자신이 만들지 않은 많은 문제들을 직면한다는 개념은 매우 유용하다. 시련과 고난을 희망을 바탕으로 인내하며 극복할 수 있다는 또 다른 특성이 인간 존재에게 있다는 생각은 치료와 깊은 관련성이 있다.

10. 희망의 기능

어떤 형태의 심리치료에서도 희망은 분명히 필요하다. 아마도 치료 관계의 초기 단계에서 사람들에게 영감을 주는 것은 주로 희망일 것이다. 아무것도 없는 사람들에게 희망을 주는 것은 최소한의 성공적 치료의 목표이다. 권리를 박탈당한 사람들을 상담할 때 희망 없이는 힘도, 가능성도 없어서 실제적인 상담이 이루어지지 않는다는 것을 심리치료사들은 알고 있을 것이다. 희망 없이는 확신도 없다. 세상의 악에 직면하는 사람들은 회복을 위한 조용한 장소가 필요하고, 진심어린 지지적인 만남을 확신하면서, 새로운 희망과 확신을 발견할 시간이 필요하다. 그들은 새로운 용기를 얻고서 앞으로 나아가기 위한 영감을 필요로 한다.

이것은 희망과 격려가 치료의 유일한 목적이라는 말이 아니다. 희망은 치료 작업의 필수적인 구성요소이고, 첫 번째 단계일 뿐이다. 우리는 사람들이 고민하고 있는 어려움을 정면으로 다룰 필요가 있다. 어떤 것도 현실을 직면하는 작업을 대신할 수는 없다. 이 세상의 악을 치료에서 직접적으로 직면하여야 하고, 또 자신의 성격에 대한 문제도 똑같은 방식으로 다루어야 한다. 어떤 내담자에게는 치료사가 판도라의 상자와 같을 필요가 있을 것이다. 즉, 숨겨져서 억압되어 있었던 악이 자유롭게 날아가도록 상자를 여는 것이다. 어떤 내담자에게는 이 모든 어려움을 이해하고 조직하여 그것을 길들일 필요가 있다. 또 어떤 내담자에게는 모든 치료가 처음에는 희망과 인내와 견딜 수 있는 힘을 제공할 수 있다. 희망은 실존의 든든한 토대로써 준비되어 있다. 그것은 우리가 있는 그대로의 상태에서 인간 조건에 직면할 때에만 유용하다. 그렇기 때문에 희망은 결코 숨겨진 비밀 장소로 보여서는 안 된다. 내담자가 모든 고통이 끝날 것이라는 유토피아에 대한 희망을 갖게 하는 것은 유용하지 않다. 모든 것이 옳은 이상적인 장소로 갈 수도 없고, 그런 곳은 존재하지도 않는다. 낙원은 이 세상에도 없고, 이 세상이 끝난 후에도 존재하지 않는다. 만일 치료에서 궁극적인 황홀의 장소에 이를 수 있다는 망상을 만들어 낸다면 그것은 치료를 하는 것이 아니라 희망적 사고를 다루고 있는 것이다.

치료사들은 내키지 않더라도 세계의 모든 고통을 다루어야 할 것이다. 우리 대부분은 연약하다고 느끼거나 낙담했을 때 지혜를 발휘하는 것이 어려울 수 있다. 파스칼Pascal은 인간 존재가 필연적으로 미쳐 있고, 미치지 않은 것은 광기의 또 다른 형태일 수 있다고 말했다. 삶을 전혀 관리할 수 없는 사람이 있다는 것도 놀랄 일은 아니다. 가장 잘 살고 있는 사람들도 위기를 만나면 낙담할 것이다.

키에르케고르는 그 문제에 대하여 아주 좋은 생각을 가지고 있었다. 그는 인간 존재의 본질적인 부분으로서 근원적인 두려움, 불안, 공포,

절망을 정확하게 설명하였다. 또한 그것을 신에게 버림받았다는 개념, 즉 우리가 신을 더 이상 믿지 않았기 때문에 일상적으로 살게 되는 것과 연결시켰다.

> 모든 인간 존재는 세계에 홀로 있으면서 신에게 잊혀지고, 거대한 세상 속에서 수많은 사람들에게도 잊히는 것에 대한 불안을 마음속 깊은 곳에 가지고 산다(Kierkegaard, 1999: A363).

우리가 더 이상 신을 믿을 수 없을 때 그리고 외로운 투쟁을 두려워할 때, 영감의 또 다른 원천을 찾을 필요성을 느끼게 된다.

11. 절망과 그것이 인간 존재에게 미치는 파괴적 효과

삶이 피할 수 없는 고통의 바다여서 더 이상 우리를 구원해줄 신에게 의지할 수 없다면, 어떻게 치료가 이루어질 수 있을까? 내담자는 자신의 삶에서 좋은 일을 많이 하고 문제를 제거한다고 해서 그 자리에 쾌락의 즐거움을 놓을 수 있을까? 그렇게 고통을 회피하면서 좋은 때를 기다리는 회피성 추구한다고 해서 유토피아를 발견할 수 있을까? 답은 절대 그렇지 않다는 것이다. 행복을 추구하는 것이 가끔씩 효과를 내긴하지만 지속적인 해결책은 아니다. 그것은 우리 대부분에게 전혀 현실적인 선택이 아니다. 진실과 좋은 삶은 삶을 회피하거나 숨어 삶으로써 발견되는 것이 아니라, 용기와 결단력을 가지고 인간 실존의 일상적인 투쟁에 직면함으로써 얻을 수 있다. 인간의 진실은 모호해서 쉽게 얻을 수 있는 것이 아니다. 메를로 퐁티Merleau Ponty(1945/1962)가 말하였듯이, 우리는 살아 있다는 경험을 통하여 우리의 삶에 어떻게 의미를 부여하는지를 알아야 할 필요가 있다. 우리가 삶에 헌신하면서 우리의 문제와 투쟁할 때, 여기에 필요한 행동을 해야만 약간의 행복을 성취할 희망을 가질 수 있다. 키에르케고르도 이것에 대하여 상당히 잘 알고 있었다. 그는 불안과 절망이라는 소위 부정적인 면을 삶에 대하여 배울 수 있는 좋은 출발점으로 보았다. 비록 그것이 역설적인 태도를 갖는다고 하더라도 말이다.

> 결과적으로 절망할 수 있다는 것은 무한한 유익을 내포하고 있다. 절망에 빠진다는 것은 실제로 가장 큰 불행이고 고통이지만, 그것이 파멸은 아니다(Kierkegaard, 1855/1941: 45).

키에르케고르는 절망을 두 가지 형태로 구별한다. 약함의 절망과 저항의 절망이다. 약함의 절망에 빠진 사람은 자기정체성selfhood을 주장할 수 있지만 아직 감히 그렇게 하지 못한다. 저항의 절망에 빠진 사람은 자기를 공허하게 주장하면서 공중에 성을 쌓는다. 사람들은 이 두 가지를 경험하면서 자기 자신이 절망을 넘어설 수 있다고 절대로 가정하지 않는다. 왜냐하면 환경이 그들의 능력을 변화시키듯이 절망도 그들의 능력을 변화시키기 때문이다. 우리가 언제나 도덕적으로 행동할 수 있다고 믿는 것이 어리석은 생각이듯이, 우리 자신이 절망을 넘어설 수 있다고 믿는 것도 어리석은 생각이다.

프랭클Frankl은 수용소 경험을 통하여 사람마다 스트레스와 절망에 대하여 다르게 반응한다는 것과 더 좋은 환경에 있지 않다고 스스로 생각한다는 것을 발견하였다. 우리는 좋은 방식으로 우리 자신을 놀라게 할 수도 있지만 나쁜 방식으로 놀라게 할 수도 있다. 그리고 새롭고 혹독한 환경에 어떻게 반응해야 할지 모르겠다고 우리는 생각한다.

> 수용소의 생체 실험실에서 돼지처럼 행동하는 사람들이 있는가 하면 어떤 사람들은 성자처럼 행동한다는 것을 보았다. 인간은 자기 자신 안에 두 가지 가능성을 가지고 있다. 인간은 자신이 결정하는 것에 따라 행동하는 것이지 조건에 의해 행동하는 것이 아니다(Frankl, 1967: 35).

치료 현장에서 우리는 모든 것이 겉으로 보이는 것과 같지 않다는 것을 곧 발견하게 된다. 그리고 정말 좋은 사람들이 끔찍한 경험을 하거나 무서운 일을 경험하는가 하면, 외적으로 나쁘게 보이는 사람들이 자기 자신 안에 매우 선한 도덕적 원리와 능력을 발견하거나 삶에서 큰 이익을 갑자기 얻는 것을 발견하게 된다. 우리는 두 극단 어디에나 있을 수 있고 때로는 예기치 않았던 바닥으로 떨어질 수도 있다. 그러나 인간에게는 경험으로부터 배우고 가치 있는 과제를 성취함으로써 발전할 수 있는 능력이 있다. 이것은 세계를 허무주의적으로 평가하려는 현대의 포스트모던적인 경향성이 있음에도 불구하고 그렇다. 인간에게는 발전할 수 있는 능력이 있다. 또한 인간은 변화할 수 있고, 완전함은 아닐지라도 완전함의 가능성을 가지고 있다. 그리고 분명히 자신의 조건을 향상시킬 수 있다. 더 나아가서는 환경에 의하여 시련을 당할 때 자신의 용기와 회복탄력성을 보여준다는 것이다. 그러나 자신의 경험과 행위에 대하여 성찰하는 방법을 알아야 한다. 그러면 자신이 어떻게 살아야 할지에 대하여 신중한 결정을 할 수 있게 된다.

12. 성공은 자유의 중요한 요소가 아니다

아마도 사람들이 오늘날 놓치기 쉬운 것은 바로 자신들이 자신의 의미를 창조해야 한다는 사실일 것이다. 그들은 스스로 자신의 존재이유raison d'etre를 제공해야 한다. 최악의 상황에 직면하더라도 자신의 자유를 되찾아야 하고 자신이 할 수 있는 것에 대하여 최선의 방법을 찾아야 한다. 자유와 성공은 함께 있지 않다. 실패를 두려워하지 않고 고통을 두려워하지 않는 사람들은 스스로 결정하고 통제하고 있다고 생각하는 사람들보다 더 자유로울 것이다. 왜냐하면 그들은 계속해서 성공에 목표를 두고 실패에 대한 두려움을 가지고 살 것이기 때문이다. 사르트르Sartre는 누구보다도 자유에 대하여 잘 알고 있었다.

> 자유롭다는 것은, 즉 더 넓은 의미에서 선택이라는 것은 자신이 원했던 것을 얻는다는 의미가 아니다. 즉, 성공은 자유의 중요한 요소가 아니다(Sartre, 1943/1956: 483).

이것을 기억하는 것 자체가 자유이다. 그 의미는 사람들이 최악의 조건에서도 자유로울 수 있고, 최소한 자신의 태도에서 조금이라도 자유로울 수 있다는 것이다. 자신의 세계에 의미를 부여하고 자신의 신념에 따라서 스스로 세계를 만드는 것은 인위적이고 과대평가된 21세기 문화의 소유물을 얻는 것보다 더 자유롭다는 것이다. 많은 사람들은 자신이 궁핍한 조건에 있다고 생각하지만, 어떤 사람들은 자신의 고통을 좋은 것으로 바꿀 수 있다고 생각한다. 프랭클은 자유가 그들 가까이에 있다고 말한다. 프랭클은 삶에서 의미를 발견하는 데 기본적으로 세 가지 방식이 있다고 생각하였다(Frankl, 1967). 그는 사람들이 세계로부터 얻을 수 있는 좋은 것들에 대한 경험적 가치에서, 세계에 기여할 수 있는 좋은 일들에 대한 창조적 가치에서, 궁극적으로는 긍정적 경험도 창조성도 없는 삶에서 우리의 운명이 될 불가피한 고통을 다루기 위하여 선택하는 태도적 가치에서 의미를 발견한다고 말하였다.

따라서 악에 도전하지 못하고 불행을 영원하게 하는 것은, 불운이 아니라 불운에 대한 절망이고 그것을 견디고 대항하려는 의지의 부족이다. 판도라의 상자가 열리고 악이 나왔을 때, 성장과 극복의 가능성에 우리는 관심을 기울일 필요가 있다. 그것은 상담사나 치료사가 다루어야 할 나쁜 바탕이 아니다. 치료사로서 우리가 인간의 자유를 이해하고 보호하며 향상시킬 수 있다면, 이전에는 의미 없음이 지배적이었던 곳에서 의미를 발견하도록 돕는 중요한 역할을 할 수 있을 것이다.

그렇다면 이제 우리는 치료사들이 인간의 행복이나 만족을 지키는 것이 옳은지를 질문할 수 있다. 답은 치료사가 인간 삶의 현실을 회피함으로써가 아니라 다루는 한에서 그렇다는 것이다. 그러나 이것은 치료사의 훈련과 상담이 크게 변화해야 한다는 의미가 아니다.

13. 역사적 관점

치료사의 역할이 왜 그렇게 많이 바뀌고 있는가? 사쯔Szasz는 1961년 『정신적 질병이라는 신화The Myth of Mental Illness』에서 우리 사회는 삶의 문제에 대해서 도움을 더 많이 요구할 필요가 있을 것이라고 말하였다. 그는 다음과 같이 말한다.

> 비유적으로 말하자면 우리 모두는 삶이라는 학교에서 배우는 학생들이다. 여기에서는 누구도 낙심하거나 절망할 필요가 없다. 그러나 이 학교에서 종교적 우주론, 민족주의적 신화, 최근에는 정신의학이 몽매한 교사 역할을 하게 되어 학생들에게 진실한 깨달음을 주지 못하고 잘못 인도하는 역할을 한다(Szasz, 1961: 273).

그렇다면 사람들은 왜 자신을 돕기 위하여 치료사에게 가는가? 우리가 만일 인간의 노력을 역사적 발달의 맥락에 놓으려 한다면, 정신적 질병의 역사에 대한 푸코Foucault의 가슴 아픈 분석이 많은 것을 설명해주고 있음을 발견한다.

『광기와 문명Madness and Civilization』에서 이성시대에 정신이상의 역사를 설명했던, 광기의 고고학에 대한 푸코(Foucault, 1965)의 분석은 우리에게 이 모든 것을 알려준다. 그는 광기가 인간 이성의 한계이고, 그와 똑같은 방식으로 죽음도 인간 삶의 한계라고 주장하였다. 둘 다 신성화된 것이기 때문에 공포와 경외를 불러일으킨다.

> 죽음이 시간의 영역에서 인간 삶의 경계이듯이, 광기도 동물성 영역의 경계이다. 그리고 죽음이 그리스도의 죽음으로 신성화된 것처럼, 광기도 가장 동물적인 본성에서 신성화된 것이다(Foucault, 1965: 81).

우리를 가장 힘들게 하는 인간의 현실에 진지하게 접근하려면 그 반대도 항상 고려해야 한다. 푸코는 광기 자체가 황량한 삶의 일상적 현실로부터 도피하는 방법이라고 말하였다. 그것은 잠자는 것과 비슷하거나 또는 단지 잘못된 것이다. 푸코는 보다 시적으로 다음과 같이 표현한다.

> 광기는 바로 몽상적인 것과 잘못된 것 사이의 접촉점에 정확히 있다는 것이다(Foucault, 1965: 106). … 그것은 이성이 병든 것이 아니라 혼란스럽게 된 것이다(Foucault, 1965: 108).

이것은 광기를 아주 멋지게 요약한 것이다. 왜냐하면 그것은 우리 대부분에게 일어나는 일이기 때문이다. 우리는 아픈 것이 아니라 삶의 복잡성과 혼란 때문에 멍하게 되고 혼란스럽게 된 것이다. 그러나 우리는 이것에 대하여 자신이 정서적으로 또는 정신적으로 결함이 있다고 생각해서는 안 된다. 푸코는 정신적 질병을 다른 이데올로기와 관련하여 다르게 생각해볼 수 있는 좋은 방법을 제시하였다. 인간의 이데올로기는 건강과 질병에 대한 주제를 다양한 방식으로 다룬다. 많은 사람들은 광기에 대한 푸코의 고고학에 익숙하다. 그는 사회가 시대에 따라 타자화와 차이의 현상에 접근하는 방식을 정확하게 보여주는 첫 번째 사람이었다. 그는 역사의 각 단계마다 각각의 도덕적 원리와 신념을 가지고 있고, 그리고 각 시대마다 지식과 문제에 접근하는 각각의 인식 또는 방식을 가지고 있다고 말하였다.

다음의 그림은 그의 관점을 개관한 것이다. 요즘 시대에 맞도록 그의 목록에 한 차원을 추가하였다(van Deurzen and Arnold-Baker, 2005).

인식	
중세 시대Middle Ages	배제Exclusion
르네상스Renaissance	유사성Resemblance
고전 시대Classical Age	표상Representation
근대Modernity	자기지시Self-reference
포스트모던Post-modernity	자아의 죽음Death of self
가상Virtuality	포함Inclusion

그림 1.3 푸코의 인식

중세 사람들에게는 중간이란 것이 없었다. 세상은 선이나 악 둘 중 하나여야 한다. 만일 교회가 설명하는 선한 것에 맞지 않는다면 당신은 외부로 추방될 것이다. 이 시대는 바보들의 배를 그린 브루겔Brueghel의 그림에 잘 표현되어 있는데, 거기에서 미친 사람들은 죽음의 바다로 던져졌다. 17세기 르네상스 시대에는 신에 대한 이상이 부활하여, 사람들이 종교의 미덕과 유사한 것을 목표로 하였다. 신처럼 된다는 것은 추구할 가치가 있는 좋은 것이었다. 18세기와 19세기 초기의 고전 시대에는 표상으로 대체되었다. 사람들은 자연과 외부 세계에서 선과 악의 표상을 발견하고 싶어서, 몸과 마음을 분리시켰고 과학적 사고를 중요시하였다. 그것은 인간 존재를 부인하는 것이었다. 그리고 19세기 후반과 20세기 초기의 근대에 인간은 자기에게 몰두하여 무엇인가를 성취하는 것에 매료되었다. 사람들은 무엇이든 할 수 있고 어떤 문제라도 극복할 수 있다고 믿기 시작했다. 사람들은 더 이상 이전처럼 개인을 중요시하지 않았고, 인류가 처음으로 자기 자신을 파괴할 수 있게 된 원자 시대는 자아의 죽음의 시대이고 자기 지시의 시대였다. 그리고 포스트모던 시대에 지식과 가치는 갑자기 상대적인 것이 되었다. 진실은 더 이상 확정적이지 않고, 우리는 자신과 우주를 파괴시킬 수 있다는 새로운 자각이 생겨났다. 모든 것이 일시적이 되었다.

14. 가상의 시대

우리 문화에서 포스트모던은 더 이상 진실이 아니다. 나는 이제 우리가 포스트모던 시대에서 가상의 시대로 옮겨가고 있다고 주장한다. 그리고 이것에 대하여 다른 곳에서도 쓰고 있다(van Deurzen, 2000; Van Deurzen and Arnold-Baker, 2005). 가상의 시대에는 대중의 의사소통이 개인 의사소통으로 대체되고, 기존의 가치는 새로운 가치로 계속해서 대체되고, 니체Nietzsche가 100년 전에 예언했듯이, 재가치화 되고 있다. 또한 행복과 건강에 대한 관심이 새롭게 등장하는 시대이다. 우리는 이전보다 공동체의 중요성을 더 광범위하게 재발견하게 될 것이다. 왜냐하면 우리의 가상 세계는 우리를 다시 연결시키고 이전보다 더 많은 사람들과 더 친밀하게 되기 때문이다.

아마도 가상의 시대는 우리가 삶의 어려운 기술을 알아야 하는 마지막 시대가 될 것이다. 위에서 언급했듯이, 중세 시대에는 미친 사람들을 공동체에서 배제했지만, 고전 시대에는 범죄자로 구속했고, 현대에는 의학적으로 다룬다. 포스트모던 이전 시대는 적자생존의 시대로 공동체의 의미와 개인의 실제적인 욕구가 무시되었지만, 포스트모던 시대에는 다시 공동체로 돌아왔다. 그 후 가상의 시대와 세계화 시대에는 의사소통이 전자 매체로 대체되기 시작해서 우리가 새롭고 더 넓은 네트워크의 실제적인 관계를 맺게 하고 있다. 거기에는 새로운 도전과 새로운 가능성이 있다. 우리는 모든 사람의 경험을 다각도로 해석할 수 있다는 것을 더 잘 알고 자각하게 되었다. 인터넷 사이트에서 우리는 언제나 자신과 유사한 경험을 가진 또 다른 사람을 발견할 수 있고, 전 세계의 다양한 공동체에 포함되어 있음을 느낄 수 있다. 물론 이것은 우리가 그 모든 것을 다 유지하려면 더 열심히 일해야 한다는 것을 의미하기도 한다. 여기에서

우리는 악마로 가득 차 있는 판도라로 돌아오게 되는데, 그 이유는 판도
라의 상자가 열린다는 것은 우리가 예상했던 것 이상으로 미래의 무엇인
가가 시작되는 것일 수 있기 때문이다.

15. 악마 다루기

판도라의 상자에서 악마가 나오게 될 때, 그 결과를 회피하지 않는 것
이 필요하다. 우리는 악마를 다루는 분명한 방법을 발견해야 한다. 왜냐
하면 그것들을 피할 수 없기 때문이다. 칼 융Carl Jung은 우리 자신의 그림
자와 직면해야 한다고 말하였다. 그러나 융 이전에 니체는 악마가 될 수
있는 능력을 받아들이는 것에 대하여 말하였다. 동물과 신 사이에 거리를
두는 것이 우리의 목표라고 생각했던 것이다. 롤로 메이Rollo May(1969a)
도 인간 본성에 있는 악마적 요소의 중요성을 강조하였다. 즉, 자신의
악마적 또는 공격적 요소들과 친해질 필요가 있음을 강조하였다.

프로이트는 1929년까지 하나의 악마, 즉 성적 본능만을 인식하였다.
이것은 빅토리아 시대와 유대-기독교의 배경을 보면 실제로 그리 놀랄
일도 아니다. 에덴 동산에서 추방되는 성경의 이야기가 그런 풍조를 만든
다. 성은 우리를 괴롭히는 악마이다. 프로이트는 다양한 그리스 신화와
비극, 오이디푸스, 그 아버지인 라이오스와 어머니인 이오카스테 이야기
를 좋아하였다. 그는 발달 과정에서 핵심적으로 배워야 하는 것으로 인간
의 피할 수 없는 비극의 개념을 분명히 도입하였다. 그러나 다른 핵심적
인 악마, 즉 죽음을 도입했던 것은 그의 연구의 마지막에서였다.

실제로 우리는 인간 고통을 한 종류의 경험으로만 축소시킬 수 없음을 인지할 필요가 있다. 우리는 삶에서 많은 악마와 만나게 된다. 인간 존재를 몹시 괴롭히는 많고 다양한 관심들이 있다. 인간의 삶은 복잡하고 종종 예측할 수 없다. 야스퍼스Jaspers(1951)가 말하듯이 그것들 가운데 많은 것은 한계 상황으로 규정된다. 우리는 실존의 끝에 닿게 되면 하나의 태도를 취해야 한다.

16. 미래로 꾸준히 나아가기

하이데거Heidegger는 실제로 궁극적이고 부정적인 것들을 사고의 중심에 놓았던 철학자였다. 그는 죽음을 철학의 지도 위에 놓았던 사람이다. 그는 인간 존재가 언제나 만나는 지점으로 죽음의 중요성을 강조하였다 (Heidegger, 1927/1962). 죽을 수밖에 없다는 것은 우리를 가장 분명하게 규정하는 것으로, 우리는 태어나는 그 순간부터 죽음을 준비하고 있는 것이다. 우리는 본질적으로 시간 속에 살고 있는 피조물로서 더 이상 과거의 존재도 미래의 존재도 아니다. 죽음을 생각할 수 있는 능력은 살아 있음의 수준과 삶에 참여하는 강도를 규정한다. 하이데거는 항상성 constancy의 개념을 만들어냈는데, 그것은 우리가 자신의 실존에 충실하고 목적에 집중하는 정도를 말한다. 그는 죽음의 현실에 직면하는 방식인 선취적 결단anticipatory resoluteness에 대하여 말했다. 우리가 매일 죽는 방식을 수용할 준비가 되어 있을 때에만, 다른 사람들의 영향으로부터 벗어나 자신의 삶을 주장할 결단력을 발견할 수 있다.

틸리히Tillich도 우리가 한계에 직면하고 그것을 넘어서는 것이 얼마나 중요한지를 강조하였다. 비존재가 존재 속에 포함되어 있다는 틸리히의 개념은 가장 많은 깨달음을 주는 개념이다. 그는 우리가 비존재나 죽음이나 죄책감, 운명 또는 실패에 더 많이 직면할수록 더 진실하게 살게 된다고 주장하였다. 삶은 편안하게 있고자 하는 것이 아니다. 그것과는 정반대이다. 삶은 우리 자신을 최대한 도전하게 하고 그 도전에 직면하게 하는 것이다. 삶은 부정적인 것을 두려워하는 것이 아니라 그것을 마음으로 받아들이는 것이다.

> 저 너머에 불변하는 것을 가르쳤던 플라톤과는 반대로, 진실은 투쟁과 운명의 한가운데에서 발견된다(Tillich, 1966: 15).

인간의 가치는 애를 써서 얻어지는 것이다. 이 노력이 가치 있는 것이다. 그것이 인간의 삶을 의미 있게 하는 것이다. 포스트모던 시대는 끝나고 뒤로 물러설 준비가 되어 있다. 우리 아이들과 손자들은 80년대 90년대 그리고 2000년대로부터 물려받은 허무주의와 회의주의를 넘어설 수 있을 것이다. 우리는 가상의 시대가 부여하는 도전과 기회에 눈을 열고 앞으로 나아갈 필요가 있다. 우리는 전에 없었던 인간 실존에 직면할 것이고 이것을 활기차게 행할 필요가 있다. 우리는 새로운 도덕성에 대하여 생각할 필요가 있다.

17. 치료의 함의

그러나 우리는 각 시대마다 새로운 도덕성을 발견해야 하고 창조해야 하기 때문에 정확하게 그것이 무엇인지 그리고 무엇이 될 것인지에 대하여 분명하게 공식화하지 못한다(de Beauvoir, 2000; Sartre, 1983/1992, 1992). 새로운 도덕성은 종교 교리에서도 발견되지 않고, 단순히 과학적인 자료에서도 발견되지 않는다. 새로운 도덕성은 정보와 성찰의 모든 원천을 철학적 통찰과 정서적 이해와 심리적 이해를 통하여 통합시킨다. 새로운 도덕성은 도덕적 규칙을 세우는 것에 관한 것이라기보다는 도덕적 주제에 대하여 성찰할 수 있는 능력에 대한 것이다. 새로운 도덕성은 내가 도덕능력mor-ability이라 말하는 것으로, 도덕성을 따르는 것보다는 도덕성을 창조할 수 있는 능력을 말한다. 그리고 삶에 대한 이러한 사고는 어디에서 생기는가? 나는 그것이 종종 상담과 치료에서, 그리고 상담 슈퍼비전과 훈련 과정에서 분명히 생긴다고 주장하고 싶다. 그것은 인간의 삶을 진지하게 받아들이는 것에 대한 것이지 당연하게 받아들이는 것에 대한 것이 아니다. 삶에 대하여 신중하고 깊이 있게 생각하는 것에 대한 것이다. 그것은 지시적이거나 비지시적인 것이 아니고, 지향적이고 목적적이며 탐구적인 접근법이다. 그것은 상호작용적 접근법으로 인간의 문제를 논의한다. 인간의 문제를 의학적으로 다루거나 처방적으로 다루는 것이 아니라, 처벌 체계로 벌주거나 도덕적으로 비난하는 것이 아니라, 해결하고 이해하는 것이다. 이것은 개방적이고 도전적인 관계의 맥락에서만 일어날 수 있고, 이 과정에 전적으로 그리고 완전히 참여할 수 있는 사람과의 대화를 통하여 일어날 수 있다.

  우리가 불안하거나 우울할 때 가장 필요한 것은 우리의 문제를 이해하고 그 문제를 인간의 맥락에 놓는 사람을 발견하는 것이다. 심리치료사들은 보편적인 행복의 상태를 목표로 하기 보다는, 판도라의 상자나 삶의 상자로부터 나오는 모든 악마를 만날 수 있는 준비가 되어 있을 필요가 있다. 그들은 명료하고도 자유로운 사고를 할 수 있어야 하고, 다른 사람들에게 교리적 견해를 강요하지 않으면서 내담자 자신의 문제를 삶에서 성찰하도록 도울 수 있어야 한다. 이것은 정상과 병리에 대하여 생각하지 않고, 또 행복이나 치유에 목표를 두지 않고, 인간 실존을 탐색하기 위한 개방성과 준비성을 요구한다. 그것은 치료사들이 잘 산다는 것이 무엇을 의미하는지에 대하여 철학적 탐구를 하는 데 더 익숙해져야 한다는 것을 의미한다. 다음 장에서 우리가 관심을 가지려는 것이 그것이다.

좋은 삶

치료의 지침으로서 철학

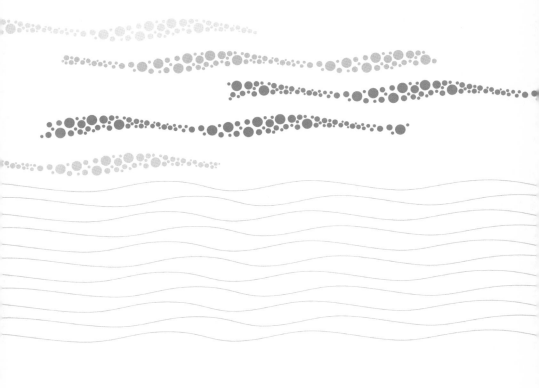

Chapter 2
좋은 삶 :
치료의 지침으로서 철학

그는 1년 이상 고뇌하면서
자기 자신과 자신의 미래에 대한 진실을 추구하였다.
점차 결단을 하게 되면서 우유부단함을 돌파하였다.

ー헤닝 만켈,《The Man who Smiled》p.25

    사람들이 더 나은 삶을 사는 데 심리치료가 중요한 역할을 한다면, 우리는 더 나은 삶이 무엇으로 구성되어 있으며, 그것을 어떻게 성취할 수 있는지를 생각해볼 필요가 있다. 포스트모던 시대나 가상 사회에서 사람들이 좋은 삶을 살고자 할 때 적절하고도 효율적인 영향을 미치는 것은 무엇인가? 우리의 준거점이 더 이상 가족이 아닌 지구촌이 되고, 지속적으로 변화하는 새 시대에 치료가 확신을 가지고 전달해줄 수 있는 실제적인 가치는 무엇인가? 사람들이 삶에서 새롭고 만족스러운 방향을 발견하도록 돕고자 할 때 치료사의 역할은 무엇인가?

1. 포스트모던 세계

우리가 앞 장에서 설명했던 가상 세계를 향하여 나아가더라도 우리의 일상적인 관심은 여전히 포스트모던 세계에 대한 것이다. 포스트모던 세계에서 현대적 삶의 가치는 의심받고 있고 변화하고 있다. 어제의 규칙은 더 이상 어울리지 않는다. 포스트모던 세계의 삶은 무관심한 것에 대하여 새로운 태도를 요구한다. 만일 우리가 어느 정도 집착에서 벗어나거나 약간의 역설적 태도를 가질 수 있다면 보다 잘 다룰 수 있다. 우리가 만일 진실, 충성, 신앙과 같은 오래된 가치에 대하여 관심을 갖고 있으면서, 주변세계와 어울리지 않을 때 곤란해질 것이다. 대부분 세계는 우리가 따라잡을 수 없을 만큼 너무 빨리 변해서, 우리 자신을 생각하고 다시 방향성을 잡을 만큼 충분한 시간이 없다. 우리는 언제나 바쁘다. 우리는 자신의 꼬리를 잡게 되고 그 과정에서 어지러워진다. 일들을 숙고해볼 시간도 없이 자신의 영향력을 잃고, 종종 일시적으로 그 당시의 유행만 따르는 대중매체의 도덕을 따라간다. 그 당시의 이러한 현상이 인간관계에 많이 스며들어 있다. 요즈음엔 그 때에 가장 유행하는 관점을 따르는 한, 자신의 소신이나 관점이나 태도를 바꾸는 것조차 괜찮아 보인다. 유행하는 의견의 폭주가 조직화된 종교의 교리를 대신하고 있다.

2. 철학의 역할

옛날에 그 시대의 도덕적 질문에 대하여 고심했던 철학자들은 논리,

모순, 정의에 대한 문제만을 탐구하도록 배웠기 때문에, 최근의 과학적 사실을 협소하게 해석한다. 철학은 세계에 대하여 가장 광범위한 관점을 가졌던 학문으로, 삶이라는 캔버스에 그림을 그리고 모든 지식을 보편적으로 이해하면서 통합시켰고, 진리에 목표를 두는 이론으로 통합시켰다. 그러나 철학자들은 오래 전에 그렇게 하기를 포기했다. 그 이유는 진리는 한물간 개념이 되었고 진리를 전염병처럼 피하고 금기시하였기 때문이다. 사람들이 어떻게 살아야 하는지에 대한 핵심적인 문제에 대해서 자신의 입장을 기꺼이 피력하는 철학자들은 거의 없다. 이 주제는 건강 경제학자의 계산이나 저널리스트의 상상으로 남아 있다. 팝스타와 연속극은 일상의 사건을 확실하고 민첩하게 해석한다. 요즈음 도덕 철학자들은 거의 예외 없이 특별한 세계관에 헌신하지 않는다. 그들은 우리에게 해줄 말이 거의 없는 것 같다(Blackburn, 2001).

지혜를 추구하는 것은 지식을 추구하는 것으로 대체되었다. 철학전공은 아주 빠른 속도로 대학에서 사라지고 있는데, 그 이유는 철학은 돈이 안 되고 직장도 제공하지 못하기 때문이다. 비록 철학상담이라는 새로운 움직임이 있음에도 불구하고(Achenbach, 1984; Curnow, 2001; Herrestad et al., 2002; Hoogendijk, 1991; Lahav and da Venza Tillmanns, 1995; Le Bon, 2000) 철학계에서는 일반적으로 이것을 중요하게 여기지 않는다. 철학상담은 주류 철학이 반대하는 조류로 남아 있고, 철학은 과학 담론의 시녀로 전락하였고, 가식적 경향성을 보이고 있다. 철학상담은 그 자체로 인지와 실용적 원리에 기초하고 있는 코칭으로 대체될 위험에 놓여 있다.

그러나 지혜의 추구를 포기한 사람은 철학자만이 아니다. 대부분의 보통 사람들은 덧없는 사실에 의지하는 법과 자신의 삶의 방향성을 잡기 위하여 허구에 의지하는 법을 배웠다. 우리 자신과 종교를 따르는 사람들을 위하여 세운 기준은 여전히 자기만족적이다. 엄격한 영적 훈련은 대부분 과거의 일이다. 우리는 더 이상 조상의 신화를 믿지 않고, 이것을 분명하게 공식화한 신화로 대체하지도 않는다. 우리에게 가장 친밀한 신화는 가장 인기 있는 과학책으로부터 만들어진 것이다. 우리는 전문가의 분명한 권위에 따라 모든 인간이 이기적이거나 삶이 본질적으로 적자생존에 기초해 있다는 개념을 믿는다. 왜냐하면 이기적 유전자에 대하여 새로운 진화심리학을 말하는 다윈의 세계관이 실제로 뿌리를 내린 것 같기 때문이다.

그러나 그것은 변화할 것이다. 왜냐하면 새로운 개념이 옛 개념을 대체하고 우리의 인식이 부정확하다는 것을 보여주기 때문이다. 그것은 과학 중심의 세계 가운데서 긍정적 결과를 만들어낸 개념 중 하나이다. 세계관은 정보가 계속 생겨나는 가상의 세계에서 형성되고 또 훨씬 더 빠르게 재형성된다. 이것은 사상가들이 우리를 위하여 해왔던 과정, 즉 면밀히 조사하거나 통합하는 과정을 밟은 것이 아니다. 그러니까 우리는 이 복잡한 세계를 단순화하는 얄팍한 가짜 지침을 따르게 되고, 우리가 생존하기 위하여 필요한 새로운 지식을 따라잡으려 노력한다. 삶을 향상시키는 것은 이제 상업적 기업이 되었고, 우리는 최신 이론과 가장 인기 있는 권위자를 따르는 것 외에 할 수 있는 것이 거의 없다. 우리의 의견을 형성하고 미래로 나아가는 길을 제시하는 사람은 자기 계발서를 내놓는 유명한 학자와 작가들 그리고 미디어 해설자이다.

그러나 그와 같은 사람들이 어떻게 시대의 지혜를 포용할 수 있으며 새로운 과학적 자료를 만족스럽게 해석할 수 있을까? 아주 간단하게 말하자면 그들은 할 수 없고 하지도 않는다. 과학은 파편화되고 특수화되어서 과학자들조차도 더 광범위한 학문에서는 고사되고, 자신의 특수한 분야 안에서조차도 폭발적으로 증가하는 정보를 따라잡기 어렵다는 것을 발견한다. 그리고 전반적으로 발달한다는 것은 전적으로 불가능해졌다. 학제 간 연구는 여전히 드물고 기금 모금도 매우 어렵다. 이질적인 사실들을 한데 모으고 그 사실을 이해하기 위한 사고를 하는 데 기금을 내지는 않는다.

철학은 수익 사업이 아니다. 경제를 위한 어떤 것도 생산하지 않는다. 그러나 과학은 더 광범위하고 대단히 중요한 철학의 해석을 받고 지침을 얻을 필요가 있다. 인간 존재가 자신과 세계에 대하여 잘 알고 있다고 주장하는 것을 이해하기 위하여, 과학은 사실과 자료로부터 새로운 지혜를 얻도록 요약하고 추론할 필요가 있다. 그러나 아무도 그렇게 하지 않는다. 특히 정치인들은 과학을 새로운 사회 발달에 필요한 정보를 제공하는 단편적인 방법으로 이용하고, 단기간에 성공하기 위하여 그들의 관심을 끄는 것들을 선별할 뿐이다. 종종 저널리스트도 새로운 정보를 해석하여 새로운 세계를 접시에 담아서 우리에게 용감하게 제공한다. 그러니까

우리는 매일 꼭 필요한 때 꼭 필요한 것만 알려주는 방식으로 약간의 과
학적 자료를 제공받고 있다. 미디어를 광적으로 조작하는 것은 주로 상업
성이다. 우리는 약간의 정보가 시장성 있는 상품으로 보일 때 그것을 즉
시 제공받는다. 과학은 성적이거나 위협적인 프로그램을 팔고, 선전한
다. 우리는 새로운 약이 충분히 많은 사람들을 해치거나 많은 사람들에게
활력을 제공한다고 약속할 때만 새로운 약을 찾을 뿐이다. 이것은 미디어
연구자를 우리 시대의 궤변가로 만든다. 우리는 그들에게 점성술사나 점
쟁이의 지침과 유사한 방식으로 지침을 줄 것을 요구한다. 그들의 예언은
가벼운 사실에 기초하여, 필요 이상의 말을 하게 하고 더 큰 효과를 내기
위하여 조작되고 있다.

3. 사실과 허구의 순환

실제로 과학적 연구는 우리에게 이질적이고도 종종 모순되는 많은 사
실을 제공한다. 그 사실은 오랫동안 관찰되고 검증되어야 한다. 그리고
훈련된 방식으로 다른 영역의 업적과 다른 사실들을 통합한 후, 도덕적으
로 책임 있는 방식으로 그 사실을 신중하게 성찰할 수 있어야 한다. 그러
나 요즈음 훈련된 방식과 도덕적으로 책임 있는 방식은 일반적으로 생략
되고 있다. 문명은 언어의 도구적 사용에서 시작되었고, 그다음에는 언
어를 소통할 수 있는 능력으로, 그다음에는 전체 신화를 창조하는 데 사
용하였다. 신화는 신중하게 다듬어진 종교적 신념이 되고, 그다음엔 우
주에 대한 더 많은 지식에 도달하도록 신화는 검증되고, 그다음엔 진리와

지혜를 추구하게 되었다. 이로 인하여 과학이 발달하게 되었다. 이제는 완전한 원을 그리며 새로운 담론의 시대로 들어가게 되었다. 그곳에서 많은 과학적 지식은 인간 조건을 이해하도록 돕는 일관성 있는 세계관을 종합하기보다는, 우리를 황홀하게 하고 놀라게 하는 데 무작위로 사용된다.

그림 2.1 사실과 환상의 사이클

　따라서 우리의 삶은 변화하는 정보의 지속적인 흐름에 의하여 방향을 잡아간다. 고전주의 시대에 지혜를 추구하는 것이 계몽주의 시대에 진리를 추구하는 것으로 대체되었을 때, 이것은 발전으로 보였을 것이다. 진리 추구가 과학을 탐구하고 사실적으로 지식을 추구했을 때, 이것은 여전히 바람직한 성장 단계로 보였을 것이고 거기에서 사람들은 우주의 상대성과 우주를 신중하게 탐구할 필요성을 자각하게 되었다. 자료를 개발하기 위하여 지식을 개별적이고 분리적으로 추구할 때, 그러한 일들은 이해할 수 없게 변질되었다.

이것은 아마도 지식의 상업화와 돈 버는 일만이 진지하게 받아들여진다는 사실과 관련이 있을 것이다. 그렇게 하는 것은 전체 그림 대신 맥락에서 약간의 정보만을 얻는다. 따라서 우리는 사실을 의미 있게 만드는 연관성의 네트워크를 잃어버리게 된다. 이것은 오늘날 우리가 그토록 강렬하게 경험하는 의미의 상실로 인도한다. 그리고 의미의 상실은 상대화와 회의의 과정으로 나아가게 한다. 이것 중 일부는 좋은 것인데, 그 이유는 상대화와 회의가 우리의 호기심을 자극하여 새로운 것을 발견하게 하기 때문이다. 그러나 냉소주의 시대의 새로운 세대는 대부분 매체 광고를 보면서 조롱과 자기조롱의 농담조로 말하는 회의주의에 분명히 빠지게 된다. 우리는 이미 빠르게 움직이는 시대에 뒤떨어지지 않기 위하여 과도하게 수집한 정보를 너무 심각하게 여기지 않도록 우리 자신을 지킬 필요가 있다.

4. 포스트모던의 위기

포스트모던 사회는 불신앙의 입장에 서 있다. 불신앙의 입장 열정은 보류되고 오류가 잠재해 있다는 의구심은 만연해 있다. 많은 젊은이들은 이제 무엇인가를 주장할 때조차도 마침표나 느낌표보다는 의문 부호로 끝나는 말을 한다. 이는 마치 다른 사람들의 견해가 맞다는 증거를 냉소적으로 거부하면서 상대편이 자신의 견해를 포기하도록 하며, 계속해서 잠정적인 반대를 찾고 있는 것과 같다. 그들은 자신의 주장을 보류함으로써 자신의 주장으로부터 안전한 거리를 유지한다. 모든 것을 이미 보았고, 말했고, 행했고, 들어서, 더 이상 경이롭거나 존경할 만한 것이 없다. 우리는 이제 무엇인가가 단순하게 흥미롭거나 새롭거나 눈에 띌 때 놀랍다고 말한다. 우리는 심오한 진지함 또는 우리 실존의 가치를 거의 자각하지 않는다. 왜냐하면 우리의 삶을 가볍게 여기고 우리 자신을 몇 개의 유전자들이 경쟁하는 매개체일 뿐이라고 생각하도록 세뇌되었기 때문이다. 우리는 더 이상 놀라지 않는다. 우리의 삶은 우주에서 의미 없는 일시적인 변화, 나중에 생각해낸 것, 불필요한 반복, 예측할 수 있는 주제에 대한 무작위적인 변수와 같이 느껴진다. 데리다Derrida는 『쓰기와 차이Writing and Difference』에서 이성의 위기에 대하여 다음과 같이 말한다.

> 그러나 이성이 광기보다 더 미쳐 있는 것이라는 이 위기는 이성보다 더 합리적이다. 왜냐하면 이성이 감각의 원천에 더 가깝기 때문이다. 그것이 아무리 소리가 없거나 졸졸 흘러도, 이 위기는 언제나 시작되고 있고 끝없이 계속된다(Derrida, 1967/1978: 62).

포스트모던 세계에서는 분명한 사실조차도 진지하게 받아들여지지 않는다. 이성은 우리를 미치게 하지만 아마도 그것은 좋은 일일 것이다. 왜냐하면 이성이 거의 모든 것을 지배하기 시작했기 때문이다. 사실은 조작적으로 계산될 수 있는 자료나 단순한 정보라고 알려져 있다. 너무 빠르게 생산되는 정보로 인하여 우리는 종종 과부하가 걸린 정보를 얻게 된다. 우리는 이성과 자료에 질식당할 것 같고, 이것은 새로운 생각을 점점 더 받아들일 수 없게 만든다. 그것은 마치 포스트모던주의와 가치에 대한 해체주의가 정보 피로 상태와 회의적 환멸로 우리를 몰아넣고 있다. 그러나 이것을 과학자와 이론가들 탓으로 돌리지는 말자. 왜냐하면 그들도 단지 사회운동이 가능하게 되었다는 것을 공식화했고 이행했을 뿐이기 때문이다. 서양문화의 역사에서 21세기가 시작되면서 우리가 그렇게도 신중하고 정열적으로 만들어왔던 지난 2,000년 동안의 의미 있는 우주를 파괴할 위기에 놓여 있다는 것은 대단히 신기한 일이다. 포스트모던주의는 우리가 우주를 파괴할 수도 있다는 인류의 깨달음에서 발전했을 것이다. 그러나 그것은 우리의 도덕적 정서적 배경을 망치는 마음의 체계를 잠정적으로 만들었다.

그리스 철학자들이 행복을 추구하고, 좋고 잘 사는 삶을 추구하는 활동을 대중화시켰을 때, 이것은 물질적 편안함을 추구하거나 물리적 우주를 정복하기보다는 지혜를 추구하는 것이었다. 아리스토텔레스가 좋은 삶을 추구했던 것은 자기 자신을 다스리는 올바른 방식과 덕에 기초해 있으므로 매우 실제적이고, 구체적이며, 모든 사람에게 가능한 활동이었다(Macaro, 2006; Richardon Lear, 2004). 행복추구는 단지 관조적 마음의 상태가 아니고, 자기 자신을 어떻게 다스리는지, 자신의 삶을 어떻게 살아야 하는지에 기초한 일상의 구체적인 경험이었다. 그것은 소크라테스와 플라톤이 철학적 지혜를 다양한 방법으로 실천적으로 적용한 것이었고, 자기 자신을 성장시키는 데 관심을 가졌던 모든 사람들을 위한 현실적인 선택이었다. 그것은 민중선동, 공허한 의견, 미신적 신념을 따르는 것보다 더 나은 대안을 제공하고자 하는 것이었다. 지혜에서 진리로, 과학으로, 지식으로, 사실로, 정보로, 자료로 이동한 것은 사람들이 대중적 의견과 미신에 따라 행동했던 시대로 다시 한번 되돌아가게 하였다. 정보가 모든 것을 결정하는 사회에서는 보편적, 종교적, 윤리적 원리는 거의 신뢰되지 않는다. 도덕과 교리의 족쇄에서 풀려나는 것은 큰 해방이 될 수 있지만, 우리는 그것을 대신하여 공허와 임의적 선택이라는 새로운 도덕으로 이행할 것이다.

언제든지 인터넷을 통하여 인간 문화 가운데 유용한 것을 얻을 수 있고, 다원주의와 다양성에 접근할 수 있을 때, 우리는 소비재 물품들을 집을 때와 같은 방식으로 가치를 선택하라는 유혹을 받는다. 가상 세계는 우리의 새로운 현실이 되고 있다. 그것은 허무주의를 넘어서게 한다. 해체된 우주는 어떤 것이라도 가능한 가상공간을 만들 여지를 주었다. 우리는 무지와 상대성에 대한 전문가가 되었고, 어떤 것도 확실하지 않고 모든 것에 의문이 들 때 사실상 어떤 것도 만들어낼 수 있다. 가상성virtuality은 이 시대의 인간 삶의 비현실성과 상대성 그리고 덕에 대한 고전적 사고를 새로운 덕-성virtue-ality으로 대체하는 방법을 찾고자 하는 절박한 욕구 둘 다를 적절하게 표현하는 단어이다. 우리가 물어야 할 것은 이 견해와 최근 자료의 일치 여부이다. 우리의 방향성의 시금석은 이것이 최근의 견해, 최신의 견해인가이다.

5. 가상성이란 무엇인가?

삶에 대하여 이런 종류의 역동적, 주도적, 개방적, 소비지상주의적이고 다재다능하며 포괄적이고 비판단적으로 정보전달이 잘되는 방식은 아마도 많을 것이다. 많은 사람들이 그렇게 하고 있다. 의견을 형성하고, 기준을 만들며, 규칙을 유지하거나 깨는 데 더 많은 사람들이 참여할 수 있다는 것은 유익한 일이다. 문제는 이 접근성이 침투성을 의미한다는 것이다. 모든 사람이 접근할 수 있을 때 경계선은 유동적이 된다. 이것은 인간관계의 성격에 큰 변화를 준다. 확실성이 적을수록, 헌신이 적을수록, 보편적으로 수용되는 진리도 적다는 것이다. 가상 공동체는 '그것이 가능하다면 모든 것이 가능하다'와 같이 느슨하게 규정된 자체적인 신조를 제공한다.

지구촌의 가상사회를 연결해주는 인터넷, 텔레비전, 라디오, 신문, 잡지, CD, DVD, 아이팟 그 외의 모바일 장치가 사라진다면, 당신은 순식간에 지루함과 혼란 속에 빠질 것이다. 우리에게 지속적으로 자극이 주어지는 한, 열심히 일하고, 열심히 살게 될 것이다. 그것은 현대사회에서 좋은 삶의 표준, 즉 많은 것을 빨리 성취하고 많은 즐거움을 빨리 경험하는 것이다. 도덕은 높은 에너지, 능력 있는 수행, 눈에 띄고 언변이 좋은 것이고 농담이 아니라면 감성이나 진지함을 위한 여지조차 없는 것이다. 과거에 이루어진 것에 대해서는 더 이상 어떤 것도 신뢰할 수 없다. 사람은 햄버거 포장지처럼 버리기 쉽고 대체할 수 있는 것이 된다. 그러나 그들은 줄을 서서 대중의 의견에 기여하거나, 기회가 주어진다면 그나마 아주 적은 명성이나 인정이라도 받으려고 애를 쓸 것이다. 현대사회는 일시적이다. 또한 속임수이기도 하다. 일상이 일시적이라는 것은 너무 분명해서 장기간의 계획을 세울 필요가 없는 것 같다. 빨리 가는 사람들은 새로운 기회를 가장 먼저 잡고, 시류에 편승하여, 대중들보다 먼저 가장 유행하는 방향으로 표류할 것이다.

이것을 관리할 수 있는 사람들은 잘 살아가고 감정적으로 쾌락을 얻을 것이다. 그러나 많은 사람들은 이런 종류의 전투적인 생활양식을 따라갈 수가 없어서 다른 방식을 찾는다. 쾌락주의에 숨는 것이 21세기에 유행하는 활동양식이다. 상담사들은 알코올과 물질 남용의 피해를 잘 알고 있다. 또 다른 단서도 있다. 근본주의 종교의 번창은 즉각적인 만족과 분명하게 따라갈 길을 갈망하는 마음의 부산물이고, 명료함이 부족해서 생긴 부산물이다. 그리고 그와 같은 선상에 많은 것들이 있는데, 다양한 컬트에 대한 관심이 치솟는 것, 룬 문자, 타로 카드, 찻잎을 읽는 것과 같이 미신적 신념이 유행하는 것 등이 그런 것들이다. 이러한 것이 계속 퍼져 나가는 것은 당혹스러운 현상이다. 자기계발과 생활양식에 관한 책이 서점 진열대에 가득하다. 심리치료사들과 상담사들, 우리 시대의 새로운 도덕 지도자들도 이런 책을 많이 쓰고 있다.

그러나 오늘날 젊은 사람들이 쉽게 접할 수 있는 다른 원천도 있다. 팝과 락음악 그리고 계속 확장되는 다양한 장르의 음악, 비디오와 관련 상품들이 생활양식과 유행을 결정하는 데 엄청난 영향을 미치고 있다. 이와 유사하게 연속극과 광고 문구도 많은 이들의 관심을 끌고 종교 영역에서 사용되면서, 잃어버린 신화의 이야기와 분위기를 제공하고, 생각하고 말하는 방식에 영향을 미친다. 나는 우리가 그런 현상을 혹평하거나 무시해서는 안 된다고 생각한다. 도덕 단체에 겁을 주거나 단체를 조직하는 것은 소용이 없다. 문화는 유기체적 현상이고 그 자체의 갭을 채워서 문제에 대한 해결책을 찾는다. 그 당시의 학자들의 책에서 배울 점이 많은 것처럼, 십대의 문화와 연속극 이야기에서도 가치를 추구하는 것에 대하여 배울 점이 많다. 놀라운 것은 우리 문화의 새로운 국면들이 지배적이고 유사 종교적이라서가 아니다. 그리고 또 충격적인 것은 우리가 그것들을 보다 진지하게 받아들이지 않고 그것들에 대해서 우월한 태도나 무시하는 태도로도 충분하다고 생각한다는 것이다. 나는 우리가 풀뿌리 단계에서 목적과 가치를 위하여 무엇이 필요한가를 탐구하는 것이 중요하다고 생각한다. 이렇게 유행하는 가치를 옛날의 가치와 이전 세대를 가르쳤던 구시대의 원칙이나 신념과 비교하고 대조하는 것도 중요하다. 우리는 그것들이 어떻게 비교되는지 그리고 과거와 현재로부터 배운 것에 비추어 미래를 어떻게 지혜롭게 이해할지에 대하여 스스로 질문할 필요가 있다. 두 국면을 간략하게 살펴보자.

6. 청소년 문화의 가치

오늘날 십대들은 어른들을 믿지 않는다. 그것은 새삼스러운 일이 아니다. 세대들 사이의 변화와 차이는 계속 가속화되고 있고, 이제는 매일매일 가속화가 너무 빨라서 따라잡기 어렵게 되었다. 이 새로운 세대들의 부모는 전후 세대에 스스로 성장하였고, 소비주의를 당연하게 받아들였다. 그러나 그들은 한때 소모품에서 기쁨을 얻었지만, 그 기쁨이 아이들 입장에서는 지루하고 흥미 없다는 것을 이해하지 못한다. 아이들은 그들의 소유물에 우리가 기대하는 방식대로의 가치를 두지 않는다. 새로운 가상 세대는 모으고 소유하는 것에 관심을 두지 않는다. 가치라는 주제의 담론에 대해서는 대부분 무관심하다. 그들은 가치의 궁극적인 원천도 쉽게 받아들이지 않고 기회주의적이고 상대주의적이다. 나의 딸이 13세였을 때 어느 날 난데없이 세계는 실제로 존재하지 않았기 때문에 어떤 것도 실제로 문제될 것이 없다고 말하였다. 나의 딸은 삶이 꿈과 다를 바가 없다고 생각하였다. 그녀는 현실은 빠르게 지나가는 것이고 상상되는 것이어서, 영화나 비디오 게임 같은 것이고 기분 따라 바뀌며 변화될 수 있는 것이라고 믿었다. 이 가상 세계에서 가치는 분명히 상대적인 것이었고 그녀는 그 상대성에 직면하는 방법을 어느 정도는 발견하였다.

그러나 우리의 가치가 순간순간 변하고 우리의 기분과 상황에 따라 바뀐다면, 우리는 어떻게 살 수 있을까? 사람들은 우울해지면 어떤 것에도 목적이 없다고 생각한다. 그들의 마음이 정상적인 상태에 있다면, 삶의 의미는, 만약 그런 것이 있어야 한다면, 가능한 한 좋은 시간을 갖는 것이고, 삶에서 가장 좋은 것을 얻고 행복하거나 즐거워하는 것이라고 생각할 것이다. 그렇지 않으면 당신이 나이 들어가면서 젊었을 때 말했던 것이 실제로 진실하거나 가능하다는 것을 사람들에게 증명하느라 바빠질 것이다. 당신의 나이가 많든 적든 당신의 가치는 여전히 옳을 수 있고, 가치를 갖기엔 당신이 너무 젊다고 생각될 때, 이것이 중요한 동기가 될 수 있을 것이다. 반항은 더 이상 매력적인 선택이 아닌 것 같다. 왜냐하면 그것은 어쨌든 세계에 어떤 변화도 주지 않을 것이기 때문이다. 사람들은 직접적인 영향을 미칠 수 있다는 감각을 잃어버렸다. 어떤 영향력을 끼치기를 원한다면, 명성과 부를 위한 노력은 합리적인 목적으로 보인다. 그리고 아이들도 자신이 하고 있는 것은 대부분 다른 사람들이 자신에게 기대하는 것임을 알고 있다. 나는 아이들이 할 수 있다고 느끼는 유일한 것, 부모의 바람과 반대되는 행동을 실제로 할 수 있는 것은 텔레비전을 보는 것이라는 이야기를 들었다. 젊은 세대가 그들에게 열려 있는 가상 세계에서 한 영역을 잘라낸다는 것은 꽤 놀랄 일이다. 그러나 그것은 많은 위험과 한계를 가진 물리적 세계가 지금은 이전보다 더 많이 닫혀 있기 때문에 놀랄 일도 아니다. 그들은 광고와 물질의 세계에 산다. 물질주의는 그들의 삶에서 실용적인 방식이다. 소유냐 비소유냐가 문제가 된다. 소유하지 않는 것이 범죄라면 비소유는 유일하게 심각한 범죄가 된다. 비소유자의 범죄는 그것이 유일한 선택이었을 것이다. 물질주의는 엄청난 냉소주의를 수반한다. 오스카 와일드Oscar Wilde는 냉소적인 사람을 모든 것의 값은 알고 있지만 어떤 가치도 알지 못하는 사람이라고 완벽하게 정의하고 있다.

7. 새로운 가이드라인

그러나 이 냉소적인 젊은이들조차도 삶에 대한 원리와 가치를 필요로 한다. 삶을 위한 지침이 활발하게 인터넷에 돌아다니는 것은 우연이 아니다. 사람들은 우리 자신의 것을 금기시하면서도 이전보다 훨씬 더 전통을 갈망한다. 그러나 이러한 지침은 상호 교환할 수 있거나 교리적이지 않다. 그것은 웃기 위하여 주의를 끄는 것일 뿐이고, 아마도 당신은 그것이 인터넷 제공자 쪽의 판매 술책이라는 것을 잘 알 것이다. 그것은 일종의 실험이고, 세속의 지혜가 가지는 약간의 재미일 뿐이다. 젊은이들은 이렇게 적당히 진지한 실험적 방식으로 삶의 지혜를 얻는데, 이것이 나쁜 일은 아닌 것 같다. 그들이 얻은 것이 진부하거나 사소한 것이라면 버리는 요령도 아는 것 같다. 그것은 정보를 모으고 탐구하고 실험하는 새로운 방식으로 보이지만, 그것에 전념하거나 그것이 지속적으로 유지되지 않는다. 탐구하는 것은 좋아 보인다. 왜냐하면 그것은 집을 떠나 모험을 하게 하고, 변덕스러운 세계를 탐구하기 때문이다. 그러나 그들이 마주치는 것이 진지하게 받아들일 만한 가치가 있는 것인지 아니면 또 다른 농담으로 버려야 할 것인지를 결정하는 데 도움을 받지 못하는 것 같다. 이 모든 정보를 검토하고 비교하는 유용한 방법을 아무도 가르치지 않는다. 그것들 가운데 어떤 것을 가져야 할지를 판단하는 기준이 분명하지가 않다. 그러니까 지식은 인기가 올라가는 것을 목표로 하고, 동시에 어떤 것도 영원하지 않고 성스럽지 않다는 것을 깨달은 젊은이들은 모든 것을 점점 더 대충하게 된다. 그러나 그들이 진리를 추구하는 방식은 세대를 망라하여도 그리 다르지 않다. 그들의 지혜는 실용적이고, 많은 부분 일리가 있으며 수긍이 간다. 다음은 21세기에 인터넷에 돌고 있는 삶을 위한 지침 목록이다.

삶을 위한 지침

1. 그들이 기대하는 것보다 더 많은 것을 주어라. 그리고 기분 좋게 주어라.

2. 당신이 좋아하는 시를 기억하라.

3. 당신이 들은 것을 모두 믿지 마라. 당신이 가지고 있는 모든 것을 소비하라 아니면 당신이 원하는 모든 것을 놓친다.

4. "사랑합니다."라고 말할 때 진지하게 하라.

5. "미안합니다."라고 말할 때 그 사람을 바라보아라.

6. 결혼하기 전에 최소한 6개월은 만나라.

7. 첫눈에 본 사랑을 믿어라.

8. 어느 누구의 꿈도 비웃지 마라. 꿈을 가지고 있지 않은 사람들은 많은 것을 잃어버린 사람이다.

9. 깊이 그리고 열정적으로 사랑하라. 당신은 상처받을 것이지만 삶을 완벽하게 살기 위한 유일한 방법이 이것이다.

10. 동의하지 않을 때는 공정하게 싸워라. 욕하지 마라.

11. 사람들을 그들의 가정이나 가정생활로 판단하지 마라.

12. 천천히 말하고 빠르게 생각하라.

13. 누군가가 당신이 답하고 싶지 않은 질문을 할 때 미소 지으면서 "왜 궁금하세요?"라고 질문하라.

14. 위대한 사랑과 위대한 성취는 큰 위험을 안고 있음을 생각하라.

15. 어머니에게 전화하라.

16. 누군가가 재채기를 할 때 "감기 조심하세요bless you"라고 말하라.

17. 뭔가를 잃을 때 교훈은 잃지 마라.

18. 세 가지 R, 자기 존중Respect for self, 타인 존중Respect for others, 당신의 모든 행동에 대한 책임Responsibility for all your actions을 지켜라.

19. 작은 논쟁으로 위대한 우정에 상처를 입히지 마라.

20. 당신이 실수했다는 것을 깨달았을 때 즉각적으로 수정하라.

21. 전화걸 때 미소 지어라. 전화 받는 사람이 당신의 목소리로 미소를 들을 것이다.

22. 당신이 대화하고 싶은 사람과 결혼하라. 나이가 들어가면서 그의 대화 기술은 훨씬 더 중요하게 될 것이다.

23. 때로는 홀로 시간을 보내라.

24. 변화에 두 팔을 벌려라. 그러나 당신의 가치를 잊지는 마라.

25. 때로는 침묵이 최상의 답이라는 것을 기억하라.

26. 책을 더 많이 읽어라. 텔레비전이 대체물은 아니다.

27. 착하고 고결한 삶을 살아라. 그러면 당신이 나이 들어 뒤돌아볼 때 다시 한번 그 삶을 즐길 수 있을 것이다.

28. 신을 믿어라 그러나 차 문은 잠가라.

29. 가정의 사랑스러운 분위기는 삶의 기초가 된다. 평화롭고 화목한 가정을 만들 수 있는 모든 일을 다 하라.

30. 사랑하는 사람의 의견에 동의하지 않을 때 현재의 상황만 얘기하라. 과거의 일을 들추지 마라.

31. 누군가가 말하는 것 자체를 경청하지 말고 왜 그 말을 하고 있는지를 경청하라.

32. 당신의 지식을 나누어라. 그것은 불멸을 성취하는 한 방법이다.

33. 지구에게 친절하게 굴어라.

34. 기도하거나 명상하라. 그 안에는 측량할 수 없는 힘이 있다.

35. 누군가가 당신을 추켜세울 때 방해하지 마라.

36. 당신의 일에 마음을 써라.

37. 키스할 때 눈을 마주치지 않는 사람은 믿지 마라.

38. 1년에 한 번은 당신이 전에 가지 않았던 곳을 가라.

39. 당신이 많은 돈을 번다면 살아 있는 동안 다른 사람들을 돕는 데 사용하라. 그것이 부유함이 주는 가장 위대한 만족이다.

40. 당신이 원하는 것을 얻지 못했다는 것은 때로는 멋진 기회가 될 수 있음을 기억하라.

41. 규칙을 배워라. 그러면 그것을 적절하게 깨는 방법을 알게 된다.

42. 가장 좋은 관계는 서로에 대한 사랑이 서로에 대한 필요를 넘어서는 것임을 기억하라.

43. 성공하기 위하여 포기해야만 했던 것으로 당신의 성공을 판단하라.

44. 당신의 성격이 당신의 운명이라는 것을 알고 살아라.

45. 사랑에 다가가라. 그리고 버림받을 것을 두려워하지 말고 사랑하라.

이 목록은 다양한 형태로 존재한다. 그리고 칼럼니스트 슈밋Mary Schmich 의 유명한 《Wear sunscreen》과 유사한 점이 많다. 그것도 그 시대의 인터넷에 돌고 있으면서 결국 루만Baz Luhrmann의 음악에 맞춰졌다. 우리 는 이 리스트에서 도덕적 능력과 관련하여 무엇을 말할 수 있을까?

첫째, 그것은 실제적인 충고를 다룬다. 그것은 거짓말, 사기, 절도, 간 음, 신성모독, 폭력, 살인 등과 같이 대부분의 문화에서 발견되는 도덕적 금기사항은 어떤 것도 다루지 않으면서 삶에 대한 지침을 제공한다. 우리 는 그러한 것들을 이미 알고 있다고 생각한다. 그것들은 종교가 다루어왔 던 영역이다. 사람들이 그러한 기본에 명백하게 주의를 기울이지 않는 것 같다는 사실은 아마도 우리가 더 이상 법적인 것들에 관심을 가질 필 요를 느끼지 않는다는 사실과 관련되어 있다. 만일 그것이 불법이라면 그것에 대하여는 더 이상 생각할 필요가 없다. 당신도 그럴 필요 없다. 그 외에도, 법을 어겼지만 도덕적 질문을 제기하는 사람들이 있다. 살인 은 언제 살인이 아니고 자기방어인가? 사기는 언제 사기가 아니고 창조 적 사업 경쟁인가? 언제 거짓말을 받아들일 수 있는가? 분명히 이런 질문 으로 변호사에게 갈 수는 없지만, 그것을 생계수단이라고 생각하는 사람 들에 의하여 진지하게 다루어져야 할 필요가 있다. 또한 법을 만드는 사 람들은 규칙을 완전하게 하고 공정하게 하기 위하여 철학자들의 도움을 필요로 한다. 그들은 유전 공학, 낙태나 장기 이식과 같은 도덕적 주제를 제기하는 새로운 법의 영역에 대하여 생각할 때, 특별히 철학자들을 필요로 한다.

둘째, 위의 목록은 인간 정서, 인간 조건, 고통 또는 특별한 딜레마의 복합성을 제대로 다루지 않는다. 이것은 할머니가 특별한 상황에서 어떤 주제에 대하여 주었을 수도 있는 충고이다. 어떻게 올바르게 살아야 하는가를 명료화할 때, 어떤 것도 그 사람의 정서를 살펴보도록 돕지 못한다. 흥미로운 것은 젊은이들이 그러한 충고를 찾고 그것을 갈망한다는 것이다. 이와 유사하게 내담자들도 그러한 문제에 대하여 정기적으로 치료사의 조언을 구한다. 대부분의 치료사들은 그러한 요구에 반응하기 싫어하지만, 종종 이를 전문가의 영역으로 받아들여야 한다는 사실을 발견한다. 왜냐하면 때로 사람들은 너무나 혼란스러워서 스스로 문제를 다룰 수 없기 때문이다.

치료사들이 자신의 성격이론이나 발달이론에 기초하여 해석을 할 때 방향이 잘못되었기 때문에 혼란스러운 것이 아니라, 정신병리나 어린 시절의 트라우마를 암시함으로써 사람들에게 더 큰 혼란을 준다. 논의를 하지 않고 해석을 하는 것은 비효율적이고, 내담자를 잘못 인도할 수 있다. 나의 내담자가 남자친구를 만나야 할지 만나지 말아야 할지를 고민할 때, 문제는 그녀가 안정된 관계를 형성할 만큼 충분히 성숙했는지 여부가 아니다. 문제의 핵심은 지금 이 특별한 상황에서 그녀가 안정적인 관계를 바람직하고 실행 가능하며 가치 있는 것으로 여기는가이다. 아마도 우리가 훨씬 더 적절하게 탐색할 필요가 있는 것은 이 남자와 안정된 관계를 형성하고 유지하는 것이 그녀가 가까운 미래에 헌신하고 싶은 과제인지, 그것이 무엇과 연관되어 있는가를 아는지에 대한 것이다. 이 질문에 대한 성찰은 복잡한 일이고, 성격 특성 목록이나 방법 목록으로는 해결할 수 없다. 그리고 그 관계가 그녀를 행복하게 할 수 있는지라는 질문으로 축소될 수도 없다. 그것을 이루는 데는 실질적인 노력과 시간이 소요될 것이다. 그것은 좋은 삶을 사는 데 필요한 근원적 원리를 명료화할 것을 요구한다. 이것은 잘 사는 삶의 가치를 규정하고 논의해야 한다는 것을 의미한다. 특별한 규칙과 규범을 적용하기보다는 가치에 대한 생각을 의미한다. 100여 년 전 니체는 이것을 어떻게 하는지, 질문을 어떻게 하는지를 보여줬다.

8. 가치가 아닌 것과 덕이 아닌 것

니체(1883/1933)는 『짜라투스투라는 이렇게 말했다Zarathustra』에서 우리에게 새로운 활력을 줄 수 있고, 새로운 도덕성의 근원이 되는 가치를 재평가한다. 그는 낡고 오염된 옛 가치에 도전한다. 그리고 그는 사람들 자신이 덕이 있다는 신념으로 자신을 바보스럽게 만드는 방법 몇 가지를 열거한다. 어떤 사람들은 자신이 들은 것을 행하고 이것이 좋은 일이라고 생각할 것이다. 또 어떤 사람들은 너무 게을러서 틀린 일은 어떤 것도 하지 않는다.

어떤 사람들은 집의 시계처럼 예측할 수 있는 지루함의 째깍 소리를 고
정적으로 내지만, 실존에 대한 생각은 없다. 그리고 이것을 덕이라 부른
다. 이들은 쉽게 충전될 수 있지만…(Nietzsche, 1883/1933: 118/119)

어떤 사람들은 자기가 정의롭다고 주장한다. 그리고 이것을 덕이라 부
른다. 어떤 사람들은 자기 자신을 자제하거나 낮추면서 그것을 덕이라
부른다. 또한 덕은 자세, 과시, 매너리즘일 수 있다. 대부분 덕은 우리가
타인에게 부과하는 것이고, 원칙적으로 우리 자신에 대한 기대이다. 실
제로 덕스러운 것은 너무 어렵다고 우리 자신을 변명한다. 우리는 책에서
덕이 무엇인가를 발견하지만 그 규칙을 적용하지는 않는다. 덕을 만나기
어려운 것이 현실이다. 잘 살면 삶 자체가 덕스럽게 된다. 비록 몸이 상처
를 입었거나 부러졌거나 늙었다 하더라도, 그리고 영혼이 상처를 입고
피곤하여 의심으로 가득 차 있다하더라도, 덕은 몸과 영혼의 건강으로
동시에 나타난다.

그러한 질문과 씨름하려면 지속적으로 스스로 의문을 품고 있어야 한
다. 당신은 어디로 잘못 가고 있는지 그리고 타인과 당신 자신에게 어떤
해를 끼치고 있는지를 잘 알아야 덕을 이룰 수 있다. 치료사들은 가치
붕괴를 스스로 직면하지 않으면 내담자와 가치에 대한 작업을 할 수 없
다. 불행하게도 가치를 발견하는 유일한 길은 상실과 바닥을 침을 통하여
발견하는 것이다. 모든 재앙적 사건은 세계의 표면 속으로 나아가는 길을
보여준다. 어떤 사건은 당연하게 받아들였던 세계에 분화구를 만들기도

한다. 우리가 삶의 대가를 치루는 그때서야 바닥이 드러난 세계의 근원을 보게 된다. 옛 세계가 폭발하고 흩어질 때 새로운 이해가 생겨날 것이다. 그러나 그것은 그렇게 빨리 또는 그렇게 쉽게 일어나지 않는다. 불행의 낙진은 수년 동안 퍼져나가, 익숙한 풍경을 바꿔놓고 당신 내면의 확신을 흩어놓는다. 개인의 삶에서 그것은 종종 수년이 지난 후에, 그 폐허 위에 새로운 건설을 시작하는 것은 아직 멀었지만, 옛 폐허의 잔해를 깨끗하게 치우기 시작할 에너지와 용기를 얻을 수 있게 된다.

거시적 수준에서 보면 인류에게 그와 똑같은 일이 일어난다. 21세기 초에 인간은 만연해 있는 회의주의에 종종 패배했다. 우리의 열망과 신념을 지키기 위한 안전한 장소를 발견하기 어려워 보인다. 너그러운 신이나 우월한 힘에 대한 우리의 믿음은 대부분 무너지고 있다. 죽음, 죄책감, 실패, 버림받음을 상기시키는 것으로부터 숨을 곳은 없다. 우리는 더 이상 선을 믿을 수 없다. 왜냐하면 가는 길 모든 단계마다 악이 우리를 맞이하기 때문이다. 지금은 무엇이 우리를 구원할 수 있는지 그리고 모든 것이 불행하고 어두워 보일 때 무엇이 우리를 도울 수 있는지를 질문하기 아주 좋은 때이다.

9. 페넬로페의 옷감 짜기

나는 종종 페넬로페의 전설적인 옷감처럼 나의 삶을 덮고 있는 장막이 언제 걷힐지 나 자신에게 물었다. 이 일이 왜 일어났는지, 어떻게 될 것인지에 대해서 지금 논의하는 것은 적절하지 않고, 내가 고통스럽게 창조했던 삶에 금이 가게 되었을 때 상실과 애도의 힘든 단계를 경험했던 것을 말하고자 한다. 결혼과 가정생활 그리고 동료들과 함께 연구소를 만들어 갔던 18년 전부가 동시에 문제를 드러내었다. 이때 동시에 일어난 많은 사별로 인하여 현실의 국면을 보지 못하도록 나를 가려왔던 눈가리개가 벗겨졌다. 더 이상 위선과 자기기만으로 살아갈 수 없었다. 결국 삶의 모순이 절정에 이르게 되었다. 나는 일어서야 했고 따져봐야 했다. 위기와 카타르시스는 결코 서로 떨어져 있지 않다. 그것은 운명에 이끌리고 시험받았던 나 자신과 타인과 삶에 대하여 많은 것을 가르쳐주었다. 그 이후에 나는 고통이나 상실 상황에서 투쟁하는 내담자와 공명하는 것이 더 쉽다는 것을 발견했다. 나의 불행은 중요한 경험이었고, 불행은 행복이 할 수 없었던 방식으로 나를 삶의 강으로 데려다주었다.

우리에게 일어나는 사건들에 대한 말은 결코 이야기 전체가 아니다. 그 말은 사건의 복잡한 구조와 이야기 속에 있는 모든 주인공들의 감정을 나타내지 못한다. 슬픔이 우리를 침묵시킨다. 그리고 이것은 일어났던 일을 잘못 표현하고 조작하게 하며, 고통을 최소화하려 한다. 외부인들에게 고통은 언제나 견딜 수 없는 것이어서, 외부인들은 당신이 고통스러워할 때 당신을 피함으로써 고통을 피하려 한다. 당신은 진실로 사랑하고 당신 곁에 있어줄 준비가 되어 있는 사람들과 함께 또는 홀로 고통을 견뎌야 한다는 것을 배운다. 재난에 대한 이야기는 단지 사건에 대한 표면적인 이름일 뿐이다. 우리들은 그것에 대하여 특별한 지위를 부여한다. 그것은 말을 하도록 돕지만, 결코 깊은 고통의 층을 철저히 탐색하지는 못한다. 말은 결코 그 고통을 덮을 수 없다. 결코 고통을 담아낼 수 없다. 왜냐하면 고통은 훨씬 더 큰 것이어서 볼 수도 들을 수도 상쇄할 수도 없기 때문이다. 그 아래에 있는 실제적인 사건은 앞으로도 오랫동안 펼쳐진다. 그 투쟁의 여파는 이전에는 결코 상상하지 못했고 회복할 수 없을 것 같았던 자기와 타인과 세계의 단절을 드러낸다.

나는 이제 내담자들이 자신의 고통을 묘사할 때 천천히 붕괴되는 느낌, 즉 특정 장소, 특정 사람, 특정 상황에 관한 만성적인 무능력을 아주 잘 알 수 있다. 깊은 곳에서 나오는 복수하고 싶은 본능적인 소망은 보복하고 싶은 자신의 욕망에 대한 두려움과, 부당하다는 느낌과, 기본적인 인간의 존엄성이 박탈당한 것에 대한 느낌으로부터 자란다. 생계수단이 없는 것, 실업수당을 받는 한부모가 된다는 것, 타인들이 당신을 피하는 것, 생각 없고 알지 못하는 사람들의 행동과 말로 인해서 자존감이 구겨지는 것, 이것들이 당신을 짓누른다. 그들이 허세를 유지하려고 노력하고, 때때로 영웅이 되는 연기를 하고, 그러한 경험을 한 사람들에게 더 가까이 가고, 그러한 경험을 하지 못한 사람들을 피한다면, 그들은 내면의 균형을 이해하지 못하고, 내면의 균형을 이해하지 못함으로 내면의 균형은 위험하게 된다. 곧 당신은 대부분의 사람들이 실패의 기미가 보이는 것을 멀리하고, 잘못 작동하는 어떤 부분도 원하지 않는다는 것을 알게 된다. 당신이 잘 되는 만큼 당신 주변을 맴돌았던 사람들이 당신에게서 멀어져간다.

삶의 이면을 발견하는 것은 교훈적이다. 인간 본성의 어두운 면이 작동

하는 것을 보는 것은 즐거운 일이 아니지만, 그럼에도 불구하고 이상하게
도 교훈적이다. 변덕스러운 인간관계, 친구보다는 침입자나 배반자들의
글, 자기가 중요하다고 말하는 내용이 중요하지 않다는 것, 이런 것을
직면한다는 것은 얼마나 어려운 일인가. 당신 자신도 이와 같았던 적이
있었나? 당신도 그런 잘못을 저질렀는가? 무엇 때문에 이런 일이 일어났
는가? 당신은 자신을 속이는 사람이었나? 당신도 한때는 덕이 있는 사람
이 아니었던가? 이제 자신을 포함하여 모든 것이 문제가 된다.

삶의 문제가 당신을 급습하여 삶에 금이 갈 때, 여기에서부터 삶의 의
미는 배어나온다. 당신은 몇 년이 지난 후에야 당신에게 주어진 두 번째
기회에 대하여 실제로 깊이 고민하면서 생각하기 시작할 것이다. 그런
다음 점차 새날이 밝아오면, 그때 당신은 삶의 비밀 가운데 하나에 걸려
넘어졌다는 것을 깨닫는다. 당신의 삶은 더 이상 당신이 피하려고 애썼던
공포로부터 벗어나지 못하고, 이제 당신은 세계의 끝에서 매우 아름다운
실존을 맛보게 될 것이다. 최소한 일시적으로라도, 당신은 위선과 기만
으로부터, 완전함과 야망이라는 짐으로부터 벗어나 잘못된 거짓된 애정
으로부터 당신 자신을 자유롭게 한다. 자유롭다는 것이 얼마나 다행인가.

이제 절박하게 근원적인 문제를 새롭게 질문해야 한다. 이렇게 어렵게
얻은 자유로 무엇을 할 것인가? 그것을 어떻게 사용할까? 이제 마음에
초점을 맞추어보자. 이제까지 흥미롭거나 바람직해보인 것에 대해서 최
상의 감각을 곤두세우거나 또는 무리지어 함께 몰려다니던 옛 방식으로
는 더 이상 충분하지 않다. 갑자기 어떤 일이 다른 일보다 더 중요해진다.

가치는 창조되는 것이다. 가치는 정말로 중요한 것을 위하여 기꺼이 포기하는 것이다. 임시로 연장된 삶의 사막에서 자신을 질질 끌고 가지만, 마음의 배후에서 새로운 삶에 대한 의미의 원천을 발견한다. 우리의 현실 속에 너무 많은 실재가 숨겨져 있을 때, 우리는 좋은 삶을 위한 새로운 퍼즐 조각들을 더 많이 발견한다. 그 조각들은 계속 제자리를 찾아가야 한다. 이것은 영웅적 행위를 요구한다. 자신을 희생자 같이, 불행의 상처 더미 같이, 많은 사람들이 경멸하는 대상과 같이 느낄 때, 영웅적 행위는 출현하지 않는다. 그러나 그것은 삶의 바닥에서 자기 자신을 발견할 수 있는 더 좋은 출발점이 될 것이다.

메를로 퐁티Merleau Ponty는 다음과 같이 말하였다.

> 오늘날 영웅은 회의적이지도, 퇴폐적이지도 않다. 취미삼아 하는 것도 아니다. 그는 기회와 무질서와 실패를 단순히 경험할 뿐이다(Merleau Ponty, 1964: 186).

이 말은 우리가 먼저 개별성과 사회적 존경이 완전히 붕괴하는 것을 경험할 때 비로소 영웅이 될 수 있음을 보여주는 것과 같다. 해체는 실존에 앞서고 실존은 본질에 앞선다. 낮은 것에 기반을 두어야만 본질적이고 견고한 것을 짓기 시작할 수 있다. 메를로 퐁티의 영웅에 대한 드레퓌스Dreyfus의 견해는 다음과 같다.

이 영웅은 절대가 승리하거나 절망이 완화되지 않고도 부서지기 쉬운 의미를 끝까지 따르도록 되어 있다(Dreyfus, 1964: XXVI, intro.).

이것은 진실이다. 오늘날 영웅은 전쟁이나 십자군 전쟁에서 싸우는 사람도 아니고, 옛날같이 용맹한 리더도 아니다. 영웅은 군중들의 환호받을 만하다고 여겨졌을 것이다. 그러나 그러한 위안은 텔레비전 카메라의 주목을 받는 주인공이 되어 연기하는 사람들을 위한 것이다. 요즈음엔 우상적 리더조차도 성공의 망상을 가지고 있지 않다. 진짜 영웅적 행위는 어두운 밤 커튼이 드리워진 거실에서 인간의 작은 비극이 일어나는 곳에서 이루어진다. 영웅적 행위는 거의 익명적으로 이루어진다. 우리가 관중을 만날 때 거기에는 우리의 상처를 치유하는 연고가 있다. 우리는 한 번 더 절망이나 슬픔의 사치를 즐길 수 있게 된다. 우리는 보복이나 보상에 관하여 생각할 수 있다. 한 번 더 대중적 사고를 추구할 수 있고, 그의 운명이 대중에게 의미 있게 된다. 그러나 우리가 누구에게도 알리고 싶지 않은 상처를 치유하면서 소외의 고통을 겪는 한, 스스로 보상을 발명해야 하고, 스스로 가치를 만들어야 하고, 우리 발걸음은 삶의 단단한 바위를 디뎌야 한다. 그 구덩이에서 나오기 위하여 우리는 이를 악물어야 한다. 우리가 되찾은 삶의 가치는 하늘에서 떨어지는 것이 아니다. 우리는 깨어진 삶의 흔적과 진흙으로부터 가치를 파내야 한다. 그렇다면 우리는 무엇을 발견할 것인가? 좋은 삶을 산다는 것이 이제 우리에게 무엇을 의미할까?

10. 가상 시대를 위한 가치

우선 가상 시대에 덕은 확실하거나 절대적인 것이 아니라 상대적이고 가상적인 것이다. 덕은 어려운 삶을 좋게 만드는 것으로 정의된다. 덕은 결코 어려움, 고통이나 문제를 회피하는 것에 대한 것이 아니다. 그리고 어려움, 고통, 문제없이 덕은 성취될 수 없다. 우리는 우리 삶에서 경험하는 실수와 실망으로부터 덕을 발견해야 한다. 톨스토이의 소설 『이반 일리히의 죽음The Death of Ivan Illyich』에서 이반 일리히처럼 우리도 점차 인간 삶의 변덕스러움을 발견하고, 처음에는 보지 못했던 곳에서 가치와 덕을 기대하도록 배운다.

> 그는 즐거웠던 삶에서 가장 좋았던 순간들을 상상으로 회상했다. 그러나 이상하게도 즐거웠던 삶의 순간들 모두가 이제는 완전히 과거와는 다르게 보였다. 어린 시절의 초기 기억을 제외하고 모두 어린 시절로 돌아가면 거기에는 정말로 즐거웠던 것이 있었고 그가 함께 살았던 그 무엇인가가 계속 반복되고 있었다(Tolstoy, 1886: 119).

이반 일리히가 그의 삶의 많은 부분을 소비했다는 것을 알아차린 것은 많은 괴로움을 겪은 후였다. 그때조차도 그는 좋은 삶이 무엇인지에 대하여 분명하지 않았다. 가상 세계에서 좋은 삶은 무엇인지가 매일 새롭게 모든 사람에 의하여 밝혀질 필요가 있다. 가상 세계에는 그것을 성취하기 위한 다양한 방법이 있지만, 그 방법들은 대부분 틀린 것이다. 바우마이스터Baumeister는 많은 개별 연구를 검토한 후에(Baumeister, 1991), 삶의 의미는 사람들이 마지막으로 한 번 더 행복이나 성공을 성취할 수 있다는 믿음을 포기하면서 알게 된다는 것을 보여준다. 우리는 어떤 것도 지속적인 만족을 가져다주지 못한다는 것을 어렵사리 배웠다. 좋은 삶을 위한 단 하나의 요리법은 없다.

좋은 삶은 좋은 요리와 같다. 다양한 종류의 좋은 음식이 있고 다양한 요리 방법이 있지만, 모든 방법이 다 바람직한 것도 모든 재료가 좋은 것도 아니다. 분명히 요리에서 선호하는 맛이 있고, 삶에서 선호하는 삶이 있다. 그리고 우리는 항상 같은 메뉴를 원하지는 않는다. 그러나 분명히 요리 비법은 있다. 요리법을 배워서 완벽하게 할 수도 있다. 우리 모두 쉐프나 일류 요리사가 될 수는 없지만, 우리 모두 맛있는 음식을 준비하고 식사를 더 맛있고 만족스럽게 하기 위하여 요리를 배울 수 있다. 이와 마찬가지로 우리가 삶에 대하여 더 많이 알게 될 때, 더 많은 열정과 풍미를 가지고 삶의 밥상을 차릴 수 있다.

좋은 삶을 사는 데는 한 가지 방법만 있는 것이 아니다. 가상 세계의 많은 삶이 가치 있을 수 있다. 좋은 것은 당신이 성취하고 싶은 것과 연관이 있다. 좋음에 대한 정의는 적절한 맥락 속에서 찾아야 할 필요가 있다. 어떤 것은 당신이 마음속에 가지고 있는 목적과 연관해서 좋은 것이다. 예를 들어, 파프리카는 굴라쉬에는 좋지만 라이스 푸딩에는 좋지 않다. 이스트는 빵이나 맥주에는 좋지만 초콜릿을 만드는 데는 좋지 않다. 우리의 목적이 무엇인지 알 때, 바람직한 재료와 삶에 대하여 많은 것을 알 수 있다. 우리는 다른 재료들을 섞었을 때 나타나는 효과에 대하여 아주 많은 것을 알 수 있다. 일의 상대성을 발견하고 특수한 상황에서 최상의 효과를 내기 위해서는 경험과 창조성 두 가지가 모두 필요하다. 자신의 방식대로 좋은 삶을 사는 방법을 배우도록 사람들을 돕는 것이 실존심리치료의 목표이다. 이것은 목적을 성취하기 위한 수단 또는 이를 방해하는 장애물을 세상이 제공하는 방식을 이해하면서, 자신의 목적과 목표가 무엇인지 인식하도록 배우는 것이다. 덕으로부터 필요성을 만드는 것과 필요성으로부터 덕을 만드는 것은 실패한 삶과 방향성을 다시 잡은 잘 사는 삶 사이의 차이를 만든다.

이러한 차이는 덕-성의 개념을 다르게 해석한 것이다. 그것은 의미 없음으로부터 의미를 창조하는 것이고 나쁨을 좋음으로 바꾸는 것이다. 인간에게 가장 소중한 선물들 중 하나인 현실을 변화시키는 능력이 이것이다. 그것은 가상 시대에서 우리에게 더 유용한 선물이고, 삶을 변화시킬 수 있는 능력이며, 역경에 대한 회복력을 발견할 뿐만 아니라 불행의 늪에서 유동적 에너지를 발견하는 능력이다. 그것은 단순히 기술로 배울 수 있는 것도, 예측하거나 처방할 수 있는 것도 아니다. 다행스럽게도 창조성은 병에 담아둘 수 없다. 그러나 모든 사람은 창조할 수 있는 수단을 가지고 있다. 많은 사람들이 슬픔 안에서 의미를 발견하기 위하여 또는 망가진 삶의 급류를 건너기 위한 뗏목을 만들기 위하여 다양한 자기 나름대로의 의미를 가지고 있다. 모든 사람이 창조할 수 있지만, 일부 사람만이 자신이 창조할 수 있다는 것을 발견한다.

우리는 좋은 삶을 발견하거나 얻을 뿐만 아니라, 언제나 창조하고 재창조해야 한다. 실존하려면 그것이 확인되어야 한다. 좋은 삶을 추구하는 것과 의미와 성취를 추구하는 것은 하나이고 같은 것이다. 우리는 이러한 것들을 어떻게 성취하는지에 대한 해법이 주어지기를 더 이상 기대할 수 없다. 각자에 대한 책임은 이전보다 더 커지고, 커짐에 따라서 돌아오는 것도 증가한다. 더 많이 입력하면, 긍정적 현실을 창조할 때 더 많은 것을 성취하게 된다. 물론 좋은 삶을 살지 못하면 실패는 엄청난 충격이 될 것이다.

우리가 얻고 싶은 것은 무엇인가? 얼마 전이라면 나는 '존재'라고 말했을 것이다. 그러나 존재 하나로는 충분하지 않다. 중요한 것은 이 존재가 어떻게 기능하는가이다. 그것에 대하여 레비나스Levinas는 다음과 같이 말했다.

> 철학의 탁월한 질문은 왜 무가 아니고 존재인가 하는 질문이 아니라 존재는 왜 그 자체로 정당화되는가라는 질문이다(Levinas, 1989: 86).

이와 유사하게 좋은 삶이 무엇인가에 대한 질문을 할 때, 가장 중요한 주제는 좋은 삶이 가능한가 또는 그것은 무엇으로 구성되어 있는가가 아니라, 그것을 어떻게 성취할 것인가이다. 좋은 삶은 실제로 창조되어야 한다. 무작위적인 행위에 의해서 삶에서 좋음을 발견하는 것이 아니다. 그것은 신중한 계획과 창조성을 요구한다. 의미는 내재하는 것이 아니라 외재하는 것이다. 그것은 우리가 경험하거나 세계 안에서 발견되는 것이 아니라, 부여되어야 하는 것이다. 그것은 메를로 퐁티가 『지각의 현상학 Phenomenology of Perception』에서 철학을 다음과 같이 정의한 것과 같다.

> 철학은 선험적 진리를 성찰하는 것이 아니라, 예술처럼 진리를 존재로 가져오는 행위이다(Merleau Ponty, 1945/1962: XX).

그러면 우리는 어떻게 진리를 존재로 가져올 것인가? 니체의 답은 영원 회귀의 방식으로 자신의 삶을 사는 방법을 배워야 한다는 것이었다. 마치 그것이 당신의 운명인 것처럼 계속해서 반복적으로 사는 것은 신중하게 살기 위한 좋은 본보기처럼 보인다. 그것은 예상되는 결단을 가지고 살 것을 권장한 하이데거의 말과 그리 다르지 않다. 하이데거에게 이 예상은 거의 죽음을 예상한 것이지만 니체는 하이데거와는 반대로 삶의 영원한 반복을 예상하는 것이다. 죽음을 준비하는 삶은 태곳적부터 좋은 삶을 위한 하나의 방법이다. 살기 위해서 사는 것은 좀 더 힘들 것이다.

삶의 가치를 재평가하면서 산다는 것은 우리가 알고 있는 것에 비추어서 가장 옳아 보이는 목적에 맞는 삶을 의미한다. 지혜는 견해에 기초해 있지 않다. 그것은 지식에 기초해 있고, 지식은 사실에, 사실은 정보에, 정보는 자료에 기초해 있다. 그러나 자료는 우리가 삶에서 선택하는 목적과 가치에 비추어 해석될 것이다. 그것은 삶에 대하여 생각하기를 두려워하지 않는 사상가들로부터 나온 새로운 윤리적 원리에 비추어 평가될 것이다. 그 원리들은 언제나 개인적 해석을 성찰할 것이다. 그리고 일반적인 규칙을 지시하기보다는 개인의 삶에 대한 주관적 평가를 다룰 것이다. 이것은 도덕 법칙을 내려놓은 상태에서 사람들이 자신의 도덕성을 평가할 수 있는 조건을 정하기 어렵게 만든다. 사람들은 스스로 도덕적 능력을 획득하거나 완전하게 할 필요가 있다. 나는 이것을 자신의 도덕능력을 완전하게 하는 것을 배우는 것이라고 생각하고 싶다. 도덕능력은 당신이 살고 있는 세계의 맥락에서 당신이 성취하고 싶은 목적과 관련하여 옳고 그름을 구별할 수 있는 능력이다. 그것은 물리적 법칙과 우리가 살고 있는 사회의 법칙을 고려해야 한다. 그것은 개인적 법칙과 최종적으로는 존재의 법칙, 즉 인간 실존의 법칙에 따라야 한다.

나는 지금 설명하고 있는 원리가 잠정적이라는 것을 잘 알고 있다. 나는 삶의 기술을 위한 많은 종류의 좋은 요리책들이 있다고 제안하고 싶다. 나의 삶의 공식은 당신의 것이 아닐 것이다. 모든 사람이 그 요리법을 따르고 싶지는 않을 것이다. 그러나 그것들이 가치 있기 때문에 나의 재료와 기본 규칙 몇 가지를 소개한다. 여기에서 나는 네 가지 세계의 차원, 즉 물리적, 사회적, 개인적, 영적 차원의 모델을 따른다. 우리는 이 모든 차원에서 살면서 계속해서 각각의 반대되는 힘을 다루고 있다. 우리의 실존은 물리적 차원에서는 삶과 죽음 사이의 끌어당김으로, 사회적 차원에서는 사랑과 미움의 갈등으로, 개인적 차원에서는 강함과 약함의 도전으로, 영적 차원에서는 선과 악의 긴장으로 우리를 직면시킨다. 물론 이 주제들에는 많은 변수가 있고 차원과 역설들 사이에는 복잡한 상호작용이 많이 있다. 나는 이것에 대하여 다른 책에서 자세히 다루고 있다(van Deurzen and Arnold-Baker, 2005).

11. 네 차원에서의 도덕능력

포스트모던 시대 이후의 가상 세계에서 자신의 길을 발견하기 위하여 우리는 다양한 가능성과 요구에 대응할 수 있어야 한다. 바람직한 것에 대하여 확실하게 기반을 두었던 옛 가치 체계는 오래전에 사라졌다. 그것은 일시적으로 해체의 허무주의로 대체되었다. 우리는 해체되고 있는 진리와 실재라는 포스트모던적 태도에 고착될 수 있지만 계속해서 그렇게 할 수는 없다. 앞에서 설명한 네 가지 차원의 과정을 경험할 때, 우리는 곧 무에서 의미를 만들고 새로운 가치를 창조할 필요를 발견한다. 이 가치는 필연적으로 우리의 상황과 환경에 따라 상대적일 것이다. 가상의 시대에 가치는 구체적인 맥락을 가진다. 이것은 내가 도덕능력이라고 언급한 것이다. 도덕적이지도 않고 가치에 대하여 경직되지도 않으면서 도덕적으로 생각할 수 있는 능력을 말한다. 그것은 우리가 선택하는 가치를 위하여 포기할 만한 가치가 무엇인지를 결정하기 전에, 목적과 결과와 주어진 것에 대하여 생각할 수 있는 능력이다. 나는 우리의 도덕능력을 지도하는 몇 가지 기본 원리를 언급하고자 한다.

	추구	두려움	가치
물리적	생명	죽음	활력
사회적	사랑	미움	상호성
개인적	정체성	혼란	통합
영적	선	악	투명성

그림 2.2 가치의 재발견

좋은 삶은 좋은 물리적 토대를 필요로 한다. 여기에서 작용하는 원리는 활력이다. 활력은 창조적으로 살 수 있는 능력이다. 활력 있는 태도는 에너지를 창조적으로 사용하게 하고, 괴로움과 죽음이 올 때 이를 받아들이는 능력이다. 활력은 어떤 상황을 실현할 수 있을 만큼 역동적인 것이다. 활력은 다른 사람의 웰빙에 해를 입히지 않고 자기 자신의 물리적 웰빙을 돌본다. 우리는 우리의 물리적 삶을 잘 이끌어가는 법을 배워야 한다. 활력은 편안함과 흥분을 적절한 비율로 창조하는 것이다. 자신의 안전을 보호하는 것이고, 너무 많지도 너무 적지도 않게 충분히 가지는 것이다. 민첩하고 기민하게 자신의 물리적 균형을 유지할 만큼 충분히 재충전하고 쉬는 것이다. 탐욕스럽지 않고 즐거운 태도로 자신을 돌보는 것이다.

사회적 차원에서 우리는 친구들과 좋은 관계를 필요로 한다. 사회적 차원에는 반응성과 공평성을 포함하는 몇 가지 원리가 있다. 관용은 좋지만, 타인이 관용적일 때만 작용한다. 그렇지 않으면 당신이 고갈된다. 만일 당신이 부당한 대우를 받았다면 보상과 배상을 받을 필요가 있다.

좋은 관계를 위한 기준은 상호성 또는 호혜성이다. 상호성은 공동체를 만든다. 여기에서 가장 적절하게 기능하는 것은 연대감의 원리를 인지하는 것이다. 내가 당신에게 하는 것은 내가 나 자신에게 하는 것이다. 마틴 루터 킹Martin Luther King은 다음과 같이 말하였다.

> 사실상 모든 삶은 상호 관련되어 있다. 모든 사람은 상호관계의 네트워크로 불가피하게 연결되어 있고 하나의 운명으로 짜여 있다. 한 사람에게 직접적으로 영향을 미치는 것은 무엇이든지 모든 사람에게 간접적으로 영향을 미친다(Luther King, 1963: 70).

타인이 당신에게 했던 것을 당신이 타인에게 하라는 칸트의 도덕 명령을 따를 필요는 더 이상 없다. 당신 이웃을 당신 자신처럼 사랑하라는 성경 말씀을 따를 필요도 없다. 우리 모두가 연관되어 있다는 것과 내가 당신에게 하는 것과 똑같이 당연히 당신도 나에게 하는 것임을 인지하는 것만으로도 충분하다. 그것은 하나이고 같은 것이다. 내가 당신이고 당신이 나이다.

인간의 개별성은 너무 과대평가되었다. 개인적 세계에서 우리는 온전성과 결단력을 필요로 하지만, 온전함은 나 자신이 주변 세계와 조화롭게 될 때 존중받을 수 있다. 나는 세계와 연결되어 있다는 것을 인지할 필요가 있고, 내가 세계와 관계 맺듯이 자기를 창조하는 방식으로 이 연결을 정교화할 필요가 있다. 자신이 어떤 사람이고 싶은지를 아는 능력은 중요

하다. 우리가 활용할 수 있는 세계를 언제 믿을지, 언제 도전할지를 자신
있게 결정하는 감각을 발달시킬 필요가 있다. 개별화라는 환상을 만들고
자기를 기만하는 것으로부터 위로받고 편안해지는 동시에 불안해할 수 있
는 능력을 요구한다. 결국 그것은 자기와 망상을 극복하는 것이고 그것이
참자유를 가져다준다(Murdoch, 1970). 이리스 머독Iris Murdoch은 다음과
같이 말한다.

> 겸손은 자기 자신을 삼가는 특별한 습관이 아니라, 들리지 않는 목소리
> 를 갖는 것과 같다. 그것은 실재에 대한 사심 없는 존중이고 모든 덕
> 중에서 가장 어렵고 핵심적인 것이다(Murdoch, 1970: 95).

따라서 궁극적으로 좋은 삶은 영적 토대와 목적 없이는 이루어질 수
없다. 우리는 좁은 자아와 세속적 관심의 영역보다 더 넓은 영역 속으로
자신을 풀어놓아야 할 필요가 있다. 영적 차원에서 우리는 우리를 넘어서
있는 인류의 역사라는 맥락 속에서 자신을 보기 시작할 때 긴장과 걱정으
로부터 벗어나는 것을 보게 된다.

우리를 넘어서는 더 큰 의미의 좋음이라는 맥락과 관점에서 우리의 일
시적인 관심을 자각하게 될 때, 우리의 삶은 변증법적으로 움직인다는
것을 발견한다. 우리를 넘어선 영적 차원에 조복한다는 것은 영적 차원에
서 우리의 재탄생을 허용하는 것이다. 우리 자신이 투명하게 될 때, 삶의
힘은 우리를 통하여 빛난다. 지속적으로 우리 자신의 행동의 결과를 재평

가하는 법을 배울 때, 우리는 선한 믿음을 닮은 것을 발견할 수 있다. 실재를 볼 수 있는 능력과 실재 안에 우리자신을 놓을 수 있는 능력이 가상의 시대에서 우리의 새로운 도덕능력을 규정하는 것이다. 이 도덕능력을 성취하기 위하여 우리는 과거와 자기 관심이라는 좁은 틀에 우리가 묶여 있다는 환상에서 깨어나야 한다. 우리의 자만은 약해져야 하고 진실한 겸손은 강해져야 한다. 진실한 겸손은 복잡한 현실에 대하여 열려 있는 것이다. 가상의 시대에서 가장 중요한 자산은 어렵게 얻은 재평가 능력이고, 환경의 상대성으로 우리 자신을 보는 능력이고, 그런 다음 새로운 방향으로 나아가는 능력이다.

그것은 아마도 우리가 원하지 않았던 것일 수도 있지만, 덕을 함양하는 여정은 힘들어서 완주하기 쉽지 않다. 우리는 자유가 제한되어 있더라도 우리의 자유가 생기는 법을 배워야 하고, 현실의 도전을 감당하는 법을 배워야 한다. 두렵고 떨리고 의심스럽지만 또한, 가슴에 희망을 품고 천년이 지나도 변하지 않으며 결코 끝나지 않을 인간 실존의 진리를 발견할 것이다. 인간 삶은 사랑하고 투쟁하고, 웃고 울고, 살고 죽는 것이다. 삶은 언제나 우리가 생각하는 것보다 짧다. 우리는 너무 길다고 느껴질 만큼 삶을 지속시키지는 못할 것이다. 만일 좋은 삶을 산다면 좋음을 창조하는 것은 우리에게 달려 있다. 이 좋음은 일상적인 현실과 도전에 대한 개인적인 해석에서 발견할 수 있다. 아마도 헨리 제임스Henry James는 그것에 가장 가까이 간 사람일 것이다. 그는 중요한 것은 좋은 삶을 사는 것이라기보다는 삶 자체를 사는 것이라고 말한다.

당신이 할 수 있는 모든 것을 살아라. 그렇게 하지 않는 것은 실수이다. 당신이 살아 있는 동안 특별한 뭔가를 행하는 것은 그리 중요한 것이 아니다. 당신이 삶을 갖는 것 외에 무엇을 가졌는가?(James, 1986: bk.V, ch.2).

긍정심리학

웰빙의 과학

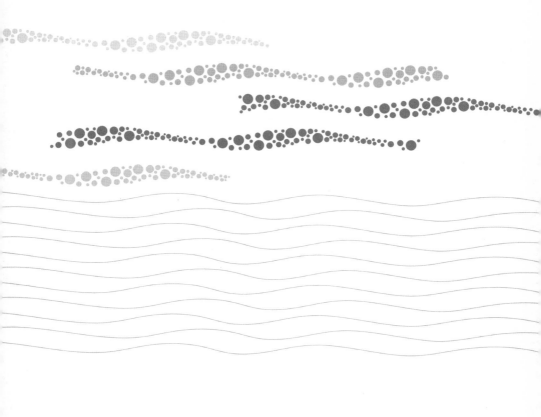

Chapter 3
긍정심리학 :
웰빙의 과학

실제로 유일하고도 진지한 철학적 질문이 있는데 그것은…
삶이 살만한 가치가 있는 것인가 아니면 없는 것인가이다.

— 까뮈, 《The Myth of Sisyphus》

이 모든 것은 행하기보다 말하기가 쉽다. 21세기의 소음과 번잡함 속에서 최선을 다하여 산다는 것은 간단한 문제가 아니다. 많은 사람들이 길을 잃고 일시적으로 또는 영원히 삶 자체를 포기한다. 이전보다 훨씬 더 많은 사람들이 거짓 안전 속에 머물면서 서서히 스스로를 죽이고 있다. 그들은 최면에 걸려서 물질 남용이나 자신의 능력을 점차 부식시키고 기반을 약화시키는 망상에 압도당한다. 그것들은 자신의 능력을 점차 그리고 남몰래 부식시킨다. 만연하고 있는 중독은 냉혹하고 소용없는 세계에 대한 피난처와 보호처가 되어줄 것이라는 망상을 갖게 한다. 우리는 결코 삶의 가치를 확신하지 못한다. 지름길로 가기 위하여 노력하는 것은 비합리적으로 보이지 않는다.

실제로 우리 중 소수만이 삶의 목적을 명료하게 가지고 있다. 목표가 무엇인가라는 질문을 받을 때 사람들은 세계여행을 하고 싶다, 진실한 사랑을 발견하고 싶다, 행복한 삶을 살고 싶다와 같은 매우 일반적인 말을 한다. 그러나 현실은 다르다. 대부분의 사람들은 무엇이 잘못되어서 일상적 삶의 스트레스와 긴장으로 들볶이는 느낌이 드는지 의문을 갖게 된다. 그들은 자신의 일이나 가족과 잘 지내기도 하고 나쁘게 지내기도 한다. 그리고 어느 날 모든 일이 잘 될 것이라는 환상을 갖는다. 의미와 목적의 진공 상태에서 심리학의 새로운 움직임이 빠르게 자리 잡고 있다는 것은 놀랄 일이 아니다. 왜냐하면 그것은 주관적 웰빙을 수치상으로 증가시킬 수 있다고 주장하기 때문이다. 긍정심리학자들은 정서적 문제와 정신적 질병을 치유하려고 노력하는 데 초점을 맞추는 대신, 그야말로 과학적 혁명을 제안하고, 우리의 웰빙을 향상시키는 데 목표를 둔다. 이것은 다음과 같이 말하는 세계보건기구의 목적과 전적으로 일치한다.

건강은 단순히 질병이나 허약함의 부재가 아니라, 완전한 물리적, 정신적, 사회적 웰빙의 상태이다(WHO, 1946).

긍정심리학자들은 이 목적을 진지하게 받아들여서 긍정적 경험, 태도, 정서가 더 큰 웰빙을 우리에게 줄 수 있는 것이라고 정의하려 하였다. 셀리그먼Seligman(2002)과 같은 긍정심리학자들은 '참행복'을 목적으로 말하지만, 대부분은 주관적 웰빙이나 삶의 만족에 대하여 말한다(Diener, 2000). 그 개념은 훨씬 더 광범위하고 논란이 적은 것이다. 그럼에도 불

구하고 그것들은 서로 관련되어 있다. 웰빙은 사전에서 다음과 같이 정의
되어 있다.

> 존재의 좋은 또는 만족스러운 상태. 건강, 행복과 번성이라는 특징을
> 가진 상태(Oxford English Dictionary, 2005).

긍정심리학(Carr, 2004)에 따르면, 그러한 목표는 자기 자신을 어렵게
향상시킬 필요도, 오랜 시간 신중하고도 느린 성찰을 할 필요도 없이 성
취할 수 있다. 긍정심리학자들은 단순한 과학적 사실을 정서적 문제에
적용함으로써 즉각적 결과가 나온다고 장담한다. 그들은 인지행동치료
에 불을 붙이고, 영원한 행복에 대한 인간의 욕망을 부채질한다. 그들의
철학적 가정은 인간 실존의 주요 목적이 삶의 행복과 웰빙을 가장 높은
수준에서 성취하는 것이라는 지배적인 이념의 가정과 일치한다. 또한 긍
정심리학은 이러한 상품을 빠르고 효율적으로 배달할 것을 약속한다.

1. 철학적 반론

물론 행복이 인간의 가장 높은 좋음이고 비교적 쉽게 성취할 수 있다는
전제는 실존의 복잡성에 비추어서 볼 때 매우 의문스러운 전제이다. 그
생각이 처음에는 매우 매력적이어서 이 주장을 버리는 사람은 바보처럼
보이지만, 우리는 행복의 과학이라는 개념이 진실이라고 하기에는 너무
좋아 보인다는 것을 본능적으로 안다. 사실 그것은 영화나 책으로 보는

동화의 결말처럼 바로 의문을 일으킨다. 진짜 행복은 귀하고, 짧은 경향성이 있다는 것을 발견하지 못하는 사람은 거의 없다. 행복을 이룰 수 있다 하더라도, 불행의 시간은 변함없이 존재하기 마련이다. 아무도 투쟁 없이 행복을 성취할 수 없다. 이 투쟁은 종종 행복 자체를 목적으로 하는 것보다는 더 흥미로운 것으로 드러나기도 한다.

 그러나 긍정심리학의 주장에 대한 또 다른 문제가 마음에 떠오른다. 정서적 웰빙의 기법을 사람들에게 가르치는 것이 정말로 가능한가? 가능하다 하더라도 그렇게 하는 것이 좋은 것인가? 웰빙 추구가 조급한 삶의 긴장을 이완시키는가? 또는 행복해지거나 정서적 삶을 통제하는 것이 새로운 의무와 기준으로 될 때 웰빙 추구는 또 다른 차원의 의무를 추가하는 것인가? 심리학을 긍정적인 것으로 환원하는 것이 현실적인가? 여타 심리학이 부정적인 것에만 초점을 맞추는 것처럼, 긍정심리학도 긍정적인 것에만 초점을 맞추는 제한된 접근법인가? 긍정심리학자들과 치료사들은 부정적인 생각과 습관을 긍정적인 것과 다시 균형을 맞춤으로써 단순히 균등하게 하려 한다고 주장한다. 그러나 이것은 다른 불안을 야기한다. 우리는 우리의 생각과 습관이 이런 방식으로 간섭받기를 원하는가? 마인드컨트롤의 개념에는 본질적으로 불안하게 하는 무언가가 있다. 그것은 사회적 공학 이미지와 정서적 공학 이미지를 상기시키고, 종교적 박해를 상기시킨다. 나치가 금지시켰던 독일의 옛 민요 가사가 생각난다. 그것은 종교적 박해 시대에 고통받는 사람들에게 위안을 주기 위하여 쓰인 것이다.

나의 생각은 자유롭고, 그것은 나의 내면 깊은 곳에 있다.

그것은 밤 그림자처럼 나의 마음속으로 빠르게 퍼져나간다.

어느 누구도 그것을 총으로 쏠 수 없고 그것을 약탈할 수 없다.

무엇이든, 나의 생각은 자유롭게 남아 있다.

그러한 감정은 불안을 없애주고 희망을 준다. 왜냐하면 우리 자신의 마음 상태를 책임지는 것이 빼앗을 수 없는 권리라는 것을 그 감정이 상기시키기 때문이다. 이렇게 소중하고 근원적인 자유를 아무도 빼앗아갈 수 없다. 우리는 순응하라는 압력에 굴복해야 하는가? 그리고 긍정적인 생각만 하도록 우리의 마음을 재교육시켜야 하는가? 사람들이 평생 많은 실망과 문제와 투쟁하고, 그것으로 고통받으며, 그것을 받아들이고 이해해야 할 필요가 있을 때, 낙관적인 경험을 선별하는 것이 정말로 과학적 의미를 줄 수 있는가? 거짓 미소나 긍정적 감정을 거짓으로 오랫동안 표현할 바보 같은 사람들은 거의 없다. 우리는 거짓 미소와 거짓 표현을 피상적으로 경험한다. 절망과 어두움에 직면할 수 있다는 것은 실패가 아니라 자산이다. 우리가 행복에 삶을 걸기로 결정하기 전에, 행복이 우리의 삶을 더 좋게 만드는지에 대하여 질문하는 것이 더 좋을 것이다.

2. 존재할 것인가, 존재하지 않을 것인가 그것이 문제이다

유일하게 진지한 철학적 문제는 '삶이 살만한 가치가 있는가'라고 말하는 햄릿의 독백과 까뮈(Camus, 1942/2006)의 확언은 문제의 핵심으로 들어가게 한다. 삶이 살만한 가치가 없다면, 자살이 모든 문제에 대한 가장 합리적인 해결책이 될 것이다. 그러나 까뮈는 이어서, 삶이 비록 소용없을지라도, 우리가 역경과 고통을 의미 발견 과정의 한 부분으로 침착하게 받아들일 준비가 되어 있다면, 삶은 상당한 가치가 있을 것이라고 말한다. 삶이 행복해야 한다는 가정은 비겁한 태도이고, 행복을 얻을 수 없다는 것이 분명해질 때 자살을 하게 될 것이라고 그는 말한다. 프랭클(Frankl, 1946/1964)도 비슷한 견해를 가지고 있었는데, 의미가 가장 힘든 조건 속에서도 창조될 수 있음을 보여주었다.

긍정심리학자들은 다른 답을 제시한다. 그들의 주장은 우리가 긍정적인 태도를 계발함으로써 삶을 가치 있게 만들 수 있다는 것이다. 만일 우리가 행복과 웰빙을 선택한다면 우리는 삶을 재조직할 수 있고 행복을 성취함으로써 삶을 가치 있게 만들 수 있다. 긍정심리학은 흥미로운 재주부리기이고 순환 논쟁이지만, 삶이 그 자체로 살만한 가치가 있는지, 긍정성이 자기기만과 현실로부터의 회피를 포함하고 있는지에 대한 철학적 주제를 다루지 못한다. 만일 인간의 마음이 프로그래밍된 블랙박스이고, 그 역할이 가능한 한 즐겁게 시간을 보내도록 돕는 것이라는 생각을 우리가 받아들인다면, 그것은 일리가 있다. 만약 그렇다면 분명히 환경을 조작해서 우리의 기분을 향상시키는 것은 좋은 일이 될 것이다. 약물로 마음을 바꾸거나 심리학적 방법으로 최대한의 행복을 목표로 둘 수 있다는 것도 일리가 있을 것이다. 그러나 그렇게 바꾸는 것이 바람직한 것인지, 그것은 많은 사람들이 소중하게 여기는, 그리고 우리에게 가장 좋은 독립적인 사고능력을 방해하는지에 대한 질문을 던진다.

우리는 실험을 통하여 축복을 너무 과대평가했다는 것을 알고 있고, 추상적인 방법이긴 하지만 사람들이 어떤 대가를 치르더라도 좋은 느낌만을 갈망하지는 않는다는 것도 알고 있다. 철학자 네이글Nagel은 사람들이 사고를 당한 후에 코마 상태에서 영원히 근심걱정 없는 채로 있기보다 근심걱정으로 힘든 삶을 선호한다는 것을 보여주었다. 대부분의 사람들은 자유나 지성이 없는 행복한 바보가 되기를 선택하지 않을 것이다(Nagel, 1986).

노직Nozick의 '경험 기계experience machine'(Nozick, 1974)는 같은 종류의 실험을 했던 또 다른 예이다. 노직은 사람들이 세상에서 가장 즐거운 경험을 제공해주는 기계와 연결되고 싶은지에 대한 질문을 받았을 때, 일반적으로 두 시간 이상 연결되고 싶어 하지 않는다는 것을 발견했다. 그들은 정말로 즐거운 여가시간을 갖고 싶어 했지만, 이와는 다른 보다 창조적인 활동에 이 여가시간을 쓰고 싶어 했다. 그 이유는 즐거운 경험이 주는 중독적이고 의미 없는 측면이 바람직한 것을 제거한다는 것을 사람들이 부분적으로 인지하기 때문이다. 우리는 의식을 원하지, 무의식적 만족을 원하지 않는다.

사람들은 수 세기 동안 이것을 알고 있었다. 플라톤은 『고르기아스Gorgias』(Plato, 405BC/1998)에서 똑같은 점을 논의했다. 『고르기아스』에서 소크라테스는 칼리클레스Callicles에게 충동에 굴복하는 것이 언제나 최선인가라는 질문을 했다.

이제 말해주시오. 가려움증이 있는 사람의 마음이 만족할 때까지, 평생 긁을 수 있는지, 그래서 행복하게 살 수 있는지를(493d).

칼리클레스는 아니라고 대답했다. 행복해지기 위해서는 약간의 충동이 제어될 필요가 있고, 가려운 데를 긁는 것은 평생 할 일이 아니라는 것이다. 문제는 어떤 충동을 어떻게, 어느 정도로 제어하는가이다. 충동을 제어하는 것은 즐거운 일이 아니어서, 우리는 될 수 있으면 충동에 굴복하려 할 것이다. 우리는 백일몽 꾸기를 좋아하고, 우리 자신을 제대로 알지 못한다. 우리는 종종 편안한 생활을 위하여 도덕적 생활을 미룬다. 그리고 이것은 긍정심리학이 즐거운 도덕 생활을 약속하면서, 도덕의 영역을 장악하는 것이다.

3. 긍정심리학

긍정심리학의 주요 학자들은 참 행복에 대한 개념을 연구한 셀리그먼 Seligman(2002), 주관적 웰빙에 대한 연구를 한 디너(Diener, 2000; Diener and Suh, 2000) 그리고 그 전에 다양한 행복의 상태에 대한 결론을 도출해내기 위하여 다양한 나라와 사회 계층을 조사한 빈호벤Veenhoven(1984)이 있다. 이들의 연구는 인간의 조건을 향상시키려는 멋진 의도를 가지고 있으며, 읽을 만한 가치가 있다. 그들의 책은 분명히 다른 많은 심리학 책보다 더 영감을 준다. 그리고 여타 심리학자들이 병리학에 집중하는 것과는 반대로 긍정심리학자들은 균형을 맞추어간다. 그러나 그들의 미사여구 끝은 우리를 이전과 똑같은 진퇴양난에 부딪히게 한다. 그리고 일을 더 좋게 만들려는 강한 욕망이 합리적인 것 이상을 기대하게 함으로써 일을 더 안 좋게 만들 수 있는 가능성이 있다. 삶의 부정적인 면을 직면하지 않고 통합시키지 못하는 체계는 어떤 것이라도 큰 실수를 범하게 되어 있다.

그러나 이 새로운 심리학 영역은 다른 접근법들이 놓쳤던 인간 삶의 측면들에 대해서 정보를 제공하고 연구하는 데 중요한 기여를 했다. 예를 들어 셀리그먼의 중요한 강점 찾기 연구는 표준성격목록처럼 성격 결함과 정신병리를 강조하는 것이 아니라, 인간의 덕과 성격 강점을 목록화하고 잠재력을 강조한다. 만일 긍정심리학이 우리의 심리를 체계화하고 싶다면 긍정적인 방식으로 할 것이고, 우리의 강점을 최대화하려면 최선이 무엇인지 정확하게 설명할 수 있도록 도울 것이다. 셀리그먼(2002)이 설명하는 가치는 익숙한 것이다. 그는 그것을 다음과 같이 말한다.

- 지혜
- 용기
- 사랑
- 정의
- 절제
- 초월

이 개념들은 많은 철학적 체계와 종교적 체계에서 발견할 수 있고 그것 들을 심리학에 도입한 것은 좋은 일인 것 같다. 그러나 이 과정은 철학적 사고의 골자만 추려내고 그 개념의 격을 낮출 실제적인 위험이 있다. 복 잡하고, 논쟁할 만한 가치가 있고, 깊이 성찰해야 할 개념들이 축소되고 도구적 방식으로 사용된다. 그것은 협소하게 정의되어 대중적 소비를 위 한 매뉴얼화된 상품으로 변한다. 이것이 자신의 삶을 어떻게 더 잘 살아 갈 것인가에 대하여 가르치는 방법인가? 아니면 우리의 삶을 단순화하 고, 삶에서 본질적인 것을 놓쳤다는 것을 발견하게 할 뿐인 최신의 기술 을 사용하는 또 다른 예인가? 최신 기술을 사용하지만, 여전히 삶의 조건 에서는 차순위일 뿐인 높은 아파트를 짓는 것은 성장이 아니다. 사람들이 진실로 가정이라고 부를 수 있고, 투자하고 돌볼 만한 가치가 있는 자신 의 정원을 가꾸도록 돕는 것이 훨씬 더 가치 있는 일이다. 이 경우에 이것 은 사람들이 어떻게 할 것인지를 말해주기보다는 삶에 대하여 생각하도 록 가르친다는 의미일 것이다.

긍정심리학자들이 현실의 복잡한 행동을 정형화된 개념으로 응집시킬 때, 그들은 우리 스스로 생각하는 노력을 하지 않아도 되도록 우리를 구 원할 것이다. 왜냐하면 우리는 지금 인상적이고 짧은 말의 윤리에 의존할 수 있기 때문이다. 그들은 우리에게 통찰과 이해의 지름길을 알려준다. 그러나 그것은 비록 매우 시장성 있고 매력적이라 하더라도, 별로 중요하 지도 않은 심리학적, 철학적 성취를 약속할 뿐이다. 그것은 마치 숫자로 점수를 매길 수 있는 삶의 캔버스가 우리에게 주어지는 것과 같다. 이것 이 행복을 발견하는 방법인가? 외형적으로는 그렇다는 것이다.

4. 효과적인 것

대표 강점을 연습하기 위한 셀리그먼의 연구(Seligman, 2002)는 예측할 수 있는 흥미로운 발견을 말해준다. 예를 들어 그는 500명의 사람들에게 실험을 했는데, 1주일 동안 인터넷상에서 (실제로 얼굴을 보고 하는 것은 포함되지 않았다) 그들에게 새로운 웰빙 기술을 가르쳤다. 그런 다음 6개월 동안 반복해서 웰빙의 상태를 검사하였다. 결과는 놀라웠다.

그는 세 가지 연습이 지속적으로 좋은 효과를 냈음을 발견했다. 그것은 우울함을 계속해서 감소시켰고 행복을 증가시켰다. 이 세 가지 효과적인 검사는 이전부터 익숙한 치료 도구였다.

- **세 가지 축복 연습**

  오늘 당신에게 잘 되었던 세 가지 일 그리고 그것이 왜 잘 되었는지를 적는다.

- **감사의 방문**

  당신에게 잘해주었던 사람에게 감사의 글을 쓴다. 이 글을 고마운 사람에게 개인적으로 전달한다.

- **강점을 새로운 방식으로 사용하기**

  당신이 이미 인지했던 개인적 능력을 보다 창조적인 방식으로 사용한다.

이 모든 연습은 자기 스스로 보고한 행복을 증진시켰다. 이러한 연습이 잘 만들어진 치료 기법으로 짜여 있다면, 한 사람의 성장을 도울 것이라

는 데는 의심의 여지가 없다. 본질적으로 그것은 사람들의 경험을 타당화
하고, 자기와 타인들에 대한 자신의 영향을 더 잘 자각함으로써 자기 자
신을 타당화하도록 구성되어 있다.

긍정심리학의 또 다른 스승 에드 디너Ed Diener(2000)는 주관적 웰빙에
대하여 말하기를 좋아한다. 그의 주장은 행복이 상대적인 현상이지만 우
리는 사람이 주관적 행복 상태를 경험하고 있는지의 여부를 매우 간단하
게 평가할 수 있다고 말한다. 그는 '삶의 만족 척도Satisfaction with Life
Scale'(Diener, 2007)라는 도구를 사용하여 주관적 웰빙을 측정하고 특별
히 자신의 전체 삶을 평가한다. 그는 자신의 홈페이지를 방문하는 사람들
이 이 도구를 사용하도록 친절하게 안내한다. 아래에 전문을 복사하였다.
우리는 치료의 필요성과 효율성을 평가하기 위하여 치료 시작과 끝에서
디너의 삶의 만족 척도를 사용한 간단한 측정을 신뢰할 것인가? 디너의
짧은 질문은 아주 간단한 검사로서 이 목적에 적합하다.

삶의 만족 척도The Satisfaction with Life Scale

-Ed Diener, Ph.D

_____ 1. 대부분 나의 삶은 나의 이상에 가깝다.

_____ 2. 나의 삶의 조건은 훌륭하다.

_____ 3. 나의 삶에 만족한다.

_____ 4. 지금까지 나는 삶에서 원하는 중요한 것들을 가졌다.

_____ 5. 만일 나의 삶을 다시 살 수 있다면 거의 아무것도 바꿀
         것이 없다.

디너는 이 문장에 대하여 가장 낮은 점수 1점부터 가장 놓은 점수 7점까지 점수를 매기도록 한다. 매우 간단한 계산으로 당신이 삶의 만족도 가운데 어디에 있는지를 말해줄 것이다. 35점이면 완전한 만족이고, 5점이면 불만족이다. 20점 전후의 평균 점수는 보통 정도의 웰빙을 나타낸다. 나는 그 척도가 사람들의 삶에 대해서 무엇인가를 나타낸다는 것과 그것이 유용할 수 있다는 것에는 동의하지만, 그 척도는 왜 사람들이 그렇게 점수를 매겼는지에 대한 실제적인 생각을 분명하게 보여주지는 않는다.

나는 최근에 러시아의 상트페테르부르크에서 약 100명의 사람들과 워크숍을 하면서, 이 척도로 실험을 하였다. 세 사람이 10점보다 낮은 점수를 주었는데 그중 두 명이 러시아에서 공부하고 있었던 외국인 소녀로 그들은 어둡고 춥고 눈이 많이 내리는 11월 벡테레프 연구소에서 극도의 향수병에 걸려 있었다. 세 번째 사람은 체첸에서 온 여성이었는데, 그녀의 가족은 대학살의 피해자였고 그녀는 전쟁 희생자들을 돕고 있었다. 그 척도는 그들의 불만을 효율적으로 나타내주었지만, 그 사람들과 더 많은 이야기를 나누면서 그들이 매우 다르게 느꼈다는 것을 알게 되었다. 앞의 두 사람은 외국에서의 생활을 끝내면, 미래는 매우 희망적이었지만, 세 번째 여성은 세계에 환멸과 혐오를 느껴서 그것에 대응하느라 소진되었다는 것을 이해할 수 있었다. 그러나 세 번째 여성은 다른 사람들을 돕는 것에 삶의 깊은 의미를 부여하고 있었으며, 자신의 조국이 얼마나 무서운 비극을 겪었는지를 세계에 알리는 데에 깊은 의미를 부여했다.

따라서 삶에 대하여 동일하게 불만족스럽더라도 거기에는 수많은 동기와 결과가 숨겨져 있을 수 있다. 그러나 중요한 것은 그 사람이 그것을 어떻게 다루느냐 하는 것이다. 나는 나 자신이 그 검사를 할 때 분명히 그것을 인지할 수 있다. 나는 자신감에 차 있는 마음 상태일 때에는 쉽게 최고 점수에 가깝게 주면서, 나의 일상적이고 지속적인 실존의 문제와 힘든 일에 낙관적이고 희망에 찬 방식으로 점수를 매길 것이다. 작은 문제라도 내가 신경을 쓰면 나의 주관적 평가는 긍정적이지 않을 것이다. 만일 누군가가 나를 불공평하게 대하거나, 불쾌한 일이 생기거나, 나에게 좋지 않은 일이 생겨서 슬프고 낙담하게 될 때 그 검사를 받으면 일시적으로 나는 부정적이고 불만족스러운 점수를 받을 것이다. 그것이 정말로 실제적이고 의미가 있으려면, 나의 삶을 복합적으로 이해한 것을 나 자신이나 다른 사람에게 설명하고 그들과 논의할 수 있어야만 한다. 그리고 나서야 나의 역경과 과제를 어떻게 다루고 있는지를 알기 시작한다. 하나의 질문지는 한 사람의 복잡성을 제대로 평가할 수 없다. 그러나 심리치료에서 내담자를 처음으로 인터뷰하고 마음 상태 뒤에 숨겨져 있는 가치와 동기를 찾아낼 때, 내담자의 현재 상태에 대한 보다 미묘한 차이까지를 이해할 수 있게 된다. 물론 측정할 수 있고 비교할 수 있는 결과를 제공하는 것에서 도구는 유용하지만, 도구에 기반을 두어 삶이 만족스럽다고 이해하는 것은 매우 잘못될 수 있다. 나는 그것이 두렵다.

5. 좋은 삶을 성찰하는 여러 접근법

또 다른 긍정심리학자 미하이 칙센트미하이Mihaly Csikszentmihalyi(1990)는 기분과 행복의 개념에 대하여 보다 복잡하게 접근한다. 그는 긍정적 경험보다는 최적의 심리학을 좋아한다. 그는 '몰입Flow'이란 개념이 최상의 상태를 느끼는 경험이라고 정의한다. 그런 상태에서 우리는 '몰입 안에in the flow' 있고 거기에 완전히 참여하게 된다. 몰입 상태는 현재 하고 있는 것에 완전하게 몰입하도록 하는 내재적 동기가 최적인 상태를 말한다. 이것은 모든 사람이 때때로 가지는 느낌으로, 큰 자유, 즐거움, 성취, 기량의 의미를 특징으로 가지며, 시간, 음식, 자아, 자기 등 일시적 관심은 전형적으로 무시된다(Csikszentmihalyi, 2007). 몰입은 그것이 창조적 예술이든, 운동 경기이든, 작업 중이든, 영적 수행 중이든, 탁월하고 초월하며 승리하기 위해서 한계를 넘어서려는 깊고도 고유한 동기가 된다. 많은 사람들은 그러한 영역이 존재하는 것처럼 말한다. 이것은 행복하기 위한 것이라기보다는 완전하고 가장 적절하게 참여하는 것에 관한 것이다. 이것은 편안한 시간을 기대하기보다는 도전과 어려움을 다룰 준비가 되어 있음을 의미하는 것이기 때문에 보다 생산적이다. 이제 셀리그먼을 포함하여 많은 긍정심리학자들이 몰입의 개념을 채택하고 있다.

이 개념은 더 좋은 세계와 더 행복한 삶을 약속하기 때문에 많은 사람들에게 매우 매력적으로 다가간다. 따라서 몰입과 긍정적 사고와 소망적 사고는 똑같은 특징을 가지고 있기 때문에, 복음주의의 한 부분으로 종교 분야에서 사용된다는 것이 놀랄 일도 아니다. 더 놀라운 것은 그것이 티베트 불교의 명상에도 사용된다는 것이다. 우리는 달라이 라마Dalai Lama의 최근 저술에서 그것과 똑같은 개념을 발견하였다. 달라이 라마는 여전히 티베트 불교의 전통을 계승하는 대표자로서 망명 중에 스스로 서양의 구루로 변신하면서, 점점 더 미디어와 긍정심리학의 만트라를 잘 활용하고 있다. 삶에 대한 달라이 라마의 가르침은 대중서와 인터넷을 통해서 널리 알려져 있으며, 쉽게 알 수 있는 행복학의 요소들을 제안한 것으로 긍정심리학자 커틀러Cutler와 공동으로 만든 것이다. 다음은 웹사이트에 나와 있는 행복에 대한 달라이 라마의 가르침을 요약한 것이다(Cutler, 2007).

행복의 기술은 몇 가지 기본 전제에 기초하고 있다.
1. 삶의 목적은 행복이다.
2. 일단 최소한의 기본적인 생존 욕구가 채워지면, 행복은 외적 조건, 환경 또는 사건보다는 마음 상태에 의하여 더 많이 결정된다.
3. 우리의 가슴과 마음을 체계적으로 훈련함으로써, 우리의 태도와 인생관을 재형성함으로써 행복은 성취될 수 있다.
4. 행복의 열쇠는 우리의 손에 있다.

이것을 성취하는 과정은 웹사이트와 공저에서(Dalai Lama and Cutler, 1998) 설명되고 있다. 그것은 놀랍게도 긍정심리학과 매우 유사하다.

• 큰 사랑과 큰 성취는 큰 위험을 포함하고 있음을 기억하라.

- 재산은 잃더라도 교훈은 잃지 마라.
- 당신이 원하는 것을 얻지 못한다는 것은 때때로 뜻밖의 행운이다.
- 3R을 따르라.
  - 자기에 대한 존중Respect for self
  - 타인에 대한 존중Respect for others
  - 자신의 행동에 대한 책임Responsibility for your actions
- 규칙을 배워라. 그러면 그것을 적절하게 깨는 방법도 알게 된다.
- 실수를 깨달았을 때 그것을 고치려는 단계를 즉시 밟아라.
- 사소한 논쟁으로 좋은 관계를 해치지 않도록 해라.
- 매일 홀로 있는 시간을 가져라.
- 변화에 두 팔을 벌리더라도 당신의 가치를 놓아버리지는 마라.
- 때로는 침묵이 최선의 답이라는 것을 기억하라.
- 고결한 삶을 살아라. 그러면 당신이 나이 들어 뒤돌아볼 때 흐뭇할 것이다.
- 사랑스러운 가정의 분위기는 삶의 토대가 된다.
- 사랑하는 사람과 의견이 맞지 않을 때 과거가 아니라 현재의 상황만 이야기하라.
- 당신의 지식을 나누어라. 지식이 영원해지는 방법이다.
- 지구에게 친절하게 대하라.
- 1년에 한 번, 이전에 간 적이 없었던 곳을 가라.

이 상식적인 충고는 얼마나 익숙한가! 이것이 인간의 삶이 뿌리 내릴 만큼 깊이 있는지는 또 다른 문제이다.

6. 미디어에 대한 관심

이 문제에 대한 관심이 점점 커지면서 최근에는 같은 주제로 고심하는 것을 미디어로 해결하기 위하여 흥미로운 시도를 하고 있다. 대부분은 하나의 형태로 긍정심리학의 요소들에 기초하고 있다. 나는 도덕성과 행복이라는 주제를 과감하게 다루었던 텔레비전 프로그램 두 가지를 간략하게 소개하고자 한다. 첫 번째는 채널4이고 두 번째는 BBC 프로그램이었다. 2005년 저널리스트 존 스노우Jon Snow는 현대에서의 믿음에 관한 연구를 의뢰하였다(Snow, 2005). 그는 영국 사람들이 아직도 십계명을 지키는지 아니면 그들의 규칙이 바뀌었는지를 알고 싶어 했다. 온라인 여론조사 기관 유고브YouGov는 두 가지 대규모 조사를 실시했는데 영국 전역에서 40,000명의 사람들이 참여하였다. 투표는 새로운 십계명으로 이어졌는데, 그것은 2005년 2월에 채널4의 프로그램에서 방영되었다.

새로운 십계명

1. 최선을 다하라.
2. 당신 자신에게 진실해라.
3. 삶을 즐겨라.
4. 당신이 가진 것에 감사하라.

5. 당신의 부모를 존경하라.
6. 당신의 가족을 보호하라.
7. 폭력을 절대 쓰지 마라.
8. 취약한 사람을 돌보아라.
9. 환경을 보호하라.
10. 아이들을 돌보고 양육하라.

이것은 매우 흥미 있는 목록으로 놀라울 만큼 인간적이고 백퍼센트 세속적이다. 다음의 다섯 가지 계명을 언급하는 것도 가치가 있는데, 그것은 새로운 십계명에서 사라졌던 옛 십계명 중 몇 가지를 포함하고 있다.

11. 도둑질하지 마라.
12. 정직하라.
13. 살인하지 마라.
14. 당신의 행동에 책임을 져라.
15. 당신이 대접받고 싶은 대로 타인을 대하라.

이러한 목록이 지난 몇 십 년 동안 아니 사실은 수 세기 동안 우리 사회가 발전했던 방식에 대하여 무엇을 말해주는가? 우리의 가치 중 어떤 측면은 완전히 사라진 것 같다. 새로운 십계명의 처음 네 가지는 매우 긍정적이고 어느 정도는 자기중심적이다. 돌봄과 보호에 대한 항목은 몇 가지 있지만, 사랑에 대한 것은 없다. 신이나 초월에 관한 언급도 없고, 긴 기간을 기약하는 것도 없다. 삶의 투쟁에 관한 언급도 없고, 기도, 자기 성찰이나 영적 수행의 필요에 관한 강조도 없다. 그 목록은 성경과 유사한 처방일 뿐이다. 그러나 우리에게 권위 있는 목소리 명령하는 것에서 단순히 참고만 하는 것으로 옮겨갔지만, 우리는 개인적인 성찰에 의한 보다 균형 잡힌 체계를 이루지는 못했다. 개인적 웰빙의 중요성을 강조하는 것은 완전히 새롭다 하더라도, 이 모든 계명은 여전히 행동에 관한 것이다. 사회는 분명히 보다 더 자기중심적이 되고 더 즐거운 삶에 마음을 빼앗긴다. 그것은 마치 심리학자들이 제시하는 행복의 공식과 같다. 심리학자들의 행복 공식은 다음과 같다.

$$쾌락 + 참여 + 의미 = 행복$$

그들은 삶을 최상으로 만들기 위하여 적극적이고 헌신적인 방식으로 무엇인가를 해야 한다고 생각한다. 우리가 그렇게 하는 것이 올바른 방식인지는 또 별개의 문제이다. 우리는 행복과 웰빙 추구에 너무 열심이다.

이것은 실제로 대담하게 행복에 초점을 맞추었던 BBC 프로그램에서는 훨씬 더 분명하게 드러난다. 그것을 '행복한 슬로우(런던 서쪽 외곽에 있는 지역) 만들기Making Slough Happy'라고 한다. 그것은 대부분의 사람들이, 심지어는 하층 계층의 사람들조차도 최대한의 행복을 성취할 수 있는 활동과 태도를 제시하는 데 목표를 두고 있다. 사실 그 프로그램은 슬로

우를, 분명히 많은 사람들이 불행과 연관시키는 슬로우라는 도시를 더 행복하게 만들려는 취지를 가지고 있었다. 이를 위하여 한 팀이 행복성명서를 만들어서, 몇 주 동안 지속적으로 그 도시 사람들에게 적용하였다. 그 성명서는 심리학자 리처드 스티븐스Richard Stevens 그리고 심리치료사 브렛 카르Brett Kahr를 포함한 몇몇 웰빙 전문가들이 쓴 것이다. 행복성명서(bb.co.uk/lifestyle, 2006; Hoggard, 2005)는 긍정심리학에 기초를 두었고, 권장하는 활동 각각은 행복 점수를 상당히 증가시키는 것으로 나타났다. 다음의 목록은 참여자들이 따르도록 권장 받았던 것이다.

행복성명서

1. 몸을 움직여라. 일주일에 3번 1시간 30분씩 운동하라.
2. 당신이 받은 축복을 세어보아라. 매일 저녁, 감사했던 일 다섯 가지를 떠올려보라.
3. 이야기할 시간을 가져라. 파트너나 친구와 매주 1시간 정도 차분하게 대화할 시간을 가져라.
4. 무엇인가를 심어라. 유리 상자에든 도자기에든 나무를 심어라. 그리고 그것이 살아 있게 하라.
5. 텔레비전 시청을 반으로 줄여라.
6. 낯선 사람에게 미소 짓고 "안녕하세요"라고 인사하라. 최소한 매일 한 번씩은 그렇게 하라.
7. 친구에게 전화하라. 최소한 그동안 만나지 않았던 한 명의 친구나

아는 사람과 연락을 하라.

8. 최소한 하루에 한 번은 마음에서 우러나오는 웃음을 웃어라.

9. 매일 자신을 유쾌하게 대하라. 정말로 이것을 즐길 시간을 가져라.

10. 매일 친절해라. 매일 누군가에게 선행을 하여라.

분명히 이 프로그램은 구체적이고도 긍정적인 행동을 하는 것을 기초로 만들어졌으므로, 참여자들은 자기 향상과 주관적 웰빙감을 느끼는 행동을 하게 될 것이다. 이 각각의 활동은 단단한 증거에 기반을 두고 만들어진 것이다. 프로그램을 만든 사람들이 좋은 의도를 가지고 있었을 뿐만 아니라 몇 주 동안 이 프로그램에 참여했던 대부분의 참여자들이 실제로 행복 점수가 증가되었음을 보여주었다. 어떻게 그렇지 않을 수 있겠는가? 이 활동들은 우리 모두가 건설적인 방식으로 다른 사람, 우리 자신, 자연과 관계를 맺도록 고안되어 있다. 그것들은 의심의 여지없이 훌륭한 습관이고, 참여자들은 이 개념을 실제로 적용하도록 열정적으로 팀의 도움을 받았다.

의도적으로 무시되었던 질문이 있다. 그것은 왜 사람들이 일반적으로 그러한 일을 포기하는지, 그 활동을 할 때조차도 왜 어떤 유익도 얻지 못하는 지이다. 정신없이 무심하게 또는 의무적으로 이 모든 일을 하는 것이 정말 의도했던 바이다. 그런 경우에 그런 활동은 기쁘기보다는 귀찮고 하기 싫은 일이 될 것이다. 그것이 비록 그들에게 효과가 있다고 말할지라도, 많은 사람들은 자신의 삶을 기계적으로 또는 그들에게 부과된 인위적 정서를 가지고 사는 삶을 반대할 것이다. 문제의 프로그램이 기적을 낳았다면, 그 이유는 부분적으로는 프로그램 제작자들이 그 활동에 열정을 불어넣었기 때문이고, 부분적으로는 사람들이 텔레비전 실험에 참여하는 것에 많이 흥분하였기 때문이다. 행복지수가 일시적으로 증가하여 실제로 프로그램이 끝난 후 1년 동안 그 상태가 유지된다면, 더 인상적일 것이다.

　실제로 보다 긍정적으로 초점을 맞출 필요가 있는 사람들에게는 그러한 프로그램이 유용할 것이지만, 그 프로그램이 삶의 우여곡절을 다루도록 돕기 위하여 만들어진 것은 아니다. 흥미롭게도 그 프로그램이 방영되는 동안 사별을 경험한 사람이 있었는데, 그녀는 그 프로그램에 더 이상 참여할 수 없었다. 고통은 그녀를 현실로 돌아오게 하였다. 그 이유는 자문가들 중 한 사람이 그녀의 입장을 알게 되어, 삶의 문제를 보다 현실적으로 고려하고 그것에 가치를 두는 방식으로 그녀에게 주의를 기울였기 때문이다. 그녀는 다른 사람들처럼 겉으로 웃는 얼굴을 보이지는 않았지만, 참된 인간으로 보였다. 사실 갑자기 삶의 문제가 전면으로 부각될 때, 그 프로그램에서 가장 가슴 아픈 부분이 바로 그 부분이었다. 그렇지 않으면 행복 성명서와 프로그램에서는 개인적인 상실, 갈등, 어려움, 비극이나 고통에는 어떤 관심도 기울이지 않았다. 그 프로그램 전체에 걸쳐 있는 전제는 만일 내가 나 자신을 더 행복하게 한다면 모든 것이 더 나을 것이고 더 밝아질 것이라는 것이었다. 나는 이것에 대하여 너무 오랫동안 너무 많은 사람들을 바보로 만들 수는 없다고 생각한다. 1960년대와

1970년대의 인간 잠재력 운동을 경험했던 사람 그리고 비합리적으로 긍정적이고 인본주의적인 관점에 넌더리가 났던 사람에게 이 접근법은 오래된 전쟁피로감을 불러일으켰다. 그러나 그것은 고난과 상실을 또다시 살펴보고 인간의 연약함을 인정하기보다는 긍정성 위에 모든 것을 쌓는 것이었다. 긍정심리학은 너무 한쪽 면만을 보고 너무 오랜 기간 많은 미래에 대하여 사탕발림을 한 것이다. 그 기간 동안 유토피아를 바라는 많은 사람에게는 큰 관심을 끌 것이다.

7. 행복학 따라하기

우리 세계가 편하고 즐거운 것을 원하기 때문에 행복추구가 이렇게 다시 유행하는 것도 놀라운 일은 아니다. 그러나 이것은 새로운 일이 아니다. 역사적으로 종종 사람들은 이런 방식으로 행복추구를 첫 번째 목표로 삼았다. 이것은 매일 실존의 문제를 극복하고 고통으로부터 한 번이라도 벗어나려는 인간의 본질적인 욕망이었다. 우리가 보아왔듯이, 여기에는 쾌락주의, 쾌락 주도, 기분 좋은 반응, 행복주의, 좋은 삶, 덕에 기반을 둔 삶과 같은 다양한 반응이 있다. 현재 서양의 쾌락주의 인생관으로 보면 행복추구가 리스트의 맨 위에 있는 것도 놀랄 일은 아니다. 기술이 발달하는 것을 생각해보면, 우리가 이 행복추구를 중심으로 전체 과학을 확립하려 하고 있다는 것은 이제는 놀랄 일도 아니다. 그러나 이 길을 따라갈 때 우리가 추구하는 것이 행복일까?

만일 우리가 행복 배치도를 살펴보면, 이 '행복한 상태'가 경제적으로 성공한 나라에 가장 널리 퍼져 있다는 것을 금세 관찰할 수 있을 것이다. 그들은 사람들의 만족을 보다 도덕적으로 또는 보다 정서적으로 규정한 웰빙의 형태보다는 삶의 질로 측정하고 있는 것 같다. 이것은 사람들의 자부심을 경제적 부유함으로 측정하는 것 같다. 불행하게도 우리가 지금 그러한 상태를 측정할 수 있고 그러한 상태를 삶의 만족이라 부르기 때문에, 이러한 자료를 정치적 경제적 전쟁에서 무기로 사용할 수 있다. 정치가, 건강 경제학자, 저널리스트는 행복학을 매우 유용하다고 생각한다. 만일 우리가 사람들에게 웰빙의 지름길을 약속할 수 있다면 건강관리 비용을 절약할 수 있을 뿐만 아니라, 소비자와 투표자들을 언제나 만족시킬 것이다. 우리는 소비사회의 궁극적인 목표를 발견하였다. 우리는 더 이상 부와 건강으로 우리 자신을 만족시키지 못한다. 우리는 이제 행복과 정서적 웰빙에 자격이 있다고 느낀다.

그러나 이 질문과 자기 보고가 믿을 만한가? 또는 그것이 사람들이 자신의 현재 생활환경에 얼마만큼 긍정적인 가치를 부여하는지를 측정하고 있는가? 승리하는 사람이 단순히 보다 더 자기만족적인가? 만일 그렇다면 우리는 이 측정에 신중해야 한다. 왜냐하면 그것은 우리가 가장 높은 가치를 두고 있는 의미와 진리와 목적으로 인도하는 사려 깊고 신중한 실존과는 모순될 것이기 때문이다. 자신이 행복하다고 생각하는 모든 사람들이 존경스러운 삶을 사는 것은 아니다. 만일 우리가 자신의 외모에 만족하는지를 묻는 것으로 가장 잘 생긴 사람을 뽑는 것과 같이 편향되고 이상한 결과를 얻을 것이다. 우리는 분명히 아름다움을 자기평가에 의해서 측정하고 싶지 않을 것이다. 우리는 자신의 외모에 만족하는 사람들이 실제로 아름다운 사람과는 다르다는 것을 너무 잘 알고 있다. 사람들은 자신이 거짓이라는 것과 견딜 수 없이 자기중심적이고 실제로 아름답지 않다는 것을 알게 되면, 자기 자신이 아름답다는 주장하고 싶어 하지는 않을 것이다. 진실한 아름다움은 피상적이지 않고 조사한다고 파악할 수 있는 것이 아니다. 행복도 마찬가지다. 우리가 사람들에게 자신이 얼마나 행복한지에 대하여 점수를 매기라고 하면 어떻게 점수를 매길까? 아마도 우리는 가치 있는 마음의 상태보다는 도덕적 교만을 따라갈 것이다. 어쨌든 우리 자신을 더 행복하게 만들어야 한다고 누가 말하는가? 행복은 실제로 어디에 있는 것이 아니다. 행복이라는 겉치레는 삶의 불만족, 불안, 지루함, 우울과 다른 불행이 있는 우리의 어려운 삶의 복잡한 문제들을 해결하는 것 같지 않다. 기분 좋음으로 지나치게 단순화하는 것은 우리의 문제에 대한 해답이 아니다. 우리는 사람들에게 자신의 삶에 대하여 더 건설적으로 생각하도록 가르칠 수 있고, 그것은 언제나 모든 심리치료의 본질적 부분이 될 것이다. 그러나 우리가 건설적인 사고와 긍정적인 사고를 동일시한다면 경솔한 행동을 하고 있는 것이다. 건설적인 삶은 긍정적인 것만큼 부정적인 것도 다룰 것을 요구한다.

8. 행복학에 대한 비판

긍정적인 것만 추구하는 것은 우리를 일차원적이고 비현실적으로 만든다. 거짓 미소는 삶의 깊이를 이해하고 받아들이는 것에 대한 대체물이 될 수 없다. 한 조각의 낙원에 대하여 많은 돈을 지불하고 싶은 모든 사람들에게 행복이라는 상품을 팔러 다니는 행복 상인 치료사들은 전문가의 모조품이다. 치료는 결코 지름길을 제공하거나, 빠른 결과를 내거나, 대충 하거나, 내담자의 눈을 속이는 것이 아니다. 우리가 제공받는 것에 대하여 약간은 감질나고 궁금하지만, 곧 사람들에게 가짜 약을 팔게 했던 경이와 기적은 이전의 소망과 같다는 것을 알게 될 것이다. 저 너머의 숭고함과 웰빙이 지속되는 새로운 세계를 과감하게 약속하는 행복 공장의 풀밭에 있는 뱀을 조심하라.

다행히도 내담자들은 새로운 이해를 하게 하는 실제적인 돌파구와 겉마음만 바뀌는 것의 차이를 안다. 그들은 역기능적 삶으로 좌초하게 만드는 피상적인 방법에 의해서 기만당하거나 훈수 받는 것을 좋아하지 않는다. 그들에게 어느 정도 만족한다는 생각이 현실적으로 느껴지기까지 갈아야 할 도끼, 깨끗하게 해결해야 할 원한, 줄여야 할 상실, 정리해야 할 부정적인 것이 너무 많다. 약간의 행복 기술만으로 그들을 기만하는 것은 터무니없는 생각이다.

긍정심리학의 한계는 정신약리학의 한계와 같다. 물론 우리는 화학적 처방과 긍정적인 암시로 기분을 좋게 할 수는 있다. 우리는 웰빙과 행복을 주로 신경전달물질, 특히 중간변연로의 도파민과 연관된 현상이라고 설명할 수 있다. 우리는 시상하부 또는 대상회의 중간전뇌속과 같은 뇌의 특정 부분에 전기 자극을 줌으로써 쾌락을 만들 수 있음을 안다. 우리는 약물을 사용하거나 몰핀과 같은 아편제를 주사함으로써 쉽게 행복을 바로 느낄 수도 있다. 그러나 우리가 성취하는 것은 매우 비특이적이고 인위적이며 일시적이다. 이러한 개입으로 사람들을 길들이는 것은 잠정적으로 위안을 얻는 것보다 더 큰 문제를 만들어낸다. 모든 개입은 값을 치른다. 그리고 경험적으로 보면 개인적 학습, 통찰, 통합에 의해 성취된 변화는 긍정적인 암시나 화학적 처방에 의하여 얻어진 변화보다 더 효과적이고 지속적이다. 신경심리학적 용어로 이해하면 그 차이를 잘 알 수 있다. 즉 우리가 이해하고 경험하는 과정에서 신피질과 전두엽에 영향을 주고, 그래서 얻어진 지식은 여과되어 다른 영역으로 일반화될 수 있는 지혜가 된다는 것이다.

인위적으로 향상된 쾌락이나 행복은 반대의 효과를 낸다. 그것은 중독적 자극으로 작용하지만 남의 도움 없이 삶과 대결할 수 있는 자신의 능력을 키우지 못하게 한다. 우리는 개인적 창조성을 자극하기보다는 개인적 창조성을 약화시키는 새로운 원리가 주입되는 것을 원하지 않을 것이다. 우리가 원하는 것은 역경을 회피하려는 욕망이 아니라, 역경을 다루는 능력을 향상시키는 데 필요한 더 큰 용기와 회복력이다.

우리는 특정 강점을 선택하여 확대시키는 것을 조심해야 한다. 자기평가만 가르칠 것이 아니라, 감정의 전 영역을 탐색하고 더 광범위한 경험의 맥락을 면밀히 살펴보도록 가르쳐야 한다. 나는 덕—능력 또는 도덕능력이 새로운 지구촌에서는 매우 중요하다고 위에서 주장하였다. 광범위한 영역에 걸친 경험과 결과물은 매우 다양하고 실제로 유용하다. 그 이유는 우리가 광범위한 정보의 원천에 노출되어 있기 때문이다. 삶에 대하여 어떻게 생각하는지, 우리가 살고 싶어 하는 가치가 무엇인지를 배우지 않고 강점만 최대화하는 방법을 배우는 것은 큰 재앙이 될 수 있다. 우리는 가용할 수 있는 수많은 선택과 판단을 증가시킬 수 있어야 한다. 그렇지 않으면 우리는 잠정적으로 타인의 선택과 판단의 희생자가 된다.

『현명한 치료Wise Therapy』(LeBon, 2000)의 저자 팀 르봉Tim LeBon은 철학자이면서 실존적 접근법으로 훈련 받은 심리치료사로서, 긍정심리학에 대하여 비슷한 의구심을 가지고 있다(LeBon, 2007). 진위를 가리는 철학적 논변에 익숙한 그는 긍정심리학이 참된 행복을 즉시 느끼게 해 준다고는 하지만, 그것이 오히려 진실이기보다는 자기를 기만하는 영리한 조작으로 구성되어 있다는 것을 발견했다. 만일 그들이 능숙한 것에 그리고 그들을 행복하게 만들어주는 것에만 초점을 맞추게 된다면, 어떻게 그들이 참될 수 있는지, 즉 위험, 한계 그리고 부정적인 것을 자각할 수 있는가? 르봉은 웹사이트에서 보다 건전하고 자기성찰적 방식으로 자신을 계발하기보다는 어떤 특성을 선호하도록 코칭하는 역설에 대하여 조롱한다. 그는 몇몇 강점이 다른 것과 조심스럽게 균형을 잡지 않는다면, 올바른 길을 넘어서게 될 것이라고 지적한다.

> 그것은 고대의 많은 철학자들이 (예를 들어, 소크라테스, 플라톤, 아리스토텔레스) 당신이 덕 있는 사람이 되려면 모든 덕이 필요하다고 주장하였던 이유이다. 실제로 위험한 범죄자는 완전히 덕이 없는 사람이 아니다. 개인적으로 나는 자기 통제를 하지 못하면서, 용감하거나 사회적으로 지적인 사람보다는 테러리스트를 더 선호할 것이다(LeBon, 2007).

많은 것을 욕망과 연관시키는 '참된 행복'의 개념은 상대적인 것이고, 착취와 조작의 가능성이 있는 잘못 정의된 현상이다. 그 주제와 관련된 보다 최근의 텍스트는 그러한 방법의 한계를 밝히기 시작했다. 긍정심리학은 최적의 기능을 추구하는 훈련이고, 질병만큼 건강에도 관심 있는 모든 사람들을 모으는 훈련이라고 정의한다(Linley and Joseph, 2004). 이것은 즉시 철학의 좁은 틀로부터 보다 광범위한 실존주의적 접근법으로 옮겨가는 질문을 하게 한다. 예를 들어 브레드톤Bretherton과 오너Orner(2004)는 긍정심리학이 실제로 실존주의 접근법의 낙관적 형태라고 주장하고 그리고 보다 균형 잡힌 실존주의 철학에서 배울 것이 많다고 제안한다.

9. 편안한 사회의 위험

그러나 왜 우리는 실존에 대한 진리를 낙관적으로 추구하려 하는가? 왜 우리는 일들이 실제보다 더 좋아지기를 원하는가? 우리의 모든 문명은 가능한 한 고통을 많이 없애고 힘들지 않게 살아야 한다는 생각에 초점을 맞춤으로써 그러한 행동을 암묵적으로 지지한다. 우리는 도전적 경험으로부터 보호받기를 원하고, 그것이 마치 타고난 권리인 것처럼 기대하게 된다. 이것은 생명윤리, 유전학, 의학, 환경, 안락사를 결정하는 것을 포함하여 우리 사회 전체에 지대한 영향을 가져올 만큼 파장이 큰 문제이다. 우리는 문제를 신속하게 미연에 방지한다. 그리고 요즈음 대부분의 결정은 더 큰 편리함과 마음의 행복에 대한 개념에 의해서 내려진다. 이것은 큰 실수가 될 것이다. 일본의 한 생명공학자는 다음과 같이 말한다.

> 고통을 예방하고 감소시키는 것을 더 많이 추구할수록 우리는 우리의
> 사고와 존재 방식의 기본적인 구조를 변형시킬 기회를 더 많이 잃게
> 된다. 그리고 우리의 의미 있는 삶에 필수적인 소중한 진리를 알 기회
> 를 더 많이 잃게 된다. 고통을 예방하여 감소시키는 것은 '다른 것이
> 다가올the arrival of the other'(Emmanuel Levinas의 말) 가능성을 미리
> 감소시키는 것을 의미한다. 그것은 우리 모두가 죽어 있는 삶을 사는
> 상황이다(Morioko, 2003).

올리버 제임스Oliver James(2007)는 안주하려는 이 포스트모던의 경향
성을 '부자병'이라고 설명하면서 정곡을 찔렀다. 이것은 계속 다람쥐 쳇
바퀴 돌아가듯이 사는 서양 사람들의 삶이 강박적으로 더 많은 것을 성취
하고 소유한다는 것을 의미한다. 그것은 마치 우리의 삶과 운명을 통제하
려고 필사적인 시도를 하면서 점점 더 많은 상품과 쾌락을 획득하려는
저항할 수 없는 충동에 사로잡히게 되는 것과 같다. 우리는 다른 어떤
것보다도 불편함과 노동을 두려워해서, 일상적인 현실에서 고통을 없앨
수 있는 것은 뭐든지 하려는 것과 같다. 자동차, 컴퓨터, 주방 기구, 의학
등 대부분 기술적 진보의 목적은 고통을 멈추게 하고, 우리에게 훨씬 더
많은 편안함과 보호를 제공하는 것이다. 이것에 반대하고 의문을 갖는
것은 거의 불가능하다. 발전을 반대하는 논쟁은 쉽지 않고 언제나 조롱과
반대에 부딪힌다. 인간이 실존의 위협을 통제하려고 했던 것은 많은 고대

철학이 탐구한 것에서도 똑같이 볼 수 있으므로, 새로운 현상이 아니다. 고통을 최소화하고 쾌락을 최대화하는 것이 우리 모두를 하나로 만들 수 있는 숨은 목표이다. 우리는 역사 전체를 통하여 예를 들어, 에피쿠로스, 스토아, 공리주의, 행동주의, 인본주의에서 이것을 보아왔다. 모든 사람이 최대한의 사람들을 위한 최대한의 행복을 추구한다.

과거와는 달리 현대의 우리는 실제로 이 프로젝트 뒤에 과학과 기술을 가지고 있다. 그러므로 보호주의와 집단 쾌락주의의 전제에 맞는 사회과학이 모든 사람들의 행복을 성취할 수 있을 것처럼 약속하는 것도 놀랄 일이 아니다. 비판적 사회에서 사회과학이 무슨 역할을 할 수 있는지를 질문하는 것은 좋은 일이다. 조용히 있는 우리의 철학자들에게 무슨 일이 일어났나? 아마도 헉슬리Huxley의 『용감한 신세계Brave New World』(Huxley, 1932/2003), 조지 오웰George Orwell의 『1984』(Orwell, 1949) 또는 보다 최근에는 갈란드Garland의 『해변The Beach』(Garland, 1997)에서 생생하게 표현한 반이상향을 보다 진지하게 고려해보아야 할 것이다. 그 작품들 모두는 사회가 유토피아를 창조하기 위해 고통과 역경을 제거하려 하지만 결국 억압된 웰빙이 악몽으로 끝날 때 일어나는 암울한 이미지를 보여준다.

최근에 실제 삶에서 그렇게 잘못된 이상에 가장 가까이 갔던 것은 나치 정권이었다. 우리가 지금 그것을 기억하는 것과는 대조적으로 나치정권은 활기차고 열정적인 이념으로 모든 부정적인 영향이 사라지고 긍정적인 것만 번창할 수 있도록 강력하게 통제된 사회를 창조하려 하였다. 건강, 부 그리고 행복이라는 잘못된 이상을 맹목적으로 따랐던 사람들은 매우 극단적인 해결책을 추구하고자 하였다. 그러한 완벽주의의 결과는 이 멋진 과정을 방해하는 사람들을 제거하는 것을 바람직하게 보는 것이었다. 유대인, 집시, 이민자, 정신질환자, 위험한 지성인들 모두가 제거되어야 했다. 지금은 충격적으로 보이지만, 그것이 필요하다고 믿었던 사람들이 많이 있었다. 우리는 홀로코스트는 기억하지만 이상향을 추구하고자 했던 실험은 종종 잊는다. 그것은 예상대로 보기 좋게 실패했다. 왜냐하면 정치적 역학에 있어서 독일에 저항했던 다른 나라에 독일은 위협적이었기 때문이다. 그러나 그 나라들은 기저에 깔려 있는 인간 조건으로 표현되었던 그것의 근본적 위협을 실제로 인식했을까? 아니면 우리가 많은 사람들의 불행과 억압과 죽음을 대가로 몇 안 되는 특권층의 행복을 성취할 수 있을 뿐이라는 것을 이미 잊었는가? 우리는 그것을 잊어버리기 쉽다. 그리고 우리가 특권층에 있게 되면, 언제 우리 사회가 발을 잘못 디뎌 부패하는지를 알아차리지 못한다. 많은 사람들이 소련, 중국, 쿠바의 공산주의 실험을 긍정적이고 중요하게 경험하였다. 왜냐하면 그들도 위대한 이상을 가지고 시작했기 때문이다. 처음에는 좋은 의도였지만 그것이 역효과를 내면서 인간의 삶과 자유를 위한 많은 대가를 치러야 했다.

특정한 삶의 방식, 심지어는 가장 많은 사람들에게 가장 큰 행복을 줄 것이라는 확신이 드는 것조차도 그것을 강요하려는 시도를 하자마자, 결국 당신은 독재자가 될 것이고 당신의 길을 방해하는 사람들을 제거해야 하거나 훈련시켜야 할 것이다. 만일 우리가 이것을 기억한다면 과학자들이 우리 모두를 행복하게 만든다는 실험적이고 혁명적인 방법을 제시할

때 우리는 그것에 박수치기보다는 움찔하며 놀랄 것이다. 레빈Levin의 책
『생각 없는 아내The Stepford Wives』(Levin, 1972)는 영화로 두 번 상영되
었는데, 여성들이 결혼생활에 헌신하고 애플파이를 만드는 데 만족하면
서 말없이 몸으로 표현하는 완벽한 로봇으로 변한다는 공상과학 세계를
충격적으로 표현한다. 이렇게 에덴동산을 창조하는 것과는 전혀 다르게
여성들이 궁극적으로 섬뜩한 좀비와 같은 피조물이 될 때, 모든 것이 무
서운 반유토피아가 된다. 집안일도 잘하고 아름다운 주부가 될 때, 이
여성들의 삶은 절대적으로 의미 없고, 멍한 미소와 영혼 없는 빈 방의
그림일 뿐 완전하게 비인간적으로 보이고 공포를 생각나게 한다. 그것의
교훈은 쾌락과 긍정적 감정만을 허용하는 부드럽고 유토피아적인 삶의
방식은 언제나 대재앙을 낳는다는 것이다. 부정적인 것을 제거하는 것이
오히려 어두운 면만을 강화시키게 된다는 것은 참 반갑지 않은 현실이다.
다루어지지 않거나 표현되지 않은 부정성은 폭발될 때까지 다른 모습으
로 우리의 삶에 축적된다. 세계의 복합성과 다양성은 결국 드러날 것이
다. 물질적으로, 정신적으로 그리고 정서적으로 바라기만 하게 되고, 실
존적 사막에서 오도가도 못 하는 상태에 빠지게 된다면 우리는 어떻게
해야 할 것인가?

10. 유토피아에 대한 희망

우리는 결코 학습하는 것 같지 않다. 좋은 삶을 약속한다고 갑자기 제
안을 받으면, 우리는 정말 저항할 수 없을 것이다. 정치가들과 경제학자

들이 마침내 사람들의 정서적 필요를 진지하게 받아들이는 것 같을 때 우리는 환호성을 지를 것이다. 리처드 레이야드 경Lord Richard Layard이 『행복, 새로운 과학으로부터 얻는 교훈 Happiness, Lessons from a new Science』 (Layard, 2005)에서 긍정심리학을 옹호하는 것과 실제로 권력층에 있는 사람들이 그의 말을 듣고 모든 사람을 위한 행복이 선거 공약으로 실현되는 것을 본다면 그것은 매우 매력적인 일이 될 것이다. 물론 우리는 정신건강으로 자본이 흘러들어오는 것에 이의를 제기할 수는 없다. 정부가 웰빙을 위한 단기치료에 더 많은 치료사를 기꺼이 훈련시키는 것은 환상적인 일이다. 그러나 이런 일이 일어날 때 치료사들은 공황상태에 빠진다. 그들은 자신의 전문성이 희석될 것임을 안다.

우리는 뇌물에 현혹되어도 용서받을 것이다. 더 행복하게 살 수 있는 새로운 유토피아를 약속하는 정치가에게 누가 투표를 하지 않겠는가? 정신건강 관리에 수백만 달러를 쓰고 있는 현실에서 어떻게 동의하지 않을 수 있겠는가? 분명히 이것은 위협이 아니라 발전이다. 그러나 레이야드 경의 책은 인간 실존을 지나치게 단순화한 접근법으로, 사람들의 삶을 향상시키기 위한 계획을 보여주는 경제학자의 낙관론을 묘사한다. 거기에는 도움을 필요로 하는 사람들의 실제적인 삶에 만연한 어수선함과 혼란은 없다. 레이야드 경과 같은 사람들은 대략 한 국가의 웰빙이 행복할 수 있는 능력을 증가시킴으로써 쉽게 그리고 상당히 향상될 수 있다고 가정한다. 그의 책은 증거에 기반을 둔 연구라는 점을 자랑하고, 또 우울증을 극복하고 더 큰 웰빙을 성취하도록 사람들을 돕는 확실한 방법으로 인지행동치료를 옹호하지만, 그것이 기반하고 있는 증거는 조잡할 뿐만 아니라 호도되고 편향되어 있다.

예를 들어 레이야드 경은 오스카상에 추천된 적이 있는 750명의 남녀 배우들에 대한 연구를 보여준다. 실제로 오스카상을 받은 배우들은 받지 못한 배우들보다 평균 4년 더 오래 살았다(Redelmeier and Singh, 2001). 그는 이 사실로부터 '이는 상을 받음으로써 사기가 오른 것이라는' 결론을 재빠르게 내린다(Layard, 2005: 24). 물론 이런 결론은 전혀 이해가 되지 않는다. 그러한 상호 연관성은 수많은 원인과 이유를 숨길 수 있고 또 제시된 것과는 반대일 수 있다. 즉 더 활기차고 활력 있는 사람들이 활력이 없는 사람들보다 더 많이 수상할 수 있다는 것이다. 그의 결론이 맞는다 해도 그것은 여전히 낙관론을 주장하기에는 너무 이상한 이유이다. 왜냐하면 그것이 의미하는 모든 것은 오스카상을 받는 것과 같은 귀한 경험이 장수하는 데 최선의 방법이라고 주장하기 때문이다. 즉 그것은 우리가 아주 쉽게 따라할 수 있는 요리법이 아니라는 것이다. 왜냐하면 당연히 그 경험의 기쁨은 희귀하고 예외적이라는 것에 전적으로 기초해 있기 때문이다.

흥미롭게도 레이야드 경은 사람들이 실제로 자신의 수입보다는 다른 사람들의 수입과 비교하면서 자신의 수입의 가치를 매긴다는 것을 보여준다. 즉, 사람들은 다른 사람들이 25만 달러를 벌 때 자신이 10만 달러를 버는 것보다 다른 사람들이 2만5천 달러를 벌 때 자신은 5만 달러를 버는 것을 더 좋아한다(Solnick and Hemenway, 1998). 분명히 앞의 경우를 더 안 좋아한다. 왜냐하면 화폐의 가치를 상대적인 양으로 평가할 때, 그 가치가 타인의 수입의 반도 안 된다는 것에 마음을 두기 때문이다. 휴일에 대해서 사람들이 똑같은 기준을 적용하지 않는 것을 보고 레이야드 경은 놀라는 것 같다. 만일 다른 사람들이 1주일 휴가를 가질 때 2주 휴가를 갖는 것과 다른 사람들이 8주 휴가를 가질 때 4주 휴가를 가지는 것 사이에 선택하라면, 주저하지 않고 4주를 선호한다(Solnick and Hemenway, 1998). 그것도 아주 확고하게 그런 선택을 한다. 왜냐하면 휴일은 개인적 특성과 실제적인 휴식 시간으로 측정되기 때문이다. 따라서 다른 사람들에게 할당되는 것과는 상관없이, 더 많은 휴가를 가질수록 더 좋은 것이다. 물론 이것은 휴일이 가치가 있다고 추정하는 것이다. 전반적으로 그 이유는 휴일이 행복이나 돈을 제공하는 것이 아니라, 우리가 원하는 것을 할 수 있는 시간을 제공하기 때문이다. 이는 자유가 더 큰 가치라는 것을 보여준다. 왜냐하면 내가 다른 사람들보다 상대적으로 더 많은 돈을 번다면 더 많은 자유도 제공되기 때문이다. 그러나 물론 이 분명한 결론이 채택되지는 않았다.

11. 실낙원의 신화

우리는 대부분 안전한 상태와 좋은 경험이 결코 끝나지 않을 것이라는 환상을 은밀하게 가지고 있다. 환상은 끝없이 샘솟아나고 우리가 필요로 하고 원하는 것은 무엇이든 얻을 수 있다. 그러한 신비로운 장소의 예는 많이 있다. 그것들은 대부분 우리가 올바르게 살면, 사후에 우리에게 약속되는 것들이다. 옛 독일 종교에서 전사는 발할라Walhalla에서 영원한 삶을 약속받는다. 불교 세계관에서 열반Nirvana은 실제로 올바른 삶, 행동, 사유를 통하여 성취되는 상태를 말한다. 다른 많은 종교에서도 사후의 이미지가 유사하다. 덕 있는 사람들에게 천국의 영원한 영광과 평화가, 죄를 지은 사람들에게 지옥의 무서운 벌이 기다린다. 그러나 어떤 사람들은 이 사회의 한 부분을 천국 생활의 이미지로 보았다. 토마스 무어Thomas Moore가 묘사한 유토피아는 우리가 어느 날 만들 수도 있지만 이 땅에서는 찾기 힘든 이미지이다. 남아메리카에서 부와 경이의 상징이 되는 엘도라도El Dorado, 금으로 지어진 도시도 마찬가지이다. 에덴동산, 영광스러운 과거는 계속해서 실낙원의 환상을 가지고 있는 많은 사람들에게 영감을 준다. 물론 과거보다는 미래를 바랄 때, 우리는 다른 종류의 약속의 땅Promised Land, 즉 젖과 꿀이 흐르는 행복의 땅을 열망할 것이다. 호머Homer도 이와 유사하게 연꽃을 먹는 자의 땅 Land of the Lotus Eaters에 대한 이야기를 하였는데, 그곳에서는 몇 안 되는 행운아만이 영원한 안락과 축복을 누릴 수 있었다.

목가적 환상은 어디에나 있지만, 어떤 사람들은 계속해서 삶의 어려움을 이해하려고 노력하였다. 이것은 더 나은 세계를 향한, 우리의 욕망을 위한 차선책이 아니라, 내 생각엔, 전적으로 더 현실적인 것이다. 키에르케고르는 낙원에서 쫓겨난 것을 인류에게 일어났던 일들 중에서 가장 좋은 일이라고 말하였다(Kierkegaard, 1843/1974). 그는 그것이 비록 비극처럼 보여도 실제로는 의식의 필수요소였다고 주장한다. 의식적 자각이 처음으로 가능하게 되었던 것은 낙원에서 추방된 후였다. 낙원에서 우리는 보호받고, 게으르고 무지한 어린아이일 뿐이었다. 낙원 밖으로 나오자 우리는 생존해야 했고 동시에 삶을 유지해야 하는 것에 직면하게 되었다. 키에르케고르는 인간이 가장 어두운 곳까지 그리고 내면의 가장 깊은 곳까지 자신의 운명을 탐색하기 위하여 에덴의 완전함과 행복을 거절했다고 주장한다. 모든 악의 뿌리로서가 아니라 모든 지식의 원천으로서 생명의 나무가 낙원에 있었다고 매우 사려 깊게 말하였다. 분별의 사과를 먹는 것은 호기심과 발견을 선택하는 것이고 더 흥미로운 삶으로 나아가는 것이다. 그러나 그것은 내면의 보호와 무지의 축복이라는 마술보다 훨씬 더 냉혹한 것이다. 분명히 에덴으로 돌아가는 것은 목적이 아니다. 실제로 그것은 가능하지도 않고 바람직하지도 않다. 그리고 삶의 비밀을 발견하고, 우리 사이의 차이를 자각할 때 선악을 대조적으로 이해하는 것은 낙원의 순수한 기쁨보다 더 가치 있는 것이다. 우리가 이미 알아버리면 그것을 모를 수가 없다. 우리는 시계를 뒤로 돌릴 수 없다. 의식은 소중하다. 그리고 수동적으로 현혹되는 삶의 쾌락을 대신하여 그렇게 가볍게 포기해서는 안 된다. 원죄와 시험과 생존의 시련과 투쟁하면서 이마에 땀이 나도록 일하는 것은 의식, 지식, 이해, 노동의 능력을 최상으로 만들기 때문에 가치 있는 것이다.

우리는 편안함을 기대하지 않고, 어려운 일을 회피하기 위하여 특별히 애원하지 않으면서, 삶의 일에 관심을 갖기 시작할 때, 문제를 초월할 수 있는 능력을 발견하게 된다. 그러나 이 능력은 종종 쉽게 계발되지 않는다. 왜냐하면 세상은 우리에게 어떻게 사는가를 배우기보다는 돌아다니면서 즐기라고 격려하기 때문이다. 대부분의 사람들은 곤란한 일을 당할 때 너무 상심하여 지푸라기라도 잡으려하거나 재앙의 끝에서 비틀거린다. 우리는 삶을 다루는 법을 어떻게 배울까?

12. 시지프스의 숙제

이제 까뮈로 돌아가보자. 그의 전제는 삶이 본질적으로 의미 없다는 것이다. 그에게 인간의 삶은 시지프스의 바위처럼 끝없는 과제였고, 우리는 계속해서 바위를 언덕으로 밀어 올리지만 정상 가까이 갈 때마다 그 돌은 다시 굴러 떨어지고 처음부터 다시 시작한다. 사람들이 겪는 삶의 사건과 경험하는 문제들이 사람들을 낙담시키는 것을 생각해보면, 삶은 살만한 가치가 없다고 결론내리는 것은 논리적이다.

이것은 우리에게 가장 도전적인 질문을 던진다. 즉 산다는 것은 행복해질 수 있는지 없는지의 문제가 아니라, 삶이 소용없는 것 같다고 생각하는 것을 멈출 수 있을지 없을지가 문제이다. 까뮈(1942/2006)에 따르면 돌을 언덕 위로 밀어 올리는 것과 그것이 다시 굴러 떨어지는 것을 보는 것은 실제로 아늑한 행복의 상태가 아니라 투쟁할 수 있는 능력을 가지고 삶을 완주할 수 있도록 도전하는 것이다. 돌을 언덕 위로 계속해서 밀어 올리는 그 길에는 많은 배움과 흥미로운 것이 있다. 우리는 힘든 가운데에서도 좋은 삶을 살 수 있다. 이것은 신이 우리의 힘든 일을 승인해서가 아니다. 단지 모든 노력과 역경에도 불구하고가 아니라, 바로 그 노력과 역경 때문에, 우리의 일상적인 일이 그 자체로 가치 있게 된다. 그 노력과 역경이 정당하게 되는 이유는 우리가 높이 오르려고 힘쓰기 때문이다. 까뮈에게 있어서 삶에 대한 유일한 죄는 삶을 더 쉽고 덜 힘들게 만들고 싶어 하는 것이다. 왜냐하면 그것이 삶을 삶으로 만드는 비극과 장엄함을 없애는 것이기 때문이다. 편안함과 어려움의 차이는 우리의 노력을 돋보이게 하고 궁극적으로는 가치 있게 만드는 것이다.

이것은 니체도 주장했던 것임에도 불구하고 널리 알려진 견해가 아니다. 그는 다음과 같이 말하였다.

> 행복과 불행은 함께 자라는 쌍둥이이다(1882/1974: 270).

우리는 불행을 대비하지 않을 때에도 행복해질 수 없다. 많은 사람들이 그러한 디오니소스적 관점, 즉 행복만이 궁극적으로 삶을 가치 있게 만들 수 있고 좋은 삶이 행복한 삶과 같다고 일반적으로 믿는 것이 요즈음엔 매우 분명해졌다. 그러나 우리는 다음과 같은 것을 알고 있다.

> … 만일 우리가 행복이 삶에서 최고라는 것을 인정하면 사랑, 우정, 의미 있는 활동, 자유, 인간 발달, 또는 진실한 아름다움에 대한 감사와 같은 것은 단순히 우리에게 도구적으로 가치 있는 것이다. 그것들은 당연히 가치 있는 것이라기보다는 행복으로 인도하는 도구들로 폄하된다. 달리 말하자면 그것들은 더 이상 목적 자체로 좋은 것이 아니라 단순히 목적인 좋은 것, 즉 행복을 위한 수단의 역할을 한다(Brulde, 2007).

이 고통을 피하는 유일한 방법은 행복에 대한 기대를 멈추고 그 대신 사는 법을 배우는 것이다. 이제 행복과 불행 둘 다를 직면해야 한다는 것이 분명해졌다. 이제 우리는 바위투성이인 삶의 여정을 헤치고 나아가는 방법을 배워야 하는데, 그때 나타나는 장애물을 살펴보자.

예측할 수 있는 어려움

일상의 도전

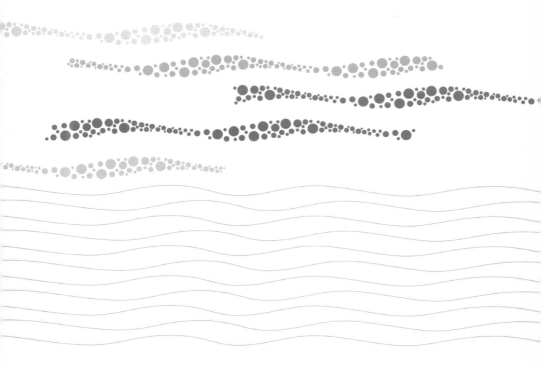

Chapter 4
예측할 수 있는 어려움 :
일상의 도전

나는 그 모든 것을 이미 알고 있다. 그 모든 것을 알고 있다.
저녁을, 아침을, 오후를 알고 있다.
나는 나의 삶을 커피 스푼으로 재고 있다.
　　　　　　　－T. S. 엘리엇, 《The Love Song of J. Alfred Prufrock》 p.13

　　삶은 본질적으로 행복에 대한 것이 아님이 이제는 분명해졌다. 일상의
삶은 보통 신뢰할 수 없고 아주 까다로운 장애물을 넘어가는 과정이다.
그곳에서 많은 슬픔, 기쁨, 다른 여러 감정들을 만나게 된다. 산다는 것은
어디에서나 새로운 문제들을 만나게 되는 흥미진진하고 예측할 수 없는
운동경기를 하는 것이다. 불공평한 사건들이 우리의 체력과 투지를 계속
해서 테스트하는 것 같다. 이 삶의 게임에서 우리는 상실과 실망에 불가
피하게 노출되고, 남아 있는 선택과 기회에 최선을 다하기 위하여 상실과
실망을 불가피하게 다루어야 한다. 그 복잡한 과정에 대하여 절망하거나
될 대로 되라는 식의 감정보다는 그것을 다루면서 이 복잡한 과정을 즐기
는 것이 요령이다. 이 운동경기를 단순한 재미나 게임으로 보거나, 낭만
적 화려함으로 포장하거나, 유쾌한 야유회와 같이 만드는 것은 소용이

없다. 전반적으로 삶은 고통이지 소풍이 아니다. 소풍에서도 개미들이 담요 위로 올라오려 한다거나 말벌들이 잼과 버터에 몰려들 때에는 이러한 문제를 잘 풀어가야 한다. 삶을 이상화하고 긍정적 경험으로 가장하는 것은 도움이 되지 않는다. 그러나 긍정적인 경험을 가장하지 않는 사람들은 운동경기를 망치거나 도덕성이 결여되어 있다. 삶을 이론화하는 것은 좋은 일이지만 우리가 인간 실존의 복잡성에 맞닥뜨리려면 실제로 일상의 삶에서 단서를 잡아야 할 것이다. 우리는 심리치료와 상담 실제에서 배울 수 있는 것을 살펴보는 것이 더 나을 것이다. 왜냐하면 다른 어떤 곳보다도 그곳에서 정신 질환에 걸린 사람을 버리지 않고, 행복에 대한 유토피아적 기준을 만들지 않고, 보통 사람들이 그들의 일상적 문제를 논의하고, 창조적 해결책을 발견하기 때문이다. 심리치료사들은 계속해서 사람들이 안전, 건강, 부와 행복을 추구하는 것에 직면하고, 그 과정에서 사람들이 벌이는 장기간의 전투와 일상의 진퇴양난에 보다 현명하게 대처한다.

1. 어려움은 삶의 일상적인 부분이다

최근에 사람들이 전문가의 도움을 받아야 하는 문제는 보통 병리적인 것으로 그리고 내면에 내재하고 있는 연약함으로 여겨지고 있다. 푸코 Foucault(1965)와 사쯔Szasz(1961)가 이 개념에 도전한 이후, 정신병리는 종종 삶에서 예측 가능한 문제의 장기적인 결과일 뿐이라는 것이 점점 더 분명해지게 되었다. 예를 들어 자폐증, 치매, 뇌 손상과 같은 신체적으로 기인하는 것을 제외하고 정신적 질환은 실존적 문제와 관계적 문제를 어떻게 하면 효과적으로 다룰지를 알지 못해서 생긴 것이다. 삶은 실제로 어렵다. 우리는 어쩔 수 없이 일상에서 장애물과 위험에 직면하게 된다. 물론 어떤 사람들은 다른 사람들보다 더 강하지만, 어떤 사람들은 더 취약해서 다른 사람들보다 혼란이나 절망에 더 많이 흔들린다. 우리 대부분은 모든 삶의 도전에 능숙하지 않다. 우리 모두는 특별한 기술과 비범한 인내를 요구하는 예상 밖의 시련과 고난에 가끔 부딪힌다. 어떤 사건은 우리에게 너무 큰 실망과 고통을 안겨 주어서 갑자기 우리 자신이 정상이 아닌 것처럼 느낀다. 그것들은 우리가 즐기고 싶은 편안하고 아늑한 삶의 고요를 깨뜨린다. 노련한 치료사와 상담사는 보편적으로 나타나는 삶의 문제와 예측 가능한 한계들을 인지할 것을 배운다. 그리고 그들은 한 사람의 삶과 자존감을 마음속 깊은 곳까지 흔들 수 있는 대재앙과 같은 사건들을 다루는 재능을 발달시킨다. 흥미롭게도 그들은 이것에 대한 많은 것을 훈련으로부터 배우지 않는다. 왜냐하면 훈련은 일반적인 인간 발달이나 정신병리의 특별한 국면에 초점을 맞추는 경향이 있기 때문이다. 그러나 내담자들이 가져오는 실존적 주제들은 끊임없이 지속되고 반복된다(van Deurzen and Arnold-Baker, 2005 참조).

2. 기본에 직면하기

이것은 매우 단순한 것이다. 왜냐하면 모든 인간 존재가 직면해야 할 실존적 도전들이 많이 있고 또 그것들은 인간 조건의 불가피한 부분이기

때문이다. 사람들은 이 도전들 중 하나를 다루는 방법을 찾으려 치료실로
꽤 자주 온다. 야스퍼스가 지적했듯이, 우리 모두는 크든 작든 고통을
겪어야 하고, 노동으로 생계를 유지해야 하며, 우리 자신 또는 다른 사람
들의 기대에 부응하는 것에 의도치 않게 실패함으로써 결국 죄책감을 느
껴야 하고, 운명에 맡겨야 하고, 곧 죽어야 하기 때문에 불가피한 상실에
노출되는 유한한 삶을 살아야 한다(Jaspers, 1951). 그러나 우리는 이것
을 인정하고 싶지 않아서, 인간 조건의 괴로운 국면으로부터 예외일 수
있다고 가장하면서 많은 시간을 소비한다. 우리는 인간 삶의 한계들 중
하나에 부딪힐 때 실패한 것처럼 보인다.

> 궁극적인 상황, 즉 죽음, 운, 죄책감, 세계에 대한 불확실성은 실패의
> 현실로 내게 다가온다. 이러한 절대적인 실패 앞에서, 내가 그런 것들
> 을 정직하게 인식하지 않는 것 이외에 난 무엇을 해야 하나?(Jaspers,
> 1951: 22)

  우리 중 어떤 사람은 실패에 직면하게 되면 부정적 평가, 실망과 박탈
에 영향 받지 않는다는 것을 보이려고 노력하지만, 다른 어떤 사람은 당
황하고 절망하며 포기하고 싶어 한다. 어떤 사람들은 심리치료사, 상담
사, 철학 자문가를 만나러 온다. 그들은 자신의 고통을 병리화하길 원할
수도 있고, 원하지 않을 수도 있다. 그들은 그것을 다른 누군가 또는 환경
탓으로 돌리고 싶어 하거나 그렇지 않을 수 있다. 그러나 표현하기 어려

운 그 이상의 것을 어쩔 수 없이 가져온다는 것 그리고 그들의 고통은 존재의 전체 방식을 보여준다는 것을 기억하는 것이 중요하다. 랭Laing은 사람들이 심리치료에 가져오는 것은 결코 존재의 전체성 그 이상도 이하도 아니라고 말하였다.

> 처음의 불평이 아무리 어딘가에 국한된 것이든 다양한 것이든, 환자는 의도를 했든 안했든, 치료 상황 속으로 그의 실존, 그의 세계-내-존재 전체를 가져오는 것임을 안다(Laing, 1960: 25).

실존주의 치료사는 한 사람의 실존 전체를 배경으로 이해하고 개입한다는 견해를 가진다. 그렇게 하기 위하여 실존주의 치료사는 인간 실존 전체에 대한 광범위한 이해를 가지고 있어야 한다. 하나의 이론적 틀로 이해하는 것으로는 충분하지 않고, 더 나쁜 것은 정신병리의 일차원적 관점에서 이해하는 것이다. 우리의 작업의 초점이 되는 것은 그 사람에게 잘못이 있다는 것이 아니라, 그 문제를 더 잘 다루도록 배우는 것이 옳다는 것이다. 따라서 초점은 당면한 문제에서 더 광범위한 삶의 관점으로 서서히 옮겨가야 할 것이다. 치료사로서 우리는 내담자가 현재 속박을 통과하면서 얻고자 하는 것을 기억하고 그것과 재연결하는 것을 도와야 한다. 행복의 목표가 긴장을 단순히 방출하는 것으로는 충분하지 않다. 행복은 기분이지 과제나 최종 목표가 아니다. 다른 사람들이 삶의 가치 있는 목적을 분명하게 할 수 있도록 돕기 위하여, 우리는 최소한 인간 조건에 대하여 철학적으로 이해할 필요가 있다. 가장 기본적으로 치료사는 사람들이 자주 치료 장면에서 드러내는 예측 가능한 어려움과 곤경에 대한 실제적인 지식을 가지고 있어야 한다. 철학 자문가나 실존주의 치료사는 심리학에서 하듯이 사람들의 개인적 특성이나 장애를 분류하기보다는, 매시간 내담자가 호소하는 다양한 형태의 걱정을 인식할 수 있어야 한다.

우선, 우리는 만성적 문제를 가지고 오는 사람과 특별한 위기나 삶의 변화와 연관된 긴급한 문제를 가지고 오는 사람을 구별해야 한다. 긴급한 문제는 정확하게 초점을 맞추어서 명료화해야 하지만, 만성적 문제는 보다 광범위하게 조명할 필요가 있다. 둘째, 우리는 각자가 문제를 다루기 위하여 어떠한 개인적 자원과 재능을 활용할지를 고려할 필요가 있다. 햇볕에 눈이 녹듯이 단순히 강점과 능력을 상기만 해도 얼마나 많은 문제가 사라지는지를 아는 것은 놀라운 일이다. 과제를 해결하기 위하여 자신의 과거와 현재의 성공을 활용하여 민첩하게 곤란한 문제를 해결한다. 셋째 자신을 이해하는 틀을 갖는 것은 유용하다. 그 사람이 현재 투쟁하고 있는 다양한 차원의 실존을 성찰하는 것은 도움이 될 수 있다. 삶의 각 국면을 어떻게 다룰지에 대해서 체계적으로 목록화하는 것은 모든 문제를 다루기 위한 토대가 될 수 있다(van Deurzen, 1988/2002; van Deurzen and Arnold-Baker, 2005). 넷째, 문제의 뒷면에 무엇이 있는지를 묻는 것은 유용하다. 우리가 경험하는 것의 반대쪽에 있으면서 숨기고 있는 반대 극에 대하여 의문을 가질 필요가 있다. 그것을 발견하면 당면한 문제가 밝혀질 것이고 내담자들이 애쓰고 있는 문제에 대한 해결책을 얻게 될 것이다. 모든 취약성은 그 안에 숨겨진 강점이 있고, 모든 강점은 취약성을 수반한다.

　그러나 가장 중요한 것은 사람들이 염려하는 것을 철학적 관점에서 살펴볼 필요가 있다는 것이다. 익숙하고 예측할 수 있는 많은 문제가 있다. 치료사들은 이 문제들에 익숙해져야 하고, 이 공통적인 주제들이 개인에 따라 놀랄 만큼 다양한 형태로 전개되는 것에 열려 있어야 한다. 이번 장에서 나는 인간 삶에서 예측 가능한 어려움 가운데 몇 가지를 설명할 것이다. 그러나 이것이 완벽하고 철저한 리스트라고 주장하지는 않을 것이다. 대부분의 치료사와 상담사는 그것들을 인지할 것이고 그들이 수년 동안 만나왔던 다른 변수들을 상기할 것이다. 여기에서 설명하는 어려움들이 모두 알파벳 'D'로 시작된다는 것은 우연이 아니다. 왜냐하면 접두사 'de-'는 무엇인가를 제거하거나 무엇인가 결여되어 있다는 것을 의미하기 때문이다. 그 접두사는 부족함, 행동하지 않음, 움직이지 않음을 나타낸다. 인간의 문제 가운데 가장 많은 것은 상실과 부족에 대한 것이다. 나는 오랫동안 사전과 유의어 사전이 인간 경험에 대한 매우 좋은 목록이라고 생각해왔다. 그것은 임상심리학자와 심리치료사들에게 돈이 되는 DSM 또는 ICD 목록을 제공할 수도 있다. 나는 인간 존재에게 영향을 미치는 일반적인 상실과 부족을 인간 실존의 네 차원에서 간략하게 설명할 것이다. 나는 다른 곳에서(van Deurzen-Smith, 1997; van Deurzen, 1988/2002; van Deurzen and Arnold-Baker, 2005) 이 차원들을 훨씬 더 자세히 설명하고 있다. 그것들은 삶의 물리적, 사회적, 개인적, 영적 영역에서 무엇이 잘못되었는지를 이해하기 위한 단순한 도식을 제공할 수 있다. 물론 실제로 이 영역과 세계 차원은, 우리를 찾아오는 문제들이 그러하듯이, 상호작용하며 겹치고 함께 흘러간다. 이어지는 설명은 복잡한 현실과 피할 수 없는 문제와 곤란에 대한 청사진이면서 스케치이다.

3. 물리적 차원

인간 실존의 핵심은 물리적 차원이다. 이것은 물질세계와 관련된 차원이다. 여기에서 우리는 대상세계와 물리적인 사물과 상호작용한다. 이 차원에서 상호작용의 매개가 되는 것은 일차적으로는 우리의 몸이고 감각 경험이다. 물리적 수준에서 우리는 웰빙을 훼손시킬 수 있는 많은 도전을 만난다. 몇 가지만 살펴보자. 누군가는 어린 시절부터 삶에서 결함과 결핍을 겪는다. 나이가 들면서 우리 모두는 결핍을 겪을 수밖에 없다. 질병은 조만간 우리 모두와 만나고, 우리는 자신의 욕망을 다루어야 할 것이다. 그것은 언제나 쉬운 일은 아니다. 모든 인간 존재는 의존이라는 출발점에서 시작하여 독립적으로 되기를 배우고 이후에 상호의존을 배운다. 궁극적으로 우리 모두는 죽음의 위협에 부딪히고 죽음은 물리적 존재에게 유일하게 가능한 결과이다. 그것을 좀 더 자세하게 살펴보자.

(1) 결핍deficit

물리적 결핍을 경험하는 것은 필연적이다. 어린아이였을 때는 언제나 결핍을 느끼지만, 우리의 결핍은 극복할 수 없는 감정과 같은 것은 아니다. 어떤 사람들은 남들과 다르게 보이는 신체적 기형과 같은 주요 결핍을 가지고 세계 속으로 들어온다. 자신의 신체를 고유한 방식으로 사용하도록 배우는 것이 가장 유익한 주요 도전이 된다.

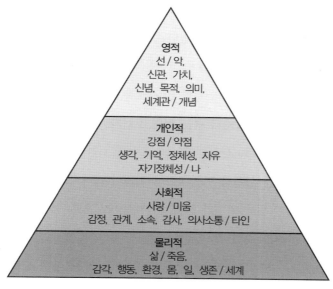

그림 4.1 실존의 차원들

사람들은 자기 자신이 다른 사람들과 같지 않다고 인식할 때 결핍을 더 다루기 어렵다는 것을 발견한다. 가슴에 구멍이 나 있거나 언청이나 검붉은 반점이 있는 얼굴이나 기형적인 몸을 가지고 태어난 사람에게 결핍은 순수하게 신체적일 수 있다. 어떤 것은 질병, 사고, 태만, 학대, 나이 때문에 나중에 생기는 것일 수 있다. 그것은 근원적 안전감과 실제적인 생존에 매우 큰 영향을 미칠 것이다. 결핍과 싸우고 있는 사람을 상담하는 것은 엄청난 도전이 되는데, 우리 대부분이 그러하듯이 자기 자신이 결핍을 가지고 있는 것이 상담을 하는 데 도움이 된다.

내가 상담한 엘사Elsa는 유방암 때문에 피폐해진 상태에서 두 번이나 유방절제술을 받았다. 상담에서 나는 처음에는 전적으로 신체적 기형에 대한 그녀의 느낌에 초점을 맞추었다. 그녀는 여성으로서 실패했다는 생각에 깊은 증오를 느끼고 있었다. 그녀는 새로운 자기에 대한 혐오와 공포를 극복하고 이제는 자신의 것이 된 새로운 가슴 형태를 점차 받아들일 필요가 있었다. 궁극적으로 그녀는 어린 소녀와 같은 존재를 다시 생각나게 하는 밋밋한 가슴과 자신의 상처를 소중하게 여기는 법을 배웠다. 그리고 그녀는 새로운 상황을 받아들이고 심지어는 가슴 성형 수술을 거절할 정도로 굉장한 힘을 지니게 되었다. 이런 방식으로 결함을 견디는 법을 배우고 또 결함을 자신의 고유한 부분으로 소중하게 여기는 사람들의 예는 많이 있다. 우리 모두는 비범한 방식으로 신체적 결함을 극복하는 사람들을 보고 싶어 한다. 여기에는 영웅적 행동이 있다. 그러한 사람들은 우리에게 영감을 준다. 신체적 문제를 열정적으로 받아들이는 것은 진정한 활력을 상기시킨다. 우리가 이것을 받아들이기 전에는 신체적으로 알아차리지 못할 수도 있다.

(2) 질병disease

결함과 결핍을 넘어 질병에 동반되는 고통과 괴로움의 경험이 있다. 질병이 새로운 방식으로 삶에 감사하도록 우리를 돕는 것은 분명히 말기 질병의 경우에만 그런 것은 아니다(Yalom, 1980). 정신적 질병은 전혀 다른 경험이지만(Bracken, 2002; Laing, 1960, 1967; Szasz, 1961), 우리가 그것을 어떻게 생각하든, 정신이 나갔다고 느끼는 것은 몸이 그것을 느낀다는 것이다. 따라서 다른 어떤 것보다도 신체적 안전, 안정 그리고 대피처를 회복하는 것이 일반적으로 최선이다.

코니Connie는 최근에 난소암이 재발하여 이제는 폐와 골수로 전이되었다는 말을 들었다. 그녀는 살기 위하여 할 수 있는 모든 것을 다 했지만, 1년 안에 죽는다는 것이 현실이었다. 그녀는 자신에게 남겨진 얼마 남지 않은 삶에 우선권을 두고 자신의 몸이 필요로 하는 것과 한계에도 주의를 기울이고 싶었지만, 여전히 주변에 있는 것들의 필요에 주의를 기울여야 했다. 예를 들어, 그녀가 자신과 약속했던 세계여행을 갈 수 없다는 것을 의미했다. 우리는 이 문제를 창조적인 방식으로 극복하려고 열심히 상담했다. 그 이유는 세계여행이 그녀에게는 원칙적으로 많은 것을 의미했기 때문이다. 많은 실존주의 철학자들이 지적했듯이, 우리가 실존에서 발견하는 한계는 우리의 실존의 틀을 만들기 때문에, 그것이 우리의 삶을 파괴하기보다는 더 강하게 만든다. 코니는 세계여행을 할 수 없다는 한계와 거리를 두기보다는 그것을 활용하여 사람들에게 더 가까이 다가가는 방법을 스스로 발견하였다. 예를 들어 그녀는 조카들에게 세계 여행에 대한 계획을 공유하자고 요청하면서 더 강한 관계를 만들어 갔다. 그러나 새로운 한계가 깊이 있는 드러냄으로 이끈다는 것은 한물간 결론이 결코 아니다. 이것을 이루기 위하여 우리는 종종 우리의 마음을 정화하고 수행을 할 필요가 있다. 그것은 통과할 가치가 있는 투쟁이다. 왜냐하면 삶에서 모든 한계는 잠정적으로 새로운 차원을 발견하기 때문이다.

(3) 욕망desire

욕망이 핵심이다. 우리들의 많은 부분이 욕망이다. 그러나 성적 욕망 말고도 더 많은 형태의 욕망이 있다. 욕망은 우리가 가장 원하는 것 그리고 가장 열망하는 것을 우리에게 드러낸다. 그것은 우리가 갈망하지만 아직 도달하지 못한 곳으로 우리를 몰아간다. 그것은 지속적인 불만과 좌절로 인도하거나 건설적인 행동을 하도록 박차를 가한다. 원하는 것을 얻거나 또 그것에 중독되는 것은 원하는 것을 얻지 못해서 그것에 집착하는 것만큼 위험하다. 갈망과 지속적인 불만족의 과정은 불교와 유사하다. 사실 그것은 우리 모두의 괴로움의 근원으로 보인다. 이 문제에 대한 불교적인 해결책은 욕망을 피하는 것이고, 그것은 종종 욕망을 억압하거나 최소화를 추구했던 그리스 철학자들이 제안한 해결책과 그리 다르지 않다(Nussbaum, 1994). 욕망은 길들이면 긍정적인 힘이 될 수 있다. 니체의 권력에 대한 의지는 일차적으로 욕망과 욕망에 작용하는 의지에 관한 것이다. 사르트르는 욕망을 사람들의 근원적 무nothingness와 대응하는 것으로 보았다.

인간에게 욕망이 사실로 존재한다는 것은 인간의 현실이 결여라는 것을 증명하기에 충분하다(Sartre, 1943/1956: 87).

욕망을 다루는 것은 그것을 제거하거나 통제하는 것이 아니라, 욕망에 따른 행동에 박차를 가하는 것으로 보인다. 욕망에 끌려 다니는 것은 욕망을 다스리지 못하는 것이다. 우리의 욕망을 제거하는 것은 영혼을 약화시키는 것이다. 욕망의 힘을 통제하는 법을 배우면 삶과 조화를 이루게 될 것이다.

(4) 의존dependence

욕망의 길을 좀 더 멀리 따라가면 의존에 이르게 된다. 욕망하고 필요로 하는 것에 우리는 의존한다. 아이는 부모에게 의존하지만, 점차 독립적이기를 배운다. 그러나 독립은 언제나 타인에 대한 우리의 욕구와 관련되어 있어서 우리는 상호의존하기를 배워야 한다. 즉 주고받고, 필요로 하고, 필요가 되어주어야 한다. 결여 또는 부족은 사람들에게 또는 우리가 의존하는 것에게 손을 뻗쳐 잡을 수 있게 한다. 많은 사람은 사물이나 다른 사람의 노예가 된다. 의심의 여지없이 신체적 자율성을 관리하는 것은 생존에 결정적이다. 우리는 여러 가지 이유로 신체적 자율성을 상실할 수 있다. 그렇게 되면 우리는 자급하기 위한 작은 발걸음을 뗄 필요가 있다.

내가 에릭Eric을 보았을 때 그는 5년 동안 프라이멀 테라피primal therapy를 받았고 2년 전에는 점점 더 퇴행하여 직업을 포기할 정도였다. 그리고 보조금으로 살았고 저축한 돈은 빠르게 줄어들었다. 그는 자기 스스로 생계를 꾸리지 못하는 아이처럼 무기력하게 느꼈다. 그는 실존치료가 자신을 더 지지해주고 자신의 자율성을 격려해주기를 바랐다. 이런 면에서 그는 옳았다. 그는 여전히 나에게 의존하는 경향성이 있었고, 실존치료라는 종교의 교리에 따라 올바르게 살기를 원했다. 그러나 그는 자신의 권위를 발견할 만큼 도전적이 되었다. 자신의 삶을 스스로 꾸리고, 자신을 신체적으로, 물질적으로 안전하게 만들려는 그의 욕망에 다시 불을 붙이는 것이 우리가 함께 작업했던 것 가운데 가장 중요한 것이었다. 에릭은 너무 오랫동안 그를 뒤쳐지게 했던 무관심을 극복하기 위하여 의지력의 근육을, 말 그대로 팔다리 근육을 강화시켜야 했다. 그는 자신의 의지를 훈련시켜서 스스로 다시 걷고 제대로 하는 것에 대해서 많은 안도감을 느꼈다.

(5) 유체이탈 또는 해리disembodiment or disassociation

아마도 유체이탈 느낌은 특히 조현병 증상을 겪고 있는 사람들에게 일어날 것이다. 랭(1961)은 자신의 몸을 안전하게 유지하는 방식을 알지 못하는 사람이 왜 그런지를 관찰하였다. 그들은 이렇게 어느 정도는 기본적인 의미에서조차도 자기정체성을 얻지 못한다. 삶의 환경이 자신의 중심을 발견하지 못하게 한다. 몸은 세계에서 생활하고, 인간됨과 자율성을 성취하는 도구이다. 우리가 신체적으로 실제적인 존재감 없이 세계에서 앞으로 나아갈 수 있는 기회는 거의 없다. 정신과 육체의 결합은 실재를 느끼는 데 필수요건이고, 숙달된 움직임을 통해서 경험되는 몸은 공고한 자기의 핵심이다.

> 움직임은 몸이 그것을 이해했을 때, 즉 몸이 '세계'와 협력할 때, 학습된다. 몸을 움직이는 것은 움직임을 통하여 사물을 겨냥하는 것이다. 어떤 표상과도 관계없이 이루어지는 사물의 부름에 응답할 수 있도록 자신을 허용하는 것이다(Merleau Ponty 1945/1962: 139).

세계를 신체감각으로 체험하는 것이 어떤 사람들에게는 너무 위험하거나 터부시된다. 학대나 무시를 경험했던 사람들은 고통을 현실화시키지 않기 위하여 몸의 경험으로부터 해리되도록 배웠을 것이다. 몸이 주체로서가 아니라 대상으로 경험된다. 다른 사람들이 관찰할 수 있고 조작할 수 있는 사물과 같이 된다.

> 따라서 우리는 외부에서 우리 자신을 타인이나 또는 하나의 사물로 파악하려고 시도함으로써 괴로움에서 도망친다(Sartre, 1943/1956: 43).

실제적으로 느낄 수 있게 하기 위하여 우리는 몸이 실존을 되찾도록 도움을 주어야 한다. 각 내담자가 몸이 이곳에 존재하는 경험에 주의를 기울이게 할 필요가 있다. 왜냐하면 몸은 우리의 의식이 시작되는 곳이기 때문이다.

몸은 의식이 존재하는 곳이다. 의식은 몸이 없으면 아무것도 아니다. 나머지는 무nothingness이고 침묵이다(Satre, 1943/1956: 434).

실재를 느끼기 위해서는 고통을 느낄 준비가 되어 있어야 한다. 고통의 회피는 우리를 비실재로 이끈다. 자해를 하는 사람들은 자기 자신을 다시 느끼고 현실감을 가져오기 위하여 종종 자해를 한다. 아마도 자해는 최대의 쾌락과 행복에 기초한 문화에서 일어날 수 있는 필수불가결한 역기능일 것이다.

(6) 죽음death

만일 우리의 의식이 몸에서 시작된다면 또한 몸에서 끝날 것이다. 죽음은 우리의 삶에서 피할 수 없는 공포이고 실존의 경계이다. 죽음은 경계, 한계, 우리가 조정할 수 있는 체계를 보여준다. 죽음에 대한 두려움은 정서적 문제에서 주요 동기가 된다. 우리의 가능성의 끝을 직면한다는 것은 우리를 괴롭힌다. 죽음은 존재하는 모든 것이 갑자기 무nothingness가 되는 것이다. 어느 누구도 궁극적으로 이 순간을 피할 수 없다. 죽음은 삶에서 확실한 것이고, 우리 모두에게 찾아온다. 태어난다는 바로 그 사실로 우리는 죽음에 이르게 된다. 우리 모두는 끝을 향하여 가는 길에 있다. 우리는 그 확실성으로부터 회피하기 위하여 우리 삶의 많은 부분을 허비한다. 사람들은 참으로 자신의 죽음의 현실을 인지할 때까지 살아 있기는 어렵다. 죽음의 현실을 직면하게 되면 우리는 불가피한 불완전성을 수용하게 된다. 그러나 우리는 언제나 그렇게 수용하는 것은 아니다. 우리의 삶은 죽음에서만 완성되고 정점에 이른다. 죽음 이전에 우리는 미완성이고 가능성이다.

> 일상성은 정확하게 탄생과 죽음의 '사이적' 존재이다(Heidegger, 1927/1962: 233).

헬렌Helen은 오랫동안 죽음을 두려워했다. 그녀는 신경쇠약을 핑계로 어머니의 장례식에 가지 않았고 그런 자신의 비겁함을 매우 수치스러워했다. 그녀는 그 일이 있은 후 집 밖을 전혀 나갈 수가 없었다. 그녀는 우울해져서 지역보건의사를 찾아갔다. 거기에서 그녀는 어머니를 적절하게 애도할 수 없었다는 말을 하고 치료를 의뢰하였다. 어머니의 죽음은 그녀에게 큰 의미가 있었다. 그 죽음을 믿지 않는 것 이외에 달리 무엇을 해야 할지 몰랐기 때문에 그녀는 심리치료를 받으러 왔다. 헬렌은 어머니 때문이 아니라 자기 자신을 위하여 울 필요가 있었다. 헬렌이 그랬던 것처럼, 그녀의 어머니도 언제나 일과 사람들을 잃는 것에 대하여 걱정하였다는 것을 깨달았다. 그녀의 어머니는 헬렌이 두려움 속에 살도록 부추겼고, 헬렌은 또 자기 자신이 그렇게 살도록 했다. 헬렌은 어머니의 실제적인 죽음보다 어머니의 갑갑한 생활양식에 대하여 훨씬 더 많이 슬퍼했다는 것을 금방 알았다. 이 갑갑한 생활양식은 그녀도 너무 잘 알고 있었는데, 자신의 생활양식과 유사했다. 그녀는 그러한 생활양식이 어머니를 죽음으로 몰고 가는 위험을 피하게 했다는 것을 이해했다. 이제 헬렌은 어머니의 생기 없음과 용기 없음에 대하여 울었다. 그것이 어머니의 비극이었다. 그녀는 아직도 두렵기는 했지만, 열심히 자신의 삶의 방식을 변화시키고, 더 나아가서 약간의 무모함을 보여주기도 했다. 그리고 위험을 감수하고 죽음을 회피하지 않게 되었다. 2년 후 그녀의 이모가 죽었을 때 헬렌은 삶과 죽음에 대하여 매우 다른 태도로 장례식에 갔을 뿐 아니라 이모부와 함께 이모의 관 옆에서 밤샘을 하기도 했다. 그녀는 이 경험으로 매우 감동받았고, 나중에는 심오한 구원의 느낌을 느꼈다. 그녀는 이제 극적으로 새로운 방식으로 삶을 살 수 있었다. 왜냐하면 어쨌든 그녀는 무엇을 하든 죽을 것이고, 그래서 너무 늦기 전에 최선을 다해서 살아야 한다는 것을 깨달았기 때문이다. 이것은 매우 좋은 효과를 냈고, 그녀는 다른 사람들과의 새로운 관계 속에서 신뢰와 기쁨을 느끼게 되었다.

4. 사회적 차원

다른 사람들과 올바른 방식으로 존재한다는 것은 삶을 살아가는 데 매우 중요하다. 타인과 올바른 방식으로 관계를 어느 정도 맺을 수 있는지는 삶으로부터 무엇을 얻을지를 결정한다. 사회적 관계의 많은 근본적 요소들이 문제가 될 수 있고, 우리는 많은 문제를 어떻게 다루어야 하는지를 배워야 한다.

(7) 다름difference

우리는 같은 인간이면서도 여러 측면에서 서로 다르다는 것을 곧 발견한다. 우리는 다름을 특별함이나 우월함으로 경험한다면 그 다름을 자랑스러워하지만, 그 다름을 부정적이거나 또는 열등하게 경험한다면 결국 차별 대우를 받는다고 느낄 것이다. 우리는 소속되고 싶은 집단으로부터 배제된 느낌을 갖거나 따돌림을 당하거나 조롱을 당하여 결국 무가치하게 느낀다. 그러한 개인적 열등감이나 배제된 느낌은 있는 그대로 존재할 권리에 대한 느낌을 약화시킨다. 그러나 역설적이게도 분리는 개별화의 중요한 부분이다. 원칙적으로 우리는 모두 서로 다르다. 우리는 우리의 다름에 대하여 다른 사람들에게 공격적이지 않은 방식으로 또는 우리 자신에게 파괴적이지 않은 방식으로 살기를 배워야 한다.

사람들은 자신이 집단에 소속되어 있으며 그들의 존중을 받고 있음을 알아야 한다. 우리 모두는 동료와 연대감을 가질 필요가 있다. 세계 안에서 우리 자신의 위치를 발견하기 위한 과제 가운데 하나는 다른 사람들과 관련하여, 너무 멀지도 않고 너무 가깝지도 않은 적당한 거리를 창조하는 것이다. 내담자들이 심리치료에 다름이라는 주제를 가져올 때, 그것은 규범에서 벗어나는 것이 방해보다는 자산이 되고, 불이익보다는 이익이 될 수 있는 방식을 발견하기 위해서이다. 어떤 사람들은 다른 사람들과 다름을 실제보다 더 많이 가장한다. 이런 경우에 다름은 다음과 같이 말할 수 있다. "나에게서 멀리 떨어져 있어라. 나는 당신과 다르고 나를 아는 것은 위험할 수 있다." 비유사성을 경험하는 것은 장벽을 만들기 때문에 불안을 야기한다. 우리가 다른 사람들과 다르고 혼자라는 것을 갑자기 깨닫게 되면 불안을 느끼지 않을 수 없다. 이 경험은 불가피하고, 하이데거에 따르면 자기정체성을 주장하는 데 필수적이다.

> 불안은 개별화시킨다. 개별화는 퇴락으로부터 현존재Dasein를 회복시 킨다. 그리고 참됨과 참되지 않음이 존재의 가능성이라는 것을 분명하 게 한다(Heidegger, 1927/1962: 191).

참된 존재 또는 참되지 않은 존재가 될 수 있는 우리의 능력은 자유를 요구한다.

(8) 부조화discord

다름이 갈등으로 이어질 때 다른 사람과의 갈등은 우리의 모든 경험을 망칠 수 있다. 어떤 사람들은 동료들과 지내면서 기분이 나빠지고 그릇된 방식으로 마찰을 빚으면서 지속적으로 어려움을 겪는 성향이 있는 것 같다. 아스퍼거 증후군, 경계선 성격장애, 자기애적 성격장애, 반사회적 성격장애를 가지고 있다고 진단받은 사람들은 모두 결국 그들 주변의 사람들과 조화를 이루지 못하면서 시간을 허비한다. 세계를 인식하고 세계와 상호작용하는 방식이 다르다는 면에서 그들의 어려움을 이해할 필요가 있다. 그러면 그들은 다시 연결되고 안전한 항구에 정박할 수 있다. 그들은 어떻게 타인을 존경하고 갈등을 회피하는지를 배울 필요가 있다.

다른 한편, 공격성과 부조화를 회피하는 사람들에게 의견충돌에 적극 참여하도록 격려하는 것은 긍정적인 발전일 수 있다. 우리 모두가 어떤 의미에서 서로 경쟁하고 있고 잠정적으로 다른 사람의 판단에 지배당하고 억압당한다면, 삶에서 부조화는 불가피하다. 사르트르는 그것을 너무 분명하게 다음과 같이 묘사하였다.

> 타인은 나를 보고 그렇게 나의 존재의 비밀을 간직한다. 그는 내가 누구인지 안다. 따라서 나의 존재의 심오한 의미는 나의 외부에 있고 부재에 수감되어 있다. 타자는 나보다 유리한 위치에 있다(Sartre, 1943/1956: 363).

(9) 지배dominance

인간관계에서 지배와 복종의 투쟁은 다루기 어려운 문제이다. 어떤 사람은 다른 사람에 대한 지배를 포기하는 것이 너무 어렵다는 것을 발견한다. 우리는 모두 다양한 방식으로 강요하려는 사람들, 우리보다 한 수 앞서는 사람들, 우리를 이용하는 사람들, 우리를 지배하는 사람들을 알고 있다. 어떤 사람들은 자신이 원하는 것을 능숙하게 얻고, 어떤 사람들은 능숙하지 않다. 지배는 실제로 영토에 대한 지배를 의미한다. 우리는 우리의 영토를 방어하고 다른 사람들을 못 들어오게 한다. 그러나 어떤 사람들은 이를 넘어서 자신의 영토를 확장하고 다른 사람들을 희생시킨다. 지배를 둘러싼 문제들이 만연하고 있다. 삶의 많은 부분이 이것 때문에 잘못 되고 있다. 그러나 우리가 조화롭게 살도록 배워야 한다는 것이다. 현실이 많은 사람들은 자신이 특별히 따돌림을 당하거나 다른 사람들의 난폭한 대우를 받게 되면 그것에 대하여 무기력하게 느낀다. 가까운 관계일수록 이것은 훨씬 더 중요한 문제가 된다. 왜냐하면 사람들은 상호 만족스러운 방식으로 잘 지내는 방법을 알아야 하기 때문이다. 사르트르는 다른 사람을 사랑하는 과정을, 관계를 지속하면서 만들어진 극적인 이미지, 즉 소유의 과정으로 묘사하였다.

> 따라서 사랑하는 사람은, 하나의 물건을 소유하듯이, 사랑하는 사람을 소유하고 싶어 하지 않는다. 그는 특별한 유형의 전용을 요구한다. 그는 자유를 자유로 소유하고 싶어 한다(Sartre, 1943/1956: 367).

우리는 실제로 다른 사람에게 소속되어 있는 동안 계속 자유롭고 싶어 할 것이다. 대부분의 사람들은 서로 함께 있는 동안 우리 자신으로 안전하게 존재하기를 배우고 싶어 한다. 나중에 사르트르가 후기작품에서, 상호 협력하는 관계에서는 혼자일 때보다 더 많은 것을 성취하고 자신과 타인에게 친절해진다는 것을 발견한 것은 다행이다(Sartre, 1960b).

(10) 부정직dishonesty

특별히 공적인 생활에서 다른 사람들과 협상할 때 약간의 부정직이 그 과정 속으로 몰래 들어가는 것 같다. 정직은 친밀함에 본질적인 것이다. 왜냐하면 그것 없이는 신뢰할 수 없기 때문이다. 그러나 모든 상호작용에

서 정직한 삶을 살고자 하는 사람들은 거짓말하는 사람들보다 더 좋지
않은 결과를 낼 수도 있다. 이것은 실제적인 도덕적 질문을 제기한다.
공격에 너무 무디지 않고 너무 취약하지도 않으면서 진실해지기를 배우
는 데에는 기술이 필요하다. 예를 들어 실제로는 싫어하는데도 평화를
위하여 좋아하는 것처럼 가장하듯이, 우리는 사소한 일에 대하여 선의의
거짓말을 하지 않는다면 우리 자신을 존경할 수 있을지는 알 수 없다.
다른 사람들과의 협상은 약간의 나쁜 신념이나 가식 없이는 잘 이루어지
지 않는다. 가장 자신 있어 보이는 사람이 가장 좋은 결과를 내는 경향이
있다. 침착하게 행동하는 페르소나를 만드는 것과 자기에 대한 부정직한
이미지는 누구도 편안해 하지 않고 올바르지 않은 관계 전략의 한 부분이
다. 그러나 우리의 세속적 세계는 그러한 상호작용의 패턴 위에서 번성하
고 우리 모두는 이것과 타협해야 하며 우리 자신의 태도를 결정해야 한
다. 진리와 실재를 상호작용의 토대로 삼는 것은 어려운 선택일 수 있지
만, 그것은 견고한 토대가 될 수 있다. 부정직에 의하여 얻어진 성공은
오래 가지 못하고 결국은 그 성공이 우리를 타인과 우리 자신으로부터
소외시키기 때문에 환멸을 느끼게 한다.

(11) 분리disengagement

　인간관계의 연결이 끊어지는 보다 극단적인 형태는 분리이다. 우리는
분리될 때 다른 사람들과 거리를 유지하고, 사회적 관계에서 오는 위험으
로부터 물러섬으로써 그 위험을 제거한다. 대부분의 사람들은 타인을 불

신하는 느낌을 알 것이다. 그리고 가까워지는 위험을 감수하고 싶지 않은 때도 있을 것이다. 이 전략을 습관적으로 사용할 때 완전히 사회적으로 소외되는 상태가 뒤따를 수 있다. 이것은 세계와 긍정적으로 연결되지 못하게 하고 냉담과 지루함을 가져온다. 분리는 궁극적으로 인간의 조건을 회피하는 것이다. 참여 없이 우리는 충분한 인간이 될 수 없다. 그러나 우리는 분리하는 사람은 계속해서 회피하고 참여하지 않는다는 것을 발견한다. 왜냐하면 그들은 자신이 안전할 수 있는 장소를 세상 어디에서도 찾을 수 없다는 느낌을 갖기 때문이다. 그들은 종종 자신의 개별성에 가치를 두고 대중과 잘 지내는 것이 쉽지 않다고 생각한다. 이상하게도 그들의 참여는 피상적 수준에 머물러 있을 것이고 그들의 성공은 오래 가지 못할지라도, 삶에 가장 잘 참여하는 사람은 많은 사람들과 잘 지낼 수 있는 사람이다. 그들은 여전히 자신이 받아들여지고 있음을 발견할 것이고 또 자신이 되는 것에 행복해 할 것이다. 그러나 자신에게 묻는다. "나는 누구인가?" 그것에 대한 단순한 답을 찾지 못하는 사람은 메를로 퐁티 Merleau Ponty를 상기하면서, 자신들의 정체성은 개인적이지만 쉽게 해결할 수 없는 보편적인 주제라고 생각할 것이다.

나의 삶은 나에게 절대적으로 개인적이면서 절대적으로 보편적이다 (Merleau Ponty, 1964: 94).

만일 타인이 우리의 개별성을 인정하지 않는다는 것을 우리가 알게 된다면 껍질 속으로 움츠러들어 우주적 연결을 할 수 없는 것은 당연하다.

(12) 파괴destruction

많은 사람들 아니 어쩌면 모든 사람들은 우리가 사랑하는 사물, 상황, 사람들을 파괴하고 싶은 적극적인 욕망을 가지고 있는 것 같다. 니체가 주장했듯이 자아는 언제나 다른 사람들과 자신을 비교하며 타인을 제압하고 실패하면 타인을 파괴하려고 하는 데 바쁘다.

> 자기Self는 언제나 듣고 추구한다. 즉, 비교하고, 억누르고, 정복하여, 파괴한다(Nietzsche, 1883/1933: 62).

어떤 사람은 타인의 압도적인 힘으로부터 자신을 지키는 유일한 방법이 파괴적으로 되는 것이라고 생각한다. 어떤 사람은 일이 너무 쉽게 될 때, 지루하지 않도록 자기 자신에게 조금 더 어려운 일을 시킨다. 일단 파괴적인 순환이 시작되면 사회적으로 수용될 수 있는 범위를 쉽게 넘어선다. 심리치료사로서 우리는 때때로 폭력적인 범죄 행위를 저지르는 사람들을 상담하게 된다. 우리는 그러한 행동 앞에서 단호해질 필요가 있지만, 만일 실제로 일어났던 일을 이해하려면 특별한 주의와 인내를 필요로 한다. 폭력적인 사람들은 종종 다시 폭력을 쓸 준비가 되어 있다. 그들이 그 순환 고리를 깰 수 있다는 유일한 희망은 결국 자신을 표현할 더 좋은 방법을 찾는 것이다. 단호하게 공격에 대해서 말하려는 사람 그리고 내면에서 두려움을 말하려는 사람에게서 우리는 아직 그런 목소리를 발견하지 못했지만, 부드럽게 대할 필요가 있다. 사람들이 파괴적으로 될 때 그들이 파괴하는 것은, 철저히 분석해보면, 언제나 자신의 삶이고 자신의 기회라는 것을 기억해야 할 것이다. 만일 자아가 실체가 아니라 단지 관계적 존재라는 개념을 받아들인다면, 파괴는 언제나 자기 파괴이고 이것은 또한 해결의 열쇠가 될 수 있다.

> 사물들은 우리 삶의 구조, 틀, 별이다. 그들은 우리 주변을 돌고 있다. 그러나 우리와 그것들 사이에는 비밀스러운 연결이 있다(Merleau Ponty, 1968: 220).

5. 개인적 차원

물리적 사회적 상호작용은 궁극적으로 어떻게 우리 자신의 모습을 형성할지를 결정한다. 어려움을 자각하는 것은 종종 이 수준에서 시작된다. 왜냐하면 강한 정체감을 가질 수 없거나 도전받을 때가 바로 우리가 어려움 속에 있다는 것을 알게 되는 시기이기 때문이다. 우리 모두는 우리의 개인적 존재와 관련된 어려움을 예측할 수 있다.

(13) 딜레마dilemma

실존상담을 받으러 오는 대부분의 내담자들은 일종의 딜레마를 말한다. 딜레마는 당신이 결정해야 하지만, 결정하면 결과가 두려워서 마비되는 것 같이 느껴지는 선택지점을 말한다. 당신은 결정하면 마치 말 그대로 천벌을 받을 것 같고 결정하지 못해도 천벌을 받을 것 같이 느껴진다. 사람들은 언제나 매우 개인적으로 그리고 끔찍하게 딜레마를 경험하지만, 사실 그들에게 언제나 일어나는 것은 보편적 비극이다. 그러나 우리가 작은 문제에 고착되어 있거나 걱정으로 고립되어 있을 때에는 이것이 분명하지 않다. 딜레마는 우리에게 깊은 영향을 미친다. 그것은 우리 삶의 끝에서, 우리 자신의 고통을 일깨운다. 그것은 일시적으로 우리를 마비시키고 우리가 누구인지 의심하게 한다. 왜냐하면 한 사람이 된다는 것은 움직임 안에 있다는 것이고 선택에서 확신을 느끼는 것이기 때문이다. 달리 말하자면 딜레마의 덫에 걸려 있다는 것은 그 상황을 정체성의 위기로 경험한다는 말이다. 우리는 각 선택에 포함되어 있는 심한 상실감 때문에, 몇 가지 행동의 선택들 사이에서 꼼짝 못하고 있을 때, 가고 싶은 방향과 획득해야 할 성취를 놓치게 된다. 어떤 딜레마는 실제로 3자 택일 또는 4자 택일이기도 하다. 거기에는 모순으로 보이는 다양한 선택들이 있을 수 있고, 어떤 것을 선택해야 할지 안다는 것은 불가능하다. 어떤 딜레마는 군집되어 있어서 전체 수수께끼를 풀기 전에 각 요소를 개별적으로 정리할 필요가 있는 보다 복잡한 딜레마를 형성한다. 이러한 상황의 요령은 문제의 뿌리까지 내려가서 복잡 미묘한 문제의 매듭을 단호하게 자르기 위한 마지막 길을 터주는 것이다. 그것에 관하여 취한 행동과 취하지 않은 행동, 딜레마를 상세하게 탐색하면 사실이 어떤지 그리고 무엇이 가장 중요한지가 보통 더 분명해지기 때문에, 본질적인 것과 본질적이

지 않은 것이 분리될 것이다. 상황이 더 분명해지면 그 사람은 갑자기
자연스럽고 건강한 해결책이 있음을 깨닫게 될 것이다. 딜레마가 완전히
밝혀지면 태양 아래서 눈이 녹듯이 그리고 나무가 빛을 향하듯이 결정을
할 수 있을 것이다.

　모든 딜레마는 이해하고 타협하는 데 시간이 걸린다. 그때는 우리 삶에
서 우리가 어떤 종류의 사람이 될 것인가를 결정하는 중요한 순간이 된
다. 우리는 지금 가지고 있는 것으로부터 자유롭기를 원하는가? 아니면
수평선 너머에 있는 것을 위하여 헌신하기를 원하는가? 우리는 무엇을
기대하고 무엇에 관심이 있는가? 불가피한 상실을 어떻게 직면할 것인
가? 우리는 얼마나 감당할 수 있나? 성격의 회복력을 통찰하는 것은 유용
하다. 해야 할 것과 가능한 것 두 가지 모두에 우리는 마음 쓸 필요가
있다. 우리는 이들 사이의 역설을 다룰 수 있어야 한다. 우리의 자기정체
성은 그 과정에서 강화될 것이다.

　　　인간의 삶은 가능성과 필연성의 종합이다. 그것은 숨을 들이마시고 내
　　　쉬는 것처럼 지속적으로 존재한다(Kierkegaard, 1855/1941: 40).

　때때로 딜레마는 해결될 수 없다. 그러나 우리는 삶의 핵심적인 부분이
면서 에너지원이 될 수 있는 모순과 긴장과 함께 사는 법을 배워야 한다.

(14) 기만 또는 자기기만deceit or self-deception

이것은 아마도 성장을 방해하는 유일하고도 가장 까다로운 인간의 경향성일 것이다. 기만과 자기기만은 우리의 삶을 분명하게 보는 데 방해가 되며 우리의 최선의 지침인 바로 그 진리를 숨긴다. 우리 모두는 분명한 결정 과정을 방해하면서까지, 어떻게 삶의 실제적인 사실에 대하여 우리 자신이나 다른 사람들을 속이는 걸까? 사람들은 사물을 있는 그대로 보는 것이 불가능한 것 같다. 우리 모두는 가식에 대하여 죄책감을 느낀다. 우리는 때때로 그런 것을 그렇지 않은 것 같다고, 또는 어떤 때는 실제로 그렇지 않은 것을 그렇다고 가장한다. 나쁜 신념에 대한 사르트르의 개념은 이런 측면에서 많은 기여를 했다(Sartre, 1943/1956). 그러나 하이데거는 자기기만이 만연해 있고 필요악이라는 것을 인식하였다. 그러나 그는 그 용어를 사용하지 않았다. 하이데거(1927/1962)는 인간 실존을 우리들에 대한 다른 사람들의 기대에 부응하고자 지속적으로 투쟁하는 것이라고 설명하였다. 하이데거는 어떻게 타인이 다양한 방식으로 언제나 우리 자신이 되는지, 그래서 우리의 마음속에 존재할 뿐인 그 타인들이 결정한 대로 세계를 우리 자신에게 나타내는지를 보여주었다. 우리는 하이데거가 말한 참되지 않은 또는 단절된 방식의 가공의 세계에 살면서 다른 사람들의 처방과 의견을 따른다. 하이데거는 진실하기 위한 이 투쟁을 진정한 인간 존재가 되기 위한 근원적 투쟁이라고 보았다. 우리가 그것을 직면하기보다는 덮어두는 한, 우리는 부분적으로 감당하려할 뿐이고, 종종 우리가 할 수 있는 것이 그게 전부라고 생각한다. 우리가 진리를 옹호하고 사물과 우리 자신을 있는 그대로 직면하면 할수록, 우리의 삶에 더 많이 참여하게 된다. 그러나 그것은 용기를 요구한다.

각 사람이 얼마나 많은 실재를 감당할 수 있는지 그리고 기꺼이 감당하고자 하는지는 그 사람의 판단과 관련되어 있다. 치료사가 얼마나 많은 실재를 감당할 수 있는지는 또 다른 문제이다. 심리치료에서는 부분적으로 정직하다. 내담자들이 겪고 있는 장애와 역경에 진실로 직면하기보다는 포장된 해결책을 제공하는 것이 훨씬 더 쉽다. 치료사들은 자신이 알고 있는 것보다 더 많이 알고 있다는 이미지를 내담자에게 투사할 수 있기 때문에 내담자의 고통을 너무 가까이서 마주하지 않고, 내담자의 개인적 과대망상을 그대로 둔다. 이것은 내담자가 치료사를 확신하지 못하게 한다. 예를 들어 광장공포증을 가진 내담자는 치료사를 자동차가 치명적인 기계라는 것도 알지 못하는 경험이 부족한 순진한 사람으로 생각할 것이다. 우리는 내담자의 실제적인 두려움에 직면할 준비가 되어 있는가? 그리고 그것을 그들의 문제로 치부해버리지 않고 그 문제의 뿌리부터 다룰 용기가 있는가? 이와 유사하게 만일 내담자가 시험에 떨어져도 또는 특별한 가족 행사를 놓쳐도 세상이 끝나는 것은 아니라고 너무 빨리 확신하면, 그것은 역효과를 내고 너무 긍정적으로 될 것이다. 아마도 우리는 그것을 일종의 속임수라고 말할 수 있을 것이다. 속임수가 효과가 없을 것이라는 말이 아니라, 그렇게 되면 내담자가 자신의 힘과 진실을 발견하고 직면하고 이해하기보다는 치료사가 내담자를 조작함으로써 효과가 날 것이다. 그 사람을 심란하게 만드는 것이 무엇이고 세계가 파괴될 것이라는 두려움이 어떤 것인가를 정확하게 발견하는 것이 더 정직하게 나아가는 방법이다. 이런 방식으로 세계가 파괴되는 것이 이익을 주는 지를 알아내는 것이 직접적으로 진리를 향하여 나아가는 단계일 수 있다. 그러나 그러한 탐색을 배제하고 그 대신 내담자의 세계를 보다 긍정적으로 재구성하는 것이 얼마나 유혹적인지 모른다. 물론 그러한 의견 제시는 거의 언제나 어느 정도 치료사와 내담자의 기만과 자기기만을 포함한다. 그러한 달콤한 거짓말은 때때로 좋은 일일 수 있다. 왜냐하면 그것은 일시적인 위안과 순간적인 행복을 줄 수 있기 때문이다. 그러나 궁극적으로 그것은 실제로 있는 것처럼 가장한 것으로 밝혀진다. 부정직은 삶에 반하는 새로운 장벽을 만든다. 행복하라는 압력은 실제로 우리 자신을 알아가지 못하게 하거나 더 잘 살지 못하게 한다.

> 왜 인간은 사물을 보지 못하는가? 인간 자신이 그 길을 방해하고 있다. 사물을 가리고 있다(Nietzsche, 1881/1987: 438).

이것이 바로 사람들이 도움을 받으러 오는 이유이다. 왜냐하면 사람들이 자기 자신을 분명하게 보는 길을 스스로 방해하기 때문이다. 치료사로서 우리는 내담자들이 담을 수 있는 만큼의 진실을 더 분명하게 보게 해야 한다. 진실은 종종 그 사람에 대한 것인 만큼이나 삶에 대한 것이다. 세계에 대한 이해가 없다는 것은 자기에 대한 지식이 부족한 만큼이나 문제의 근원이 된다. 내담자들이 자기 자신을 알아갈 때 그들 주변의 세계와 삶에 대하여 보다 현실적으로 되도록 돕는 것이 치료의 중요한 부분이다.

(15) 실망 또는 환멸disappointment or disillusionment

우리 자신과 주변에서 진리를 구하자마자 일어나는 것들 가운데 한 가지는 우리가 실망하게 된다는 것이다. 삶은 쉽지 않다. 삶은 우리를 상실과 환멸로 압도할 것이다. 우리가 환상에서 깨어났다고 느낄 때 더 이상 어떤 것도 가능하지 않고 가치 있는 것도 없는 것 같다. 세계는 매력을 잃었고 모든 것은 공허하고 단조롭게 된다. 우리는 패배감을 느낀다. 사람들이 무엇인가 성취하려고 시도했다가 실패한 후 세상에 대해서 의기소침해지는 것도 당연하다. 이제 사람들은 또다시 실패할까 두려워서 뭔가를 간절히 하고 싶어 하지 않는다. 때로는 뒤따라오는 부조리에 혐오감을 느낄 수 있다. 때로는 완전히 우울해지거나 낙담할 수도 있다. 그러한 경험은 니체가 억울한 경험이라고 말했던 것으로, 마치 삶을 빼앗기고 공정하게 대우받지 못한 것처럼 여긴다.

크리스토퍼Christopher가 나에게 왔을 때 그는 세 종류의 불행한 관계를 연이어서 갖고 있었다. 그는 사회생활에 대한 혐오감으로 의기소침해 있었고 처음엔 데이트를 포기하고 다음엔 쇼핑, 그다음엔 일을 포기하였다. 이제는 심각한 사회공포증으로 힘들어 하고 있다. 실제로 밖으로 나오는 것에 대한 그의 두려움은 너무 커서, 사람들이 자신을 더 굴욕스럽게 할 뿐이라고 두려워하면서 사회적 상황을 회피했다. 그럼에도 불구하고 내담자와 나에게 분명해졌던 것은 공포증이 질병이 아니라 다른 사람들을 믿을 수 없다고 결정하면서 따라왔던 환멸이었다는 것이다. 크리스토퍼는 더 많은 환멸, 재앙이나 패배에 대한 두려움 때문에 다른 사람들에게 나아가기를 두려워하였다. 그는 기쁨을 주고 실망을 피하려는 타인의 방식이 아니라 자신의 방식으로 다른 사람들에게 다시 나아갈 수 있는 새로운 용기를 발견하도록 스스로를 도울 필요가 있었다. 그는 곧 자기 자신을 신뢰하지 않았다는 것을 깨달았기 때문에, 다른 사람을 기쁘게 하고 달래주기보다는 자신의 확신에 대한 용기를 가질 때가 바로 지금이라는 것을 깨달았다. 그는 실제로 자신에 대한 확신이 있었던 것을 알고 기뻐했다. 이것은 낚시하고 골프 치러 가는 것처럼 스스로 할 수 있는가 그리고 자신을 기쁘게 하는 활동에 대한 열정을 회복할 수 있는가에 대한 질문이었다. 그렇게 하면서 그는 점차 공포증을 문제로 보지 않고 극복하게 되었다. 그는 주변에 있는 사람들을 골프 코스 관리인이나 담소를 나누고 싶었던 동료 낚시꾼들처럼 위협적으로 생각하지 않고 잘 지내게 되었다. 가장 어려웠던 것은 그가 두려워했던 판단하는 사람들이 있는 회사로 가기 위하여 용기를 내는 것이었다. 그는 삶에서 여성을 포함하여 두려워했던 사람들에 대하여 스스로 대비할 필요가 있었다. 그를 치유했던 것은 용기였다고 그는 말하였다.

> 그러나 내 안에는 뭔가가 있는데 그것이 용기이다. 그것은 언제나 내 안에 있는 모든 낙심을 파괴한다 … 왜냐하면 용기는 가장 큰 용사이고, 공격수이기 때문이다. 공격할 때마다 거기에는 승리의 함성이 있었다 (Nietzsche, 1883/1933: 177).

(16) 스트레스distress

만일 우리가 트라우마와 위기의 결과로 용기를 모두 잃는다면, 잠시 동안 용기가 바닥났을 것이다. 우리에게 일어나는 모든 일을 즉시 흡수하여 소화할 수는 없다. 직면할 수 있는 우리의 능력이 붕괴되었을 때 우리는 종종 약해지는 느낌과 동시에 스트레스를 느낀다. 우리는 견딜 수 있는 한계를 넘어가면 잠깐 동안 우리 자신을 이완시킬 필요가 있다. 스트레스는 긴장을 준다. 직면하는 느낌이 너무 크면 우리는 곧 폭발할 수 있다. 그것은 무슨 일을 먼저 할지, 그 일의 가정이 무엇인지, 그 일을 통해 무엇을 이룰지에 대하여 철학적으로 성찰함으로써 다룰 수 있다. 스트레스는 쉽게 다룰 수 있는 것이 아니다. 왜냐하면 그것은 이미 직면할 수 있는 우리의 능력을 넘어섰다는 이유만으로도 더 이상 우리를 구하지 못할 것이기 때문이다. 스트레스는 보통 신체적 증상과 정서적, 심리적 격변을 포함한다. 요즈음 그것을 외상 후 스트레스 장애PTSD라고 부르는 경향이 있다. 재앙, 사고나 전쟁을 경험했던 사람들은 충격을 받고 방향감각을 잃게 된다. 그들의 세계는 붕괴되고 세계에 대한 안전감도 붕괴된다. 외상 후 스트레스 장애로 도움을 받으러 오는 사람들이 종종 법정 소송 사건에 연루되어 있으면, 이는 그들에게 도움이 되지 않는다. 그들의 스트레스를 기록해야 하고 보상을 받기 위하여 그것을 주장해야 할 때에는 매우 복잡한 일이 될 수 있다. 그것은 철학적 작업을 하기에는 좋은 기반이 못 된다. 스트레스를 받은 사람들이 그 장면을 떠올리는 회상, 불면증, 대재앙적 환상이나 두려움을 경험한다는 것은 그들에게 무슨 일이 일어났는지를 이해하기 전에 보호와 이완이 필요하다는 것을 의미한다. 평형이 흔들리면 균형을 다시 잡아야 한다. 안전한 삶을 재확립하는 것이 최선의 방법이고, 그 안에서 그들은 스스로 충분히 일을 감당할 수 있게 된다.

내가 이안Ian을 상담했을 때, 그의 아버지는 고향에서 공격을 받아 살해되었고 이안도 역시 상처를 입었기 때문에, 그에게 안전감이 없다는 것이 다른 무엇보다도 크게 부각되었다. 우리가 보통 당연하게 받아들이는 기본적인 안전감이 이안에게는 분명히 없었다. 그는 자신의 정신 건강이 위협받는 것을 두려워하였다. 처음 몇 주간 우리는 불안정하고 자신을 의심하는 불안한 분위기 속에서 작업했다. 그는 극심한 공포 상태로 빠지게 될까봐 두려웠고, 그의 아버지처럼 죽게 될까봐 두려웠다. 공포 이미지가 그를 괴롭혔다. 그는 공포스러운 사건이 거의 없는 세계를 신뢰하도록 하는 내적 힘을 발견하기 위한 기본적인 도움이 필요했다. 지지그룹, 음악, 영화를 통한 긍정적인 생각이 더 평화로운 마음의 틀을 회복하는데 매우 중요했다. 그 자신이 해체되지 않는다는 것은 그를 미치게 했던 환상과 감정의 출혈을 멈추게 하는 것을 의미했다. 그는 특별한 처방을 따라 하기보다는 자신만의 방법을 발견하였다. 이안에게 힘이 생겼을 때 우리는 이안이 아버지를 죽게 했다고 느꼈던 감정과, 자신을 안전하게 지킬 필요가 있다는 가치를 재평가하는 과정을 활기차게 시작하였다. 재앙을 겪게 했던 세계와는 다른 세계를 창조할 수 있음을 인식하게 되자 그의 신뢰는 회복되었다. 그러나 두려움에 대처하는 그의 능력은 '악마devil가 간섭하는' 이전의 수준으로 결코 돌아가지는 않을 것이다.

(17) 두려움dread

불안 또는 키에르케고르(1844/1980)가 앙스트angst라고 말했던 것은 우리의 생존을 돕는 경험이다. 실제나 상상으로 위험에 직면했을 때 두려움은 인간의 가장 근원적 경험들 가운데 하나이다. 그것은 실존적 불안의 현실이고, 삶은 본질적으로 안전하지 않다는 것을 상기시킨다. 많은 작가들이 인지하였듯이, 어느 정도의 불안이나 두려움은 바람직하고 사람들에게 에너지를 준다. 실존의 깊이에 직면한다는 것은 도전이나 고통을 결코 벗어나지 못하는 삶의 진리에 대한 새로운 관점을 줄 수 있다.

> 불안은 현존재dasein 안에서 자신의 존재를 가장 잘 드러낸다. 자신의 존재를—위한—최고의—가능성, 즉 자유를 선택하여 자유를 유지하고 자유를 위하여 자유로운—존재를 향해서 나아간다(Heidegger, 1927/1962 : 188).

불안은 자유와 책임을 수반한다. 또한 하이데거가 제안했듯이, 개별화의 가능성을 알린다. 부정적인 의미에서, 만일 도전이 가능하지 않다고 생각한다면, 개별화의 가능성은 약해질 수 있다. 긍정적인 의미에서 불안과 함께 나오는 아드레날린이 실제 살아 있다는 자각을 하게 한다. 해야 할 일이 있고 그것을 해야 하는 사람은 바로 당신이다. 물론 마비시키는 불안이나 공포와 같은 것도 있다. 그것은 기능할 수 있는 능력을 차단하는 불안 장애나 공포증과 같이 심신을 약화시키는 어떤 것이 될 것이다. 불안을 살아 있다는 신호와 앞으로 실현될 자유의 신호라고 이해하면, 불안이 우리를 압도하게 내버려두기보다는 우리가 불안의 주인이 되는 방법을 찾아야 할 것이다.

가장 높은 불안을 발견하는 것은 우리의 가치를 보여준다. 우리는 가장 중요한 것에 대하여 가장 불안해한다. 우리를 가장 불안하게 하는 것을 알 때 근원적 과제가 무엇인가를 알게 된다. 불안의 의미를 알지 못한다면 격렬한 불안이나 공포를 경험할 뿐이다. 그렇게 되면 불안은 의미 없는 방식으로 돌고 돌아서 결코 이해나 행동과 연결되지 않고 우리는 불안정하게 흔들리면서 실패한다. 따라서 목표는 높은 불안으로 곤두박질치는 것도, 불안에 면역되는 것도 아니고, 자유롭게 살아서 높이 날아오르게 하는 최적의 불안 수준을 유지할 수 있게 하는 것이다.

> 그러나 나는 모든 인간 존재가 경험해야 할 모험이 이것이라고 말하고자 한다. 불안을 배운다는 것은 불안에 빠지지 않음으로써 또는 불안에 굴복하지 않음으로써 인간이 죽지 않으려 한다는 것을 말한다. 누구든지 올바른 방식으로 불안해지기를 배우는 사람은 궁극을 배운다(Kierkegaard, 1844/1980: 155).

(18) 낙담 또는 우울despondency or depression

만일 우리가 불안을 거절한다면 낙담이나 우울이라는 다른 덫에 걸릴 것이다. 이것은 종종 불안이나 두려움에 너무 압도당했던 사람들 그리고 삶의 위험을 전적으로 회피했던 사람들에게 일어난다. 낙담은 종종 심리학에서는 우울로 언급된다. 현상학적 용어로 말하면 낙담은 매우 개인적인 마음 상태로, 추락의 느낌, 즉 보통은 외부에서나 내면 둘 다에서 무엇인가가 부족하다는 느낌이다. 그것은 정서 주기에서 낮은 지점에 있다(van Deurzen, 19981, 1988/2002). 그리고 자신의 열망과 희망을 포기하고 내팽개쳐두는 데서 오는 느낌이다. 낙담은 모든 것이 자신을 더 억누르고 더 박탈할 것이라는 느낌을 갖게 한다. 낙담은 매우 서서히 영향을 미치는 존재 방식이고, 보통 자신의 웰빙에 대해 새로운 관심을 가지는 것에 반응하고 아직 가능한 것에 대해 주의를 기울이는 것에 잘 반응한다. 그러나 우리는 영양실조나 유전적 기질과 같은 내적 요소에서 올수 있는 우울 그리고 다양한 종류의 사별, 상실과 같이 삶의 경험에서올 수 있는 우울함에 주의를 기울일 필요가 있다. 낙담을 극복하는 데걸리는 시간은 사람마다 그리고 상실한 것의 의미에 따라 엄청나게 차이가 난다. 또한 우리들이 사용할 수 있는 자원이 무엇인지에 따라 그리고우리들에게 일어났던 것에 대하여 의미 있는 설명을 할 수 있도록 어떤도움을 받는지에 따라 다르다. 언어와 이해는 의기소침해지고 기가 꺾인존재에 대하여 새로운 관점을 신중하게 가질 때 매우 중요하고 미묘한도구이다. 그것은 새로운 관점을 가지도록 도움을 준다.

가장 어두운 상황에 대한 명료한 견해는 이미 그 자체로 낙관적 행동이다. 실제로 이 상황에 대하여 생각할 수 있음을 암시한다. 즉 우리는깊은 숲속에서도 그 안에서 길을 잃지 않는다는 것이고, 오히려 그 반대로 그것으로부터 우리 자신을, 최소한 마음으로라도 분리시킬 수 있고, 관찰할 수 있다는 것이다. 따라서 비록 우리의 결정이 대단히 위험하더라도 그 상황을 넘어설 수 있고 그것에 대하여 무엇을 해야 할지 알 수 있다(Sartre, 1965: 289).

6. 영적 차원

궁극적으로 논의된 모든 문제는 더 깊은 구조, 즉 우리가 가지고 있는 세계관의 구조와 접목된다. 우리가 견디는 불행 또는 우리가 추구하는 행복에 대한 해석은 우리가 그것들을 생각하는 방식에 따라서 중요하게 달라질 수 있다. 인간 존재는 일관된 느낌을 제공하는 의미와 가치를 삶에서 창조한다. 우리가 형성한 개념과 어떤 관계를 가질지에 대한 것이 영적 차원이고, 단순하게 고통을 주는 삶 또는 결단력과 목적을 가지고 행동하는 삶의 차이를 만드는 것은 인생관에 대한 우리의 명료함 때문이다.

(19) 잘못된 방향disorientation

우리의 신념과 가치는 보통 분명한 방향을 제시하지만, 우리는 쉽게 그것을 놓칠 수 있다. 잘못된 방향은 방향 감각을 잃은 상태이기 때문에, 우리는 불확실하거나 단순히 혼란된 느낌을 갖는다. 만일 우리가 삶의 목적을 발견할 수 없고 운명에 대한 느낌이 없다면 어떤 것도 해결하기 어려울 것이다. 하이데거는 이러한 존재의 상태를 분산된 상태라고 말하는데, 이것은 세계가 우리를 지배하도록 내버려두는 상태를 말한다. 우리는 자신의 의도와 연결되어 있지 않고 주인 의식이 없다. 우리가 어디에 있는지, 우리가 누구인지, 무엇을 원하는지를 알지 못한다. 우리는 우리 자신을 규정하기 위하여 그리고 우리가 원하는 것을 다시 알기 위하여 이 분산된 상태로부터 우리 자신을 모으고, 다시 모아야 한다.

> 만일 현존재dasein가 자신을 듣지 못하는 상실성에서 회복될 수 있으려면, 그리고 이것을 스스로 해낼 수 있으려면 우선 스스로를 발견할 수 있어야 한다(Heidegger, 1927/1962: 271).

> 그러니까 만일 자신에게로 돌아오기를 원한다면 '생겨난' 바로 그 일들의 분산과 비연결성으로부터 우선 스스로를 모아야 한다(Heidegger, 1927/1962: 389-390).

게일Gail이 치료를 받으러 왔을 때 그녀는 제정신이 아니었다. 그녀의 마음은 너무 많은 문제에 사로잡혀 있어서 바로 앞에 있는 길을 놓쳤다. 그녀는 네 명의 아이를 키웠고, 연로해서 정신이 없는 부모님 두 분을 돌보느라 힘들었다. 그녀의 부모가 돌아가시고 남편이 잠깐 그녀를 떠났을 때, 그녀는 완전히 정신을 잃었다. 그녀는 어디로 가고 싶어 했는지 알지 못했다. 그녀가 방향감각을 상실한 것은 더 이상 그녀를 도울 사람이 없는 데서 그리고 자신을 어떻게 도와야 할지 모르는 데서 기인한 것이다. 게일은 산더미같이 쌓인 집안일과 책임감 때문에 잊고 있었던 이전의 목적을 찾는 것에서 새로운 목적을 찾기 시작했다. 그녀는 이전의 그 일을 잘 했고 자랑스러워했었다. 그녀는 나이 들어서는 생각하지 않았던 목표를 재발견했다. 그녀는 새로운 삶이 자유일 수 있고 그리고 타인에 대한 의무와 집안일이 아니라 모험을 향해 열려 있을 수 있다는 생각을 처음에는 주저했지만 이제는 즐기게 되었다. 그녀는 운명에 대해서 새로운 의미를 부여하자 전에는 결코 보지 못했던 방향성을 볼 수 있었다.

(20) 퇴락decadence

우리의 목적지를 알지 못하는 것은 삶에서 가치 있는 것과 만나지 못했다는 것이다. 이전에는 성스러웠던 것들이 너무 많이 없어진 사회에서, 그리고 성적 혁명이 도덕성을 변화시킨 사회에서 우리는 우리 자신의 원칙을 어떻게 규정해야 좋을지 모른다. 우리는 쉽게 퇴락하게 된다. 기술혁명은 안락의자의 편리함을 우리에게 제공할 수 있기 때문에 우리는 소비지상주의의 사치를 부리게 되고 가장 중요한 것이 무엇인가를 놓치게 된다. 우리는 종종 그런 것이 필요하다고 느낀다. 왜냐하면 광적으로 몰아치는 삶과 틀에 박힌 생활로부터 머리를 식힐 필요가 있기 때문이다. 그러나 우리는 어느 사이엔가 안락의자 밑으로 미끄러진다.

가치와 의미가 블랙홀로 빨려 들어갈 때, 우리 주변에는 온통 불만이 팽배하게 된다. 우리는 삶을 부조리한 것으로, 세계를 부패한 것으로 경험한다. 사회는 해체되고 있고, 회의주의가 지배하고 있다. 몇몇 사람들은 만연한 이 허무감과 공허감을 견딜 수 없어 한다. 심리치료를 받으러 오는 많은 사람들이 세계에는 어떤 의미도 없고, 자신들의 행동은 어떤

차이도 만들지 못할 것이라고 느낀다. 그러나 모든 것이 허용되거나 가능
해진다고 할지라도, 더 이상 만족이나 의미 있는 성취를 경험할 수 없게
된다. 실존적 황량함과 퇴락이 만연한다. 행복추구는 때때로 더 좋은 무
엇인가를 구하려는 충동이 되고, 그것이 새로운 출발점이 될 수는 있지
만, 여전히 잘못된 추구가 될 것이다.

　케빈Kevin은 삶의 흥미를 잃어버렸다. 그는 락밴드의 멤버였고, 네 명
의 친구와 지원팀과 함께 전 세계를 여행하면서 광란의 삶을 살았다. 이
도시에서 저 도시로, 이 호텔에서 저 호텔로, 계속해서 알코올과 마약에
취해서 그가 원했던 모든 것을 하면서 살았다. 그는 아직도 그것이 가치
있는 행동이라고 생각했지만, 그것은 일상적으로 제정신을 가지고 아침
에 출근해서 저녁에 퇴근하는 삶에서 의미를 발견할 수 있는 능력과 자존
감을 약화시켰다. 계약이 끝나고 동료 몇 명이 그만두면서 다른 일을 찾
는 것 외에는 별다른 대안이 없었다. 왜냐하면 더 이상 그와의 계약을
연장하고자 하는 사람이 없었기 때문이다. 케빈은 코카인을 끊기가 어려
웠지만 가장 어려웠던 일은 담배와 술을 끊는 것이었다. 그는 끊으려는
동기를 가지고 있지 않았다. 그는 허무주의에 대해서 의문을 품는 것이
매우 힘든 일이었지만 치료를 위해서는 이 매우 힘든 일을 해야만 했다.
점차 케빈은 가능한 것 또는 바람직한 것에 대한 새로운 그림을 그리게
되었다. 우리는 쾌락주의와 잘 사는 삶의 비밀에 대하여 많은 이야기를
나누었다. 그러한 논의가 케빈에게 다른 것이 가능할 수 있을 것이라는
희망을 주었다. 결국 그는 스스로 주도권을 잡고, 회피하는 삶에 집착하
게 했던 습관을 벗어버릴 수 있었다. 그는 재떨이 냄새를 맡고 간질환을

앓으면서 자신의 삶을 끝내고 싶지 않다고 결정하였다. 그는 표구사라는
새로운 직업을 가지게 되었고, 새로운 삶을 위하여 스스로 노력하였다.
그동안 자신을 가치 있게 만드는 의미를 확립하려는 노력은 무척 힘들었
고 아주 큰 산을 오르는 것과 같았다. 그는 계속 미끄러질 때 도움의 손길
을 필요로 했지만 공감이나 동정을 원하지 않았다. 왜냐하면 그것은 그의
자존감을 훼손했을 것이기 때문이다. 그는 이미 놀만큼 놀았다고 말한다.

(21) 망상delusion

퇴락에서 벗어나는 것보다 망상에서 벗어나는 것이 더 어렵다. 만일
당신이 근거 없는 신념에 빠진다면 이를 벗어날 확실한 발판을 다시 발견
하기 어려울 것이다. 사람들이 자신의 세계에서 피난처, 즉 확실한 발판
을 발견할 수 없을 때, 근거 없는 신념에 빠지게 된다. 실재가 우리의
초점을 벗어나 있고 약속을 지키지 못한다고 해서 우리는 현실을 테스트
해야 하는가? 이제 어떤 사람은 소망 또는 악몽 같은 사고의 표적이 되고,
다른 사람들은 알 수 없는 유토피아나 환상에서 길을 잃게 된다. 망상은
현실감 부족을 동반하는 극단적인 자기기만의 한 형태이다. 그러나 우리
는 망상을 정신 질환으로 너무 성급하게 진단하지 말아야 한다. 많은 형
태의 도그마는 망상을 포함하고 있다. 어떤 사람들은 망상의 삶을 예술로
만들어 다른 사람들에게 자신의 망상이 어느 정도 현실적이라고 확신시
킨다. 우리가 여전히 의심하고 다시 생각할 것인지, 또는 마지막으로 불
가능한 망상에 전념할 것인지가 문제이다.

(22) 의심doubt

의심은 실제로 위대한 구세주이다. 데카르트Descartes가 말했듯이, 의심은 모든 지식의 근원이다. 의심은 우리가 이미 알고 있는 것을 가정하는 대신 다시 생각하기를 시작할 수 있는 최적의 장소이다. 의심 없이는 어떤 실제적인 이해나 지혜가 있을 수 없다. 그러나 의심은 가장 불편한 경험이다. 우리가 일단 당연하게 받아들였던 것을 보류하고 안정적으로 보였던 그 모든 것에 대하여 새롭게 생각해야 한다는 것은 쉬운 선택이 아니다. 그것은 우리를 길을 잃은 채로 내버려 둔다.

> 우리는 불안을 '낯설게' 느낀다. 여기에서 현존재Dasein가 불안에 대해서 구체적으로 뭐라고 규정할 수 없는 것은 '아무것도 없음과 어디에도 없음'이라고 표현할 수 있다. 이것은 '낯섦' 또한 '집에-있지-않음'을 의미한다(Heidegger, 1927/1962: 188).

이것에 대하여 하이데거는 집에 있지 않음unheimlichkeit이라는 용어를 사용한다. 이것은 문자 그대로 하면 집에 있지 않는다는 것이다. 그 의미는 의심하면서, 편하지 않고, 안정되지 않아 집이 아늑하지 않다는 것이다. 하이데거는 실제로 불편하지만 의심하는 이 경험이 인간이 되기 위하여 근원적이고도 필수적인 것이라고 믿는다.

> 실존적-존재론적 관점에서 '집에-있지-않음'은 더 원초적인 현상으로 여겨져야 한다(Heidegger, 1927/1962: 189).

따라서 의심은 너무 빠르게 극복해서는 안 된다. 그것은 잘 사는 삶을 추구하는 지속적인 과정의 소중한 배경이 될 수 있다.

(23) 빚debt

우리는 삶에 빚을 지고 있는 게 아닌가 하는 의심을 자각적으로 경험할 수 있다. 삶에 빚을 지고 있다는 이 느낌은 실존적 죄책감을 경험하는 것이다. 어떤 점에서 부족하다는 느낌, 또는 실제로 누군가에게 잘못했다는 느낌, 또는 자신이 할 수 있는 것을 하지 않았다는 느낌이다. 타락은 일종의 자기방종인데, 의심이 생긴 후에는 실존적 죄책감의 경험으로 인도할 수 있다. 사람들이 빚진 느낌에 민감해지자마자 삶에서 새로운 출발이 가능해지게 된다. 하이데거는 인간 존재가 근본적으로 삶에 빚을 지고 있고 그것을 먼저 자각해야 잘 살 수 있다는 관점을 가지고 있다.

> 이것은 죄-있음being-guilty이 채무Verschuldung에서 비롯된 것이 아니라, 반대로 채무가 원래의 죄-있음being-guilty에 '기반을 두어서'만 가능하게 된다는 것을 암시한다(Heidegger, 1927/1962: 284).

우리는 결코 잠재력을 실현하는 삶을 살지 않는다. 왜냐하면 삶은 언제나 우리가 실현할 수 있는 것보다 더 많은 희망과 가능성을 가지고 있기 때문이다. 만일 우리가 죄책감이나 부족함을 느낀다면 죄책감은 우리의 능력을 암시하는 것이다. 그러면 죄책감은 피해야 할 것이 아니라 좋은 것이다.

(24) 절망despair

너무 많은 일이 잘못되거나 책임이 주어질 때, 종종 압도당하는 느낌을 받으면서 깊은 절망의 상태에 빠지는 것도 당연하다. 만일 삶이 우리에게 제공하는 기회와 능력을 보지 못한다면, 우리는 우리를 아프고 불안하게 하는 공허함이나 영적 소외에 나도 모르게 빠지게 될 것이다. 여기에는 온갖 종류의 이유가 있을 것이다. 우리는 삶의 의미에 대하여 긍정적이거나 낙관적으로 생각하지 않아도 삶에서 생기는 재앙에 대해서 용서받을 수 있을 것이다. 쾌락이나 행복을 맹목적으로 추구할 때보다 이때 필요한 것이 삶의 의미이다. 우리의 삶과 우리 자신이 의미 있는 한, 우리는 다시 삶을 다룰 수 있을 것이다. 의미가 사라질 때 절망의 길이 열린다. 우리가 결과적으로 경험하게 되는 황량함이나 영혼 없음은 삶을 헛되게 만들고 산만함과 쾌락은 삶을 따분하고 어리석게 만든다.

그러나 이것은 결국 좋은 일일 수 있다. 왜냐하면 그것은 쉬운 길을 따라가지 못하게 하고 다시 생각하도록 우리를 몰아가기 때문이다. 키에르케고르는 절망이 나쁜 일이지만, 만일 그것이 우리 자신을 재발견하고 진실한 삶을 살도록 격려한다면 나쁜 일이 아니라고 주장한다.

절망은 탁월한 것인가 아니면 결함 있는 것인가? 순수하게 변증법적으로 말하면 둘 다이다(Kierkegaard, 1855/1941: 14).

참으로 인간이 되기 위해서 우리는 삶의 모순에 기꺼이 개방되어 있어야 하고 삶의 길에서 이 모든 문제를 기꺼이 겪어야 한다. 우리는 가끔 이러한 것들 없이도 살 수 있지만 삶이 진실하고 훌륭하게 되는 것은 이러한 일을 직면하면서 사는 삶을 통해서이다.

> 아무도 영혼 없이 태어나지 않는다. 그리고 아무리 많은 사람들이 자기 삶의 유일하고도 하나뿐인 결과로 이 영혼이 없는 상태로 죽음을 맞이하더라도, 그것은 삶의 잘못이 아니다(Kierkegaard, 1855/1941: 102).

물리적	사회적	개인적	영적
결핍	다름	딜레마	잘못된 방향
질병	부조화	(자기) 기만	퇴락
욕망	지배	실망	망상
의존	부정적	스트레스	의심
유체이탈	분리	두려움	빚
죽음	파괴	낙담	절망

그림 4.2 일상의 문제들

7. 결 론

그림 4.2는 이번 장에서 논의된 주제들을 요약한 것이다. 이것들은 삶의 모든 문제를 전부 목록화한 것이 아니라, 그것들 중 몇 가지를 단순하게 제시한 것이다. 그러한 어려움과 지속적인 도전에 직면했을 때 단순히 행복을 바라는 것이 믿을 만한 것인가? 아니면 도전을 받아들이면서 두

려워하지 않는 더 좋은 삶의 방법을 찾아야 하는가? 우리의 운명을 다스리는 것은 편안한 장소에서 발견되는 것이 아니라 우리 자신의 빛, 경험과 재능에 따라 지속적으로 이해하고 학습하는 태도에서 발견된다.

Chapter 5

삶의 위기
트라우마를 이겨내다

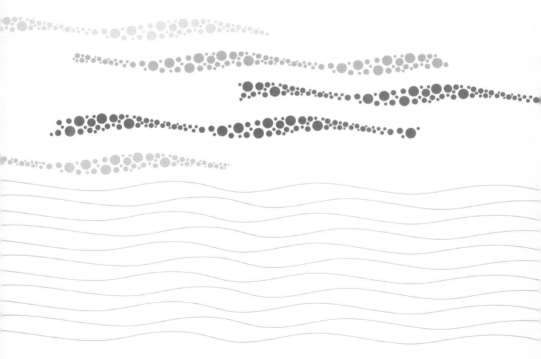

Chapter 5
삶의 위기 :
트라우마를 이겨내다

나는 나의 영적 상태를 나 자신에게 이렇게 설명하였다.
나의 삶은 누군가가 나를 이용하고 있는 어리석고
실제적인 농담이라고.

— 톨스토이, 《*Confessions*》 p.2

　더 이상 행복할 수 없고, 만족할 수 없다는 것이 분명해질 만큼 일상의 문제들이 많아지면, 우리는 종종 재난에 직면하게 된다. 그러한 위기는 우리가 운명으로부터 그렇게도 조심스럽게 보호하고 운명으로부터 피하려 했던 삶의 균형을 깬다. 우리가 일상적 현실에서 어쩔 수 없이 반복되는 작은 도전을 다루는 법을 배울 수 있다면, 격변하는 폭풍우에 대처하는 연습을 하지 않아도 된다. 그것은 갑자기 파괴하고 모든 것을 한꺼번에 죽이겠다고 위협을 한다. 우리는 가끔씩 다가오는 심각한 재난을 결코 완벽하게 대비할 수 없다. 특히 그것이 우리의 실존의 핵심을 때릴 때, 완전히 다른 정신 상태를 요구한다. 삶에서 위기를 막고 극복하는 것은 쉬운 것이 아니다. 재난을 만나 그것을 이해하고 성공적으로 극복하는 과정에서 재난으로부터 교훈을 얻을 수 있다면 그것은 우리가 뭔가를 성취했다는 표시이다.

일반적으로 인간은 변화와 변형을 통하여 발전한다. 그것 없이는 우리의 삶이 침체된다. 그러나 모든 변화는 쉽지 않다. 우리 삶을 강타하는 것은 우리가 선택한 것이 아니고 초대하지도 않았지만 우리에게 다가와 우리 삶의 구조를 붕괴시키고 격변시킨다. 그러한 위기는 결국 카타르시스와 새로운 시작을 가져올 것이다. 그것은 처음에는 종종 혼란과 혼동을 주기 때문에 우리는 그것을 두 팔 벌려 환영할 수 없다. 그것은 우리에게 있는 모든 만족을 고갈시키고, 마치 다시는 평화나 만족의 순간이 오지 않을 것 같은 느낌을 준다. 그럼에도 불구하고 우리가 역경과 도전으로부터 벗어나려고 애쓰기보다 위기에 유연하게 대처하는 것이 우리의 성공과 발전에 더 잘 어울린다. 그때 실존의 척도는 행복이 아니라 회복력이다.

어떤 위기는 너무 심해서 우리의 안전을 흔들어놓고 비참한 삶을 경험하게 한다. 어떤 재앙은 너무 가슴을 찌르는 것이어서 심한 고통을 주고 그 고통을 줄이고 받아들이는 데 수 년 내지 수십 년이 걸리는 트라우마를 경험하게 한다. 짧고 날카로운 실존의 충격은 처음에는 우리를 납작 엎드리게 만들지만 결국 더 높이 올라가도록 우리에게 박차를 가한다. 위기와 재앙은 종종 서로 밀접하게 연결되어 있다. 갑작스러운 충격은 반갑지 않고, 잠도 못 자게 깨어 있게 하거나, 생각하고 싶지 않은 현실을 갑작스레 생각나게 한다.

1. d, c, e로 시작되는 단어에 대하여

앞 장에서 보았듯이 일상의 어려움을 다루는 것은 'd'로 시작하는 단어이다. 우리는 이제 극심한 상태와 그것이 우리에게 요구하는 중요한 행동이 종종 'c'로 시작되는 단어로 표현되는 것을 보게 될 것이다. 변화change, 위기crisis, 갈등conflict, 혼란confusion, 도전challenge, 재앙catastrophe, 카타르시스catharsis, 혼돈chaos, 용기courage, 확신confidence, 의사소통communication, 연결connection, 공고화crystallization 등이다. 또한 무엇인가 나타나고 새로워지는 경험을 하게 되는 것은 주로 'e'로 시작된다. 이것은 라틴어와 그리스어에 뿌리를 두고 있다. 무엇인가를 제거하는 것을 나타내는 'de-'는 단절과 상실을 의미하고, 반면에 'co'나 'con'은 합치거나 다가오는 것을 의미하고, 그리스어에서 온 'cat'은 아래로 내려가서 무엇인가를 통과한다는 것을 나타낸다. 이와 유사하게 'e'로 시작되는 것은 무엇인가가 밖으로 나가서 벗어나거나 솟구치는 것을 말한다. 언어는 그 자체의 실존적 범주를 가지고 있으므로 인간 실존의 영역 안에서 우리 자신이 방향을 잡아가도록 돕는다.

우리가 습관적이고 안전한 것으로부터 단절될 때, 위기 경험은 스트레스를 주거나 트라우마가 된다. 그것은 어떤 결과가 나올지 모르는 불안정한 변화의 순간이다. 그렇기 때문에 그것은 우리의 체력과 지구력을 테스트한다. 누구라도 평화와 연속성이 있는 조용한 시간보다 견디기 어려운 위태로운 때를 더 좋아하면서 선택하지는 않을 것이다. 그러나 우리는 종종 삶에서 다른 어떤 시기보다도 재앙의 시기에 더 많은 것을 배운다.

변형과 배움의 과정은 상실, 불안, 슬픔, 혼란의 경험과 동시에 일어난다. 우리는 이러한 경험을 좋은 것으로 변화시키는 법을 배워야 한다. 모든 훌륭한 삶은 위기와 새로운 시작으로 점철되어 있다. 우리는 편안한 삶만을 선택할 수 없고, 전적으로 고통과 역경이 없는 삶을 선택할 수도 없다. 잘 사는 삶과 억울하고 후회하는 삶은 패배를 인정하고 용기 있게 직면하여 다시 회복하는 정도에 따라 나누어진다. 때로는 삶이 특별히 힘들 때 잠깐 동안 굴복하여 자비롭게 내버려두거나 포기하는 것이 최선이다. 바닥을 치는 것은 앞으로 나아가기 위한 최선의 방법일 수 있다. 왜냐하면 우리 자신은 깊은 곳에서 보다 새롭고 견고한 토대를 발견하여 가치 있고 의미 있는 미래를 만들기 시작할 수 있기 때문이다. 언제나 통제할 수 있다는 생각을 놓아버리는 것이 위안이 될 수 있다. 그리고 행복해 보이려는 노력을 일시적으로 중단하는 것이 자유처럼 느껴질 수 있다. 우리는 궁극적으로 우리 자신의 삶의 깊이를 헤아릴 때 현실의 뿌리를 발견하게 된다. 그러나 그것은 우리 자신이 재난에 직면하여 순교자나 희생자가 된다는 의미가 아니라, 패배와 절망의 때에 어떻게 두 다리를 딛고 일어서는지를 알고, 언제 어떻게 다시 수면 위로 떠오르는지를 이해한다는 것이다. 그리고 이것은 물론 치료가 등장하는 곳이기도 하다. 그러면 치료사는 위기의 순간을 어떻게 상담하고, 재난이라는 고된 시련의 장에서 내담자가 삶을 어떻게 재형성하도록 도울 수 있을까? 이때에 행복추구는 좋은 가이드가 될 수 있을까?

2. 위기 또는 새로운 시작

한 사람의 삶에서 모든 것이 뒤집어지고 제대로 서 있는 것이 아무것도 없는 때가 있다. 내적으로나 외적으로, 보통은 둘 다 현 상태를 잘못되게 만들고, 이전의 일상적인 실존의 균형을 깨는 일이 일어난다. 이때는 모든 것이 바뀌고 다르게 보이는 힘든 때이다. 모든 것이 기회이다. 한자로 위기危機는 위험과 기회를 의미하는 두 개의 글자로 이루어져 있다. 만일 상황이 더 좋게 되는 계기를 잡으면 위기는 기회로 바뀐다傳機. 우리를 강타하는 대재앙으로 인한 혼란의 상태에서, 처음에는 우리가 당연하게 받아들였던 것이 흐트러지고 풀리기 때문에 혼란을 겪는다. 땅이 흔들리는 것 같은 붕괴와 소란의 한가운데에서도 우리는 새로운 시작을 해야 한다. 위기의 때에는 상실과 획득이 보통 나란히 함께 오지만 처음에는 대부분 혼란과 고통과 붕괴가 강조된다. 이전에는 난공불락의 요새처럼 공고하던 것이 갑자기 이제는 앞날을 알 수 없는 상태가 된다. 견고했던 것들이 마치 운명처럼 자기 자신과 타인에 의해서 의문시되고 해체된다. 안정과 평형이 흔들리고 영원히 바뀌려고 한다. 질서가 지나간 이후 혼란이 뒤따르고, 혼란과 싸우려고 시도해보는 것은 우리에게 달려 있다. 우리는 최선을 다하여 이전에 만들어진 질서의 상태를 재확립하려 하거나, 옛 질서를 포기하면서 새로운 것을 창조하기 이전의 중간 상태로 나아가고자 한다. 새로운 것을 향하여 나아간다는 것은 위험을 피하지 않는다는 것이다. 그러나 우리는 다른 쪽에 있는 안전한 곳으로 건너가지 못할 수도 있다. 옛 것에 집착하는 것은 우리가 적응하지 못하고 위기로부터 필요 이상의 고통을 받을 것이라는 의미이다. 그러나 사라진 관습과 가치는 더 이상 재생되지 않을 것이고, 아무리 그것을 붙잡으려고 노력해도 천천히 사라져서 우리를 떠날 것이다. 사람들은 자신을 재앙에 빠뜨리는 두 가지 상태 사이에서 꽤 망설일 수 있다. 따라서 위기에서 가장 중요하고도 유일한 자산은 그 상황에 직면하여 용기를 가지고 위기를 통과하도록 최선의 선택을 하는 것이다. 만일 우리가 변화하고 타협할 때 결단력 있게 확신할 수 있다면, 최소한 우리가 잃은 것만큼 얻을 것이고, 위기는 완전히 새롭고 더 나은 삶의 국면으로 들어가는 돌파구의 시작이라는 것을 보게 될 것이다.

3. 위기는 어떻게 시작되는가?

우리는 맑은 날 번개 치는 것을 보면 놀랄 것이다. 예기치 않게 일어난 일이 당연하게 받아들인 모든 것을 갑자기 바꾸어놓는다. 우리는 자주 이러한 일에 책임이 없다고 생각한다. 우리는 어쨌든 그 일을 불러들이지는 않았지만 그것을 피할 수 없기 때문에 이해해야 하고, 그것이 암시하는 모든 것을 수용할 방법을 찾아야 한다. 이와 같은 때에 우주는 잔인하거나 더 나쁘게는 우리의 고통과는 상관이 없는 것처럼 보인다. 우리는 삶이 비용을 지불하면서 경험하는 괴로운 우주적 농담일 뿐이라고 느낄 것이다.

사람들은 갑작스러운 충격 상태에서 비틀거리면서 상담실에 온다. 그 사람들의 마음에는 창조적인 변형이라는 생각이 마지막으로 떠오른다. 그들은 괴로움이 멈추기를 바란다. 삶에는 갑작스러운 사별이나 질병 또는 사고가 있을 수 있다. 그들의 우주를 뒤흔들어 놓는 것은 직업, 배우자나 부모, 아이나 사랑하는 사람의 상실일 것이다. 그들은 자연 재해를 당할 수도 있고, 전쟁이나 혁명이나 공습 또는 사고에서 대재앙이 일어나는 것처럼 인간의 개입을 통하여 일어나는 수도 있다. 위기는 우리가 엄청난 스트레스와 고통에 노출되는 때이다. 그리고 위기의 원인이 무엇이든 우리는 우리에게 가해지는 압력을 인정해야 하고, 그것을 받아들이기 위하여 습관을 바꿔야 한다. 이런 종류의 유연성은 삶의 작은 사건이나 큰 위기에서 중요한 자산이 된다. 그리고 특별히 역경의 때에 배운 것을 일상의 삶에 적용할 수도 있다. 홈즈와 라헤(Holmes and Rahe, 1967)는 스트레스를 주는 삶의 사건들에 대한 연구에서 일반적인 많은 일뿐만 아니라 작은 일도 포함시켰다. 그들은 이것들이 모여서 상호작용적으로 경험되면, 더 높은 스트레스 지수를 나타내고, 잠정적으로는 재앙적 결과를 낳게 되고, 그것을 경험하는 사람이 질병을 일으킨다는 것을 보여주었다. 어떤 것은 매우 일반적인 상황이지만 이상하게도 이사나 결혼 또는 임신같이 분명히 행복한 사건도 포함되어 있어서 행복의 상대적인 가치를 다시 한번 보여준다. 때로는 바라고 갈망했던 그리고 완전히 기쁠 것 같았던 바로 그 사건에 의하여 위기가 발생하기도 한다.

홈즈와 라헤는 각 사건이 가져오는 삶의 변화 단위를 숫자로 나타내면서 300점 이상이면 80%의 신체적 또는 정서적 질병의 위기가 된다는 것을 발견하였다. 200점과 300점 사이는 50%의 위기라는 것을 보여준다. 그림 5.1은 홈즈와 라헤의 웹사이트에서 인용한 것으로 그들이 각 삶의 사건에 부여했던 가치를 나타낸다(Holmes and Rahe, 1967).

아래에 나열된 각각의 사건을 읽고 지난 2년 동안 당신의 삶에서 일어났던 사건들에 해당하는 곳에 표시를 하세요. 여기에는 옳은 것도 틀린 것도 없습니다. 단지 최근에 당신이 경험했던 사건들을 확인하기 위한 것입니다.

삶의 사건들	삶의 위기 단위		삶의 사건들	삶의 위기 단위	
배우자의 죽음	100	❏	자녀가 집을 떠남	29	❏
이혼	73	❏	시부모나 장인 장모와의 갈등	29	❏
별거	65	❏	눈에 띄는 개인적 성취	28	❏
투옥	63	❏	아내가 일을 시작하거나 그만둠	26	❏
가까운 가족의 죽음	63	❏	학교를 시작하거나 마침	26	❏
개인적 상처나 질병	53	❏	생활 조건의 변화	25	❏
결혼	50	❏	개인적 습관 개선	24	❏
실직	47	❏	상사와 갈등	23	❏
재결합	45	❏	근무시간이나 근무조건의 변화	20	❏
은퇴	45	❏	이사	20	❏
가족의 건강 변화	44	❏	전학	20	❏
임신	40	❏	취미의 변화	19	❏
성적 어려움	39	❏	종교 활동의 변화	19	❏
새로운 가족이 생김	39	❏	사회 활동의 변화	18	❏
사업 재조정	39	❏	삼천만 원 이하의 대출	17	❏
재정 상태의 변화	38	❏	수면 습관의 변화	16	❏
가까운 친구의 죽음	37	❏	모이는 가족 숫자의 변화	15	❏
부서 이동	36	❏	식습관의 변화	15	❏
배우자와 논쟁하는 횟수의 변화	35	❏	휴가	13	❏
일억 원 이상의 대출	31	❏	나 홀로 연휴	12	❏
대출에 대한 압류	30	❏	가벼운 법 위반	11	❏
직장에서 책임의 변화	29	❏			❏
Reset :			**점수 :**		

출처 : Holmes and Rahe(1967)

그림 5.1 홈즈-라헤 척도

물론 가치와 점수는 개인의 맥락에 따라 다르다. 왜냐하면 각 경험에 수반되는 특별한 의미와 맥락에 따라서 이 사건들은 우리에게 다른 영향을 미칠 것이기 때문이다. 이와 같은 척도는 사건들이 평균적인 사람에게 어떻게 영향을 미치는지에 대한 일반적인 지침을 줄 수 있을 뿐이다. 그리고 실제로 이것은 각각의 구체적인 경우에 따라서 다양하게 나타날 것이다. 또한 얼마나 충격을 받는지 그리고 얼마나 잘 대처하는지는 개인의 회복력 수준에 따라 다르다. 우리는 실제 심리치료에서 스트레스를 주는 사건들이 사람마다 매우 다르게 지각된다는 것을 매우 잘 알고 있다. 표에서 자살 예측 변수를 보여주는 항목들, 예를 들어 폭력, 법정 출두, 자해, 알코올중독, 약물 남용 그리고 이와 유사한 것이 장기간 지속되는 상황들이 빠졌다는 것은 놀랍다. 다른 한편 우리는 한스 셀리에Hans Selye 의 연구가 보여준 것처럼 스트레스가 때때로 자극제라는 것도 잊지 말아야 한다(Selye, 1974/1991, 1978). 실제로 어느 정도의 스트레스는 순기능을 하기도 한다. 스트레스나 어려움 없는 삶은 에너지 없는 시스템, 연료 없는 자동차, 변화 없는 기류와 같다. 긴장은 올바르게 다루어질 때 우리에게 유익하다. 과잉보호는 잘 사는 삶을 위한 좋은 방법이 아니다.

그럼에도 불구하고 얼마나 많은 위기를 감당할 수 있는지에 대한 질문은 중요하다. 최근에 스퍼렐과 맥팔레인(Spurrell and MacFarlane 1992)은 재난으로 타격을 받은 공동체에 관한 연구를 기초로 하여 실제로 사람들이 스트레스를 많이 받는 사건들에 직면하는 방법을 탐구하였다. 거기에서 인지적 개입이 위기를 다룰 수 있는 능력을 방해하는 가장 중요한

요소였음을 알아냈다. 즉 가장 중요한 것은 재난의 영향을 경험하는 과정
이다. 만일 한 사람이 재난을 완전히 이해하고 다룰 수 있다면, 그리고
그것을 어떻게 해서든 의미 있게 만든다면, 그것은 정서적으로 통합될
수 있고 극복될 수 있다. 만일 그런 방식으로 다루어지지 않는다면, 인지
적 개입은 잠정적으로 그 사람의 삶에 계속해서 그리고 오랫동안 남아
있을 것이다. 이것은 자이가르닉 효과Zeigarnick effect를 생각나게 한다
(Zeigarnick, 1967). 그것은 우리가 미해결된 과제를 해결된 과제보다
훨씬 더 잘 기억한다는 사실을 보여주는 것으로 레빈(Lewin, 1999)이
인용하였다. 이것은 그 일들을 억압하거나 잊으려고 노력하기보다는 삶
의 외상적 경험으로부터 배우고 상기시켜서 남아 있는 일들을 완성시키
는 자연스러운 방법이다. 그것은 단지 습관이나 직면의 문제만은 아니다.
그것은 문제를 다루어가는 과정의 문제이다. 문제를 이해하고 소화시키
는 것, 즉 삶의 구조를 의미 있게 형성해가는 것이다. 문제를 마음속에서
이리저리 뒤집고, 멍하게 또는 강박적으로 걱정하거나, 자신을 희생자
나 억울한 상태를 만드는 것이 아니다. 그것은 위기 속에 있는 사람을
재촉하고 캐물음으로써, 절망적인 불행과 수동성의 상태로 나아가게 함으
로써, 그 사람을 좋게 하기 보다는 그 사람에게 해를 더 많이 끼칠 수 있다.

4. 실존적 위기를 긍정하기

우리가 만일 계속해서 위기를 공포, 자기 동정, 무기력으로 경험하지
않으려면, 위기를 탐색하고 탐구하여 유용하게 만들어야 한다. 우리는

이미 새로운 도전을 위한 에너지를 발견하는 데 있어서 실존적 불안의 역할을 이미 알고 있다. 운명에 의하여 넘어진 사람들은 변화를 너무나도 간절하게 필요로 하기 때문에 교묘한 방식으로 위기를 불러들였는지도 모른다는 의심이 종종 든다. 그러나 사람들은 보통 뒤늦게야 위기가 삶에서 흥분과 동기 그리고 새로운 에너지를 회복하도록 돕는다는 것을 인정한다. 다른 사람이 아니라 자신이 개인적으로 사건을 일으켰거나 그 사건을 촉발시켰다는 것을 깨달으면서, 자신이 재앙을 낳도록 사건을 악화시켰다고 죄책감을 느낄 수 있을 것이다. 그러나 죄책감 밑에는 어느 정도의 만족이나 위안, 심지어는 궁극적인 변화에 더 좋은 영향을 미쳤다거나 대재앙을 통과한 것에 자부심을 느끼는 것과 같은 교묘한 속임수도 있다. 교도소와 같은 곳에서 석방되었을 때 꽤 자주 느끼는 은밀한 위로가 이러한 것이다.

테리Terry는 자신보다 10살 위인 헬렌Helen과 10년 이상 결혼생활을 했던 내담자였다. 그는 결혼이 축복이고, 그와 아내는 매우 행복하다고 자주 말했음에도 불구하고, 갑자기 생각지도 않게 그의 사무실에 있는 젊은 비서에게 구애를 하고 사랑을 하게 되었다. 그녀는 매력적이고 애교도 있어서 그의 맘에 들었다. 테리는 자기 자신에 대하여 결코 매력이 있다고 생각하지 않았기 때문에, 젊은 비서가 그에게 관심을 가진 것에 대하여 큰 감동을 받았다. 분명히 비합리적인 생각이 그를 사로잡았다. '나는 다시는 오지 않을 이 기회를 놓쳐선 안 돼. 어떤 일이 있어도 나는 비용을 계산해선 안 돼. 이것은 진짜 흥분과 진실한 기쁨을 주는 마지막 기회야.'

그런 상황에서 그는 오래지 않아 그 비서의 접근에 굴복하였다. 그는 하룻밤의 섹스를 하진 않았지만 그의 아내에게 가서 다른 여자와의 성공을 열정적으로 과시하면서 그의 새로운 매력을 발견한 것이 행복한 결혼을 위한 것이고 그것이 아내와의 사랑에 대한 증거라고 주장하였다. 아니나 다를까 그의 아내 헬렌은 모욕과 도발을 경험하면서 깊은 상처를 입었다. 그녀는 크게 마음이 상해서 당장 집을 나가서 다시는 돌아오지 말라고 소리를 질렀다. 테리는 그녀와 다퉜지만 그녀의 명령에 기꺼이 복종했다. 그는 너무 당황해서 여행가방과 수표책 하나만 들고 집을 빨리 나와버렸다. 그는 너무도 혼란스럽고 암울해서 아내와 함께 언젠가 가기로 했던 스페인으로 혼자 여행을 떠났다. 그는 몇 달 동안 그곳 호텔에 숨어 지내면서 개인 은행 계좌에 얼마 남지 않은 예금을 호텔 비용과 음주에 다 써버렸다. 테리는 극단적으로 나아가지는 않았지만 아마도 지금쯤은 직장에서 해고되었을 것이고 결혼생활도 끝났다는 것을 잘 알고 있었다. 결국 점점 더 후줄근해지는 그를 보고 호텔 지배인이 병원에 가볼 것을 권하였다. 병원에서는 밤새 그를 지켜보다가 영양실조와 우울증으로 진단하고 영국으로 돌아가서 의사와 상담할 것을 권했다. 테리는 바로 그렇게 했다. 그러고 나서 그 의사는 그를 상담에 의뢰하였다.

그가 상담을 시작했을 때는 여전히 혼란스러워 했고 스스로 만든 위기에서 벗어난 것에 대하여 복잡한 감정을 느끼고 있었다. 그는 지금의 멍한 상태에서 빠져나오기를 꺼려했다. 왜냐하면 알코올과 고독이라는 도피처와 안전한 곳을 발견했기 때문이다. 그는 아내와 살았던 집에서 100

마일 떨어진 도시에 주거지를 잡았고, 아내를 전혀 만나지 않았다. 그는 음악을 들으면 무서웠다고 말했다. 자신의 전문적 신분보다 훨씬 못한 일을 하고 형편없는 돈을 받고 있었다. 더 좋은 대우를 받지 못하고 있다고 생각했다. 그는 지금부터는 이것이 사실일 것이라고 말했다. 그는 자신의 삶이 초라하다고 말했지만, 이상하게도 만족을 하고 있는 것 같았다. 그는 지루하지만 예측 가능했던, 아마 그래도 행복했을 것 같은 삶을 위하여 모든 노력을 다하는 것이 위안이었음을 인지하였다. 그리고 그것을 자유롭게 받아들였다. 그것이 무엇이든, 아주 작은 것을 가지고도 최소한 생존할 수 있음을 자기 자신에게 증명하였다. 비록 소극적인 영웅주의와 반항이 그를 거의 파괴했을지라도 그는 그것을 좋아했다.

회복을 위한 긴 여정은 사건을 이런 관점으로 보게 하고, 왜 그렇게 했는지, 무엇을 했는지 인정하고 설명하는 것으로 시작하였다. 그는 자신의 행동을 자신에게 일어났던 것으로만 보기보다는 자신의 행동에 대하여 책임을 짐으로써 그 사건을 다시 한번 볼 수 있게 되었다. 그는 자신의 아내에 대한 도발과 모욕이, 순진하고 잔인해 보이지만, 반면 의도된 것임을 발견했을 때 실제로 자신의 삶을 살게 되었다. 그의 모든 순간과 모든 생각을 휘둘렀던 아내에 대하여 독립을 주장하는 것이 그가 발견한 유일한 길이었다. 그는 마침내 자신이 할 수 있다는 것을 아내에게 보여주었다. 물론 바람을 피운 것으로는 충분하지 않았다. 사실 그것은 거의 중요하지 않았다. 중요한 행동은 아내로부터 자기 자신을 차별화하기 위하여, 그리고 새롭게 발견한 확신과 자유에 아내의 주의를 끌기 위하여,

아내에게 그것을 과시하였던 것이다. 그러나 그는 아내가 그것을 허용하고 용인하기 어려워한다는 것을 너무나 잘 알고 있었다. 그는 심지어 그들 사이의 긴밀한 유대관계를 깨는 데 성공했기 때문에 엄청나게 바라던 결과를 이루었다는 것을 알 수 있었다. 그는 마침내 그렇게 오랫동안 그를 당혹스럽게 했던 가정의 행복이라는 한정된 울타리로부터 벗어났다.

그가 이것을 자각이나 설명 없이 했다는 것 그리고 그 과정에서 두 사람의 마음에 상처를 주었다는 것이 비극이었다. 그러나 이것은 그의 의도가 아니었다. 왜냐하면 그는 순수하게 그들의 관계가 이 모욕을 견딜 수 있으리라고 가정했기 때문이다. 그는 아내를 한 인간으로 본 것이 아니라, 단지 자기 자신의 연장으로 보았고 아내도 마찬가지였다. 그의 절망과 죄책감은 어마어마했고 자기를 벌주려는 경향성도 격렬했지만 그럼에도 불구하고 그는 만족스러웠던 결혼생활로부터 도피하는 것에서 큰 위안을 느꼈음을 이해하기 시작했다. 이 도피는 그것이 아무리 파괴적이라 하더라도, 그에게 생각할 시간, 공간, 자유를 주었다. 일단 위기가 필요했다는 것을 받아들이자 그는 그것을 통하여 자신의 길을 발견할 수 있게 되었다. 그가 아내와 만날 준비가 되어 있다고, 그리고 아내와의 일을 이해할 만큼 충분히 강해졌다고 느끼기까지는 꽤 오랜 시간이 걸렸다. 그는 한때 정돈된 자신의 삶과 이와 같이 단절하면서 깨지 않았다면, 그렇게 할 수 없었을 것이라고 생각했다. 결국 그는 위기와 자기를 알아갈 때의 혼란을 경험했던 것이 지금까지 했던 일들 중에서 가장 잘 한 것이었다고 말하였다. 그가 마침내 아내와 만났을 때 이 생각을 아내에게 확신시키는 데 슬프게도 성공하지 못했다. 왜냐하면 그의 아내가 테리보다 훨씬 어린, 그녀의 영향을 많이 받는 다른 누군가와 살고 있었기 때문이다. 그녀는 그와의 일에 대하여 말하고 싶어 하지 않았거나 말할 수 없었다. 결국 이것은 그가 빠져나오길 잘 했다는 것을 확인시켜주었다. 그는 그녀의 새 파트너를 안쓰럽게 생각했다.

5. 위기 또는 직면할 수 있는 능력 테스트

많은 사람들이 불놀이를 하면서, 직접 또는 간접적으로 자기 삶의 어떤 부분을 파괴하는 불꽃을 터뜨릴 때까지, 이런 방식으로 자기 자신을 테스트한다. 보통 위기의 실제적인 기원을 추적하는 것은 어렵다. 일반적으로 위기는 많은 압박이 교차하는 지점에서 일어난다. 만일 우리가 재앙의 영향과 사건의 연결망을 추적할 수 있다면, 우리는 누군가를 탓하지 않고 그것을 적절하게 이해할 수 있었을 것이다. 개인이 자기 자신과 다른 사람들에게 상처를 주는 행동에 책임이 있는지는 알기 어렵다. 왜냐하면 사건 속에서 개인의 몫은 보통 제한되어 있기 때문이다. 감추어진 행동이나 과거에 무시했던 것에 뿌리를 두고 있는 재난이 있지만, 그것은 결코 그렇게 보이지 않는다. 사람들의 벽장 속에는 많은 해골이 있어서 내면의 화산들이 폭발하기를 기다리고 있다. 일단 하나의 위기가 터지면 다른 것들도 연달아 터질 것이다. 이것은 나쁜 운은 세 가지가 연달아서 온다는 미신과 연관될 수도 있다. 삶은 때로는 카드 집처럼 부서지거나 한 줄로 선 도미노처럼 무너진다. 모든 것은 서로 연결되어 있고 구조적으로 하나의 요소가 무너지면, 나머지도 곧 무너지는 경향이 있다. 이것은 물에 돌을 던지면 물결이 더 멀리 퍼져서 언제나 새로운 물결이 만들어지는 잔물결에 비유할 수 있다. 그렇기 때문에 위기는 보통 한 번에 한 사람 이상에게 영향을 미치고, 각 사람의 반응은 더 많은 위기나 잔물결을 연이어서 유발할 것이다. 이것은 행동과 반응의 힘이 꺾이거나 자제될 때까지 또는 그 뒤에 있는 에너지가 흐지부지되고 연쇄반응이 둔화될 때까지 계속될 것이다.

나는 이런 종류의 연속적인 패턴을 나의 삶에서 그리고 내담자의 삶에서 보았다. 그리고 예방할 수 있는 사건과 자신의 여정을 다 밟아야 하는 사건을 구별하는 방법을 배웠다. 위기의 규모에 따라, 그 여파는 몇 달 또는 몇 년, 어떤 경우에는 심지어 몇 십 년이나 몇 세대로 이어질 수 있다. 그러한 불안정한 기간은 새로운 균형이 확립될 때까지 계속되지만, 위기를 겪는 일부 사람들은 상황의 균형이 깨어졌을 때 오히려 투자를 할 것이다.

위기를 발생시키려면 확립된 질서를 어쨌든 위반해야 한다. 이것은 균형이 깨진 작은 행동에서 보다 부드럽게 일어날 수도 있고 또는 격렬하게 일어날 수도 있다. 우리를 뒤흔드는 감정 앞에서 냉철하고 침착하게 위기를 몰아내려면 배짱과 결단력과 용기와 자기 확신이 필요하다. 그것들은 계속해서 약화될 것이기 때문에 매일 반복해야 한다. 물론 이 과정에 지름길은 없다. 무엇이 진행되고 있는지 그리고 어떻게 파도를 탈 수 있는지를 이해하고 인정하기를 빨리 배울수록 더 좋은 결과가 나온다.

전반적으로 위기를 탐색하는 것은 외로운 경험이다. 왜냐하면 위기 가운데 있다는 것은 일반적이지 않고 주변 사람들과 단절돼있기 때문이다. 위기에 있을 때 당신은 확립된 질서 밖에 있게 되고 잠깐 동안 혼돈이 지배한다. 물론 모든 위기가 환영받지 못하는 것은 아니다. 그리고 환영받든 못 받든 위기는 우리 자신을 처음 잠깐 동안의 흐름에 맡겨 하류로 떠내려가도록 내버려둠으로써 위기를 헤쳐 나갈 수 있다. 누구나 돛대에 자기 자신을 매어놓고 폭풍우를 헤쳐 나가기를 원하는 것도 아니고, 고요한 바다 속으로 물러나서 가장 쉬운 방식으로 폭풍우를 헤쳐 나오기를 원하는 것도 아니다. 어떤 사람들은 위기를 새로운 기회로 환영하고, 어떤 사람들은 심지어 그것을 즐기면서 자신의 능력을 테스트할 기회로 삼아 더 유연해지고 더 강해지기를 배운다. 또 어떤 사람들은 위기에서 나오질 못해서 그 후로 계속 짓밟히고 외상을 겪는다. 위기에서 나오기 위하여 우리는 최악의 격변이 잠잠해질 때까지 안전한 도피처를 발견할 필요가 있다. 그런 다음 다시 시작할 준비하는 데 필요한 새로운 땅을 발견해야 한다. 우리는 과거로부터 배우고 새로운 규칙, 일상, 규범을 확립하고 지속적으로 지킬 필요가 있다.

6. 다양한 수준의 위기

위기와 트라우마는 여러 수준에서 우리에게 영향을 미칠 수 있다. 운명이나 다른 것들에 의하여 만나게 된 위기와 우리 자신의 행동 결과에 따른 위기를 구별하는 것은 유용하다. 동시에 우리는 물리적으로 우리에게 영향을 미치는 위기와 트라우마를, 관계적으로 우리에게 영향을 미치는 위기와 트라우마에서 분리할 필요가 있다. 다음의 그림에서(그림 5.2) 우리는 네 차원을 한 눈에 볼 수 있다. 그것은 잠정적인 많은 트라우마, 괴로움, 그리고 삶의 위기의 원천을 보여준다. 어떤 것은 외부의 환경에 의하여 생기고, 다른 어떤 것은 우리 자신의 행동이나 다른 사람의 행동에 의하여 생긴다. 이 모든 것은 우리의 삶에 대변혁을 일으킬 것이고 재앙이 우리를 강타할 때 이제까지의 안전을 파괴할 것이다.

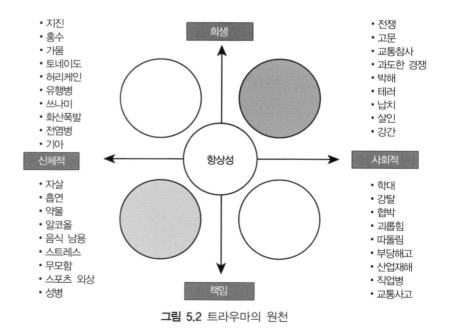

그림 5.2 트라우마의 원천

이 사건들은 대부분 이유가 있고 치명적일 수 있다. 모든 사람은 그러한 사건에서 생존한 사람이 마음속 깊이까지 충격을 받았을 것이라고 이해한다. 특정 사건이 우리에게 충격을 주는 방법은 엄청나게 다양하고, 그러한 경험을 안전하게 통과하도록 그들을 돕기 위하여 위기와 위기가 삶에 미치는 영향에 대하여 구조적인 방식으로 생각하는 것은 도움이 된다. 대부분의 위기는 다양한 방식으로 우리에게 영향을 미친다.

7. 신체적 위기와 그 함의

신체적 위기는 몸의 안전에 영향을 미치는 위기이다. 그것은 우리 자신 또는 다른 사람의 신체적 질병으로 발생하는 것이다. 또는 다른 물리적 원인에 의하여 생긴다. 그림 5.2에서 우리는 홍수와 가뭄과 허리케인과 쓰나미와 같이 우리를 완전히 죽이지는 않지만, 철저하게 우리를 뒤흔들어 놓을 수 있는 자연 재해를 본다. 그것들을 다룰 때 우선 신체적 안전을 재확립하는 것이 다른 어떤 개입보다도 우선되어야 한다. 공격, 전쟁, 사고와 질병도 마찬가지이다. 신체적 돌봄과 안전한 도피처를 확보하지 않은 채로는 다른 어떤 것도 되지 않는다. 그러한 물리적 사건들의 후유증으로 정서적 국면들이 전면으로 드러난다. 자연, 타인, 세계에 대한 불신은 한 사람을 노출시키거나 놀라서 숨어버리게 만든다. 실제로 트라우마는 거의 언제나 신체적 요소를 포함한다(Bracken, 2002).

신체적 요소를 포함하고 있는 어떠한 위기도 비용이 들고 아주 힘들다. 모든 트라우마는 실제적인 결과를 낳고 물리적 환경에 변화를 가져오며, 다른 위기와 변화도 종종 물리적 함의를 포함하고 있다. 사람들은 자신

주변의 것, 집, 사무실, 물건이 붕괴될 때 다른 물리적 공간에 대한 권리
도 잃게 된다. 스트레스는 신체적 증상을 가져오거나 하나의 사건을 만드
는 경향이 있다. 위기는 종종 지리학적 변화를 포함하고 있어서 모든 것
을 움직인다. 많은 형태의 위기는 재정적 손실 또는 이런저런 물리적 안
전이 감소되는 것을 포함한다. 우리가 잃어버린 신체적 안정은 다른 어떤
것보다도 훨씬 더 많은 영향을 미칠 것이다. 위기가 일반적인 위기보다
신체적 현실로 경험될 때, 우리의 자기정체성은 다양한 방식으로 더 중요
한 변화를 겪게 된다. 우리는 신체적 안전이라는 기반을 상실할 때 쉽게
균형을 잃을 수 있다.

　우리 자신의 질병, 사랑하는 사람의 질병이나 죽음은 아마도 일반적인
환경에서 안전의 기반이 상실되는 것에 노출되는 것과 가장 가깝다. 그러
한 경험은 우리의 에너지를 거의 다 고갈시킨다. 이제까지 당연하게 받아
들였던 안전은 좌절된다. 사형 선고를 받아들이지 않는 것이나 다른 형태
로 부인하는 것은 타조가 모래 속에 머리만 숨기는 것처럼 비난받을 수
있을지라도, 단기간의 방비책을 제공할 것이다. 그것은 극한 상태에 있
는 사람들에게 효과가 있을 것이다. 질병과 죽음에 굴복하는 것은 쉽지만
생존은 항상 의문시된다. 정직은 의심의 여지없이 가장 귀하지만, 언제
나 화려한 최선의 전략은 아니다. 흥미롭게도 신체적 문제를 가지고 있는
대부분의 사람들은 행복보다는 정상성을 간절히 원한다.

8. 사회적 위기와 그 함의

위기는 종종 사회적 상황이 갑작스럽게 변화하고 세계와 타인과의 관계에서 우리의 위치가 변화하는 것을 함축한다. 전쟁이나 혁명과 같은 사회적 위기는 세계 안에서 우리의 위치에 극단적인 방식으로 영향을 미친다. 우리를 안전하게 해주었고, 당연하게 받아들였던 이전의 모든 구조의 기반을 약화시킨다. 그러나 지위, 직업, 신분, 역할의 상실은 심지어 평화로울 때에도, 우리의 존재감에 큰 영향을 미칠 수 있다. 우리는 이것들이 연쇄적으로 영향을 미친다는 것을 발견할 것이다. 우리가 배우자를 상실할 때 외로울 뿐만 아니라 두 사람의 반이 아니라 갑자기 혼자가 된다. 아이를 잃었을 때 부모의 신분도 위태롭게 될 것이다. 우리의 사회적 정체성은 상실과 함께 무너지고, 이것을 직면할 수 있는 우리의 능력도 약화될 것이다. 역할의 상실이 긍정적인 결과와 연결될 때, 예를 들어 은퇴를 하거나 아이들이 집을 떠나는 것도 가슴 아픈 일일 수 있다. 이 모든 상황은 공적인 맥락에서 발생한다는 사실로 인해서 더 나빠질 수도 있고 또 특정 방식으로 일을 처리하라는 사회적 압력을 우리에게 가할 수도 있다. 같은 변화를 겪지 않은 사람들 그리고 익숙함이라는 안전한 자리에 앉아 잘난 체하고 있는 사람들은 우리를 질책하거나 상담하고 종종 우리의 의지를 반대할 것이다. 우리가 그릇된 결정을 했다면 우리에게 일어날 일에 대하여 좋지 않은 경고를 받을 것이다. 사람들은 우리를 책망할 권리가 있고 갑자기 우리가 도덕적으로 열등하거나 미약한 것처럼 대할 권리가 있다고 느낀다. 그들이 유사한 상황에 갑자기 처하게 된다면 어떻게 할까? 그들은 자신의 삶이 뒤바뀌고, 내면이 균형 잡혀 있다는 우월한 생각이 무모하고 잘못되었음을 발견하기 전까지, 그들은 조심하고 우리가 겪었던 위험을 겪지 않을 것이기 때문에, 자신들은 위험성을 면제받았다고 생각할 수 있다.

얼마나 많은 사람들이 삶의 갈등과 어려움을 피할 수 있다고 위장하는지, 갈등과 어려움을 실패의 표시로 보는지 놀랍다. 우리는 갈등과 위기에 효과적이고 건강하게 직면하여 서로를 지지해주는 방식으로 그것을 다루는 사회적 전통이 없다고 외친다. 예를 들어, 좋은 환경에서 결혼생활이 더 부드러웠으면 하고 기대하던 부부가, 위기는 고사하고, 그들 사이에서 예측할 수는 있었지만 기대하지 않았던 문제를 다루어야 할 때 깜짝 놀란다.

사람들이 학교에서나 직장에서 나쁜 행동에 노출되면 처음에는 일어나고 있는 일에 대해서 눈을 가리는 경향이 있다. 우리는 그런 일에 준비되어 있지 않다. 따돌림은 그런 조건에서 많아진다. 그때 사람들은 폭력에 연루되어 평판이 나빠지는 것을 원하지 않고 또 그런 일이 그들 앞에서 벌어지는데도 나 몰라라 한다. 우리는 다른 곳을 쳐다보면서 그 문제를 우리의 관심으로 불러들인 내부 고발자를 원망한다. 그러나 나쁜 행동에 대하여 이러한 수동적인 관용은 세계에서 벌어지고 있는 많은 불행과 끔찍한 일의 원천이다. 많은 사람들이 이런 문제를 보지만 여전히 그것을 바로잡는 데 있어서 가야 할 길이 멀다. 에드먼드 버크Edmund Burke는 그것에 대하여 다음과 같이 멋지게 요약을 한다.

악이 승리하기 위하여 필요한 유일한 것은 선한 사람들이 아무것도 하
지 않는 것이다.

우리와 직접 관련이 없는 일에 책임을 지는 것은 어렵다. 그리고 우리
는 삶을 평화롭게 유지하기 위하여 주변에서 볼 수 있는 불행의 원천을
피하는 경향이 있다. 그러나 현실은 우리와 직접적으로 관련 있는 문제가
아니라 간접적으로 우주의 한 부분인 문제를 다루면 다룰수록, 세계를
더 좋게 만들어간다는 것을 보여준다. 우리는 본능적으로 악을 관용하는
것이 우리에게 오점을 남긴다는 것을 안다. 마틴 루터 킹Martin Luther King
은 다음과 같이 주장하였다.

악을 수동적으로 받아들이는 사람은 악을 저지르도록 돕는 사람만큼
그것에 연루되어 있다(King, 1963).

우리가 어떤 태도를 취하려고 할 때 물론 상처를 입는다는 대가를 즉시
받게 될 것이다. 우리는 방관자나 가해자가 아니라 희생자가 될 수도 있
다. 그러면 왜 우리는 책임을 져야 하는가? 아마 이것도 행복의 문제에
대하여 실마리를 던져줄 것이다. 문제는 우리가 안전과 행복을 얻을 준비
를 하기 보다는 계속해서 수동적이고 지속적인 상태로 안전과 행복을 제
공받길 원한다는 것이다. 그러나 안전과 행복을 계속 구하는 것이 아주
약간이라도 안전과 행복을 얻는 유일한 방법이다.

9. 개인적 위기와 그 함의

현실에서는 물리적 위기와 사회적 위기는 피한다 해도 가끔 생기는 개인적 위기는 피할 수 없다. 개인적 위기는 일반적으로 개인적 실패의 경험으로부터 생긴다. 우리에게 매우 소중한 일의 상실이나 다른 종류의 낭패는 시험, 인터뷰, 테스트에 실패했다는 것을 알려준다. 우리는 우리 자신이나 다른 사람의 기대에 미치지 못하므로 스스로를 부족하다고 여긴다. 우리는 핀잔을 듣거나 인격이나 존재의 본질에 대하여 의심을 받는다. 우리는 갑자기 자신을 흠이나 결함이 있는 것처럼 여긴다. 흠이나 결함은 우리의 정체성을 의심하게 할 수 있다. 물론 어떤 맥락에서는 관계의 종말, 죽음, 재난으로 인한 상실이 원인이 될 수 있다. 여기에서 촉발된 감정은 강력하다. 죄책감, 수치심, 굴욕감, 분노, 질투, 욕망, 두려움, 후회는 모두 개인적 패배에 습관적으로 따라오는 것들이다. 우리는 망연자실하고 당황하게 되어 크게 압도당한다. 우리가 고통으로부터 빠져나오는 유일한 방법은 그 상황을 다루는 능력과 최악의 일에 직면하기 위한 우리의 능력을 회복하는 것이다. 여기에서 유익을 얻는 새로운 방법을 발견하는 것이다. 만일 우리가 그렇게 하면, 우리의 이름, 우리의 강점, 용기, 능력에 걸맞은 명예를 가지고 앞으로 나아갈 것이다. 만일 우리에게 회복력이 있다면, 우리 자신을 생존자로 생각할 수 있고, 그리고 이것은 이후의 삶에 도움이 되는 반갑고 예기치 않은 소득이 될 것이다.

10. 영적 위기와 그 차원

그러나 개인적 위기 또는 다른 종류의 위기라도 그것을 존재의 본질에 영향을 미치는 영혼의 어두운 밤으로 경험할 때 훨씬 더 중요하고 심오할 수 있다. 그러한 영적 위기는 우리가 믿어왔던 모든 것에 대한 갑작스러운 믿음의 상실로 경험될 것이다. 영적 위기는 우리의 근본을 흔들고 삶의 의미에 의문을 갖게 한다. 영적 위기의 한가운데에 있는 사람은 전형적으로 세계, 타인, 자기 자신을 의심하지는 않지만 삶을 의미 있게 만들 가능성을 모색한다.

사람들은 종종 영적 위기의 한가운데에 있을 때 상담이나 치료를 받으러 온다. 그때 삶 자체에 대한 그들의 신뢰는 상처를 입었고 흔들리고 있었다. 의미를 다시 발견해야 할 필요가 그들을 몹시 괴롭히지만 그들은 초보 상담사가 제공할 것 같은 쉬운 해결책이나 예측 가능한 위로에 대하여 깊이 의심한다. 그들은 어려움을 참고 견뎌내야 하며 자신의 능력을 시험해야 한다. 또한 삶의 조건의 한계와 진실을 스스로 검토할 필요가 있다. 그러한 위기는 한 사람을 인간답게 한다. 그리고 그러한 위기를 가볍게 다루어서는 안 되며 깊이 있고 진지하게 다루어야 한다. 개인이 영혼을 찾고자 하는 순간은 너무 소중해서 낭비해서는 안 되고 인간 조건에 대하여 더 깊이 그리고 더 완전하게 이해하도록 한다. 영적 위기에 있다는 것은 자기 자신으로부터 나온다는 것이다. 그것은 말 그대로 하이데거가 '엑-스타시ec-stasy'라고 말했던 장소로 가는 것이다. 즉, 어떤 것도 당연하게 받아들여질 수 없는 곳, 거기에서 우리는 자신 안에 숨는 것이 아니라 자신 밖에 서 있어야 한다. 그렇게 밖에 서 있는 것은 과거, 현재, 미래에 영향을 미친다. 거기에는 숨을 공간이 없다. 그때 취할 수 있는 유일한 태도는 일어서서 성찰하는 것이다. 이 과정에서 우리는 우리의 실존적 공간을 더 잘 다루는 방법을 배울 것이고 우리 자신에 대한 공간과 실제로 중요한 것들에 대한 공간을 더 많이 만들 것이다.

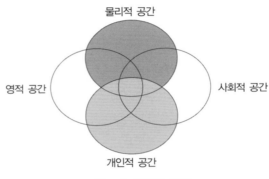

그림 5.3 실존적 공간

11. 실존적 공간과 위기

우리는 모든 공간에서 자기정체성을 느끼지만, 겹치는 공간에서 우리 자신을 중심적인 존재로서 가장 강하게 인식한다. 우리는 이것을 성취하기 전에 많은 단계를 거쳐야 하고 종종 위기는 우리 자신이 다른 국면을 재발견해야만 하는 때이다. 우리가 홀로 사막에 있을 때 그리고 우리의 삶이 가치 있는 것인지 의심스러울 때, 삶에 대한 이해를 강화하고, 대가가 무엇이든 삶에 대하여 새롭게 헌신한다. 우리는 굽히는 것을 배워야만 할 때 종종 마치 깨어지는 것처럼 느낄 것이다. 새로운 상황이 회복을 약속할 때 위기는 약간 들떠서 찾아올 것이다. 우리를 들뜨게 하는 상황이 우리 자신에 대해서 새로운 수준의 설명을 요구하는 지점에 이를 때, 우리는 그 상황을 실험하면서 새로운 바람과 열망을 표현한다. 그 상황에서 벗어나는 지점에 이르게 될 때 엄청난 도전을 다루기 위하여 많은 에너지가 요구된다. 여기가 과거의 안락함으로부터 우리 자신을 마지막으로 끊어내는 곳이고, 우리가 고향으로 알고 당연하게 받아들였던 것을 벗어나 우리 자신을 발견하는 곳이다. 이곳에서 우리는 우리 자신으로부터 빠져나와 처음에는 탐험을 강요받지만, 점차 그것을 즐기게 될 것이다. 이제 우리는 삶의 새로운 자유로 나아가기 시작한다. 그리고 그것을 얻기까지 큰 대가를 치르고 계속해서 많은 인내를 요구할 것이지만, 마침내 우리의 노력이 성공과 엑스타시로 결실을 맺는다(Tantam and van Deurzen, 2001).

너무 어렵게 얻은 이 성공과 엑스타시는 물론 오래 지속되지는 않을 것이다. 파산을 하거나 위기 후에 또 위기를 겪는 것은 절망하거나 지루해하는 사람의 마음을 끄는 것처럼 보인다. 그러나 그것이 행복을 보장하지는 않는다. 위기관리는 에너지를 고갈시킨다. 지속적으로 진화작업을 하는 위치에 있는 사람들은 빨리 소진될 것이다. 위기를 다루는 과정은 결단력을 요구한다. 이것은 에너지와 헌신이 필요하다. 만일 우리가 이 과정에서 긴장한다면 지칠 것이다. 적절할 때 받아들이고 양보하는 기술을 배우는 것이 중요하다. 때로는 우리에게 오는 것을 운명에 맡길 필요가 있다. 그 이유는 반드시 그럴만해서가 아니라 그것이 불가피하게 일이되어가는 방식의 한 부분이기 때문이다. 우리 스스로가 할 수 있는 것이 무엇인지 더 이상 정확하게 결정할 수 없을 때, 가능한 한 흐름을 따라가고 삶의 법칙을 신뢰하는 것이 우리를 올바르게 살도록 돕는다.

변화의 모델을 갖는 것 그리고 우리의 삶에 계절이 있다는 것을 기억하는 것도 도움이 될 수 있다. 불의 열기를 나타내는 도마뱀의 이미지 또는 재에서 날아오르는 불사조는 많은 사람들에게 영감을 준다. 어떤 사람들은 나비가 되기 위하여 준비하는 애벌레나 유충으로 자기 자신을 생각할 때 더 많은 도움을 얻는다. 본질적으로 이것들은 하나의 상태에서 다른 상태로 바뀌는 이미지이다. 새로운 상태는 견디어야 하는 역경에 가치를 부여한다. 그것은 인간의 변화와 발달의 모델을 보여준다. 그것은 모든 실존적 재탄생의 이미지이다.

이와 유사하게 위기를 통해서 자유로 나아가려는 사람들에게 허물을 벗는 뱀의 이미지가 자주 인용된다. 그렇게 하는 사람들은 종종 반항아같이 느껴지지만 결국 그들 자신이 운명의 분노를 초래한 이유가 무엇인지 의문을 가진다. 그들은 까뮈가 『반항The Rebel』(Camus, 1954)에서 말했듯이, 부인하기보다는 저항한다. 그리고 어떤 위기는 다른 어떤 위기를 피하기 위하여 발생한다. 궁극적으로 위기를 통한 투쟁은 언제나 생존을 위하여 투쟁하는 것이고 새로운 삶의 방식을 주장하는 것이다. 반항이 삶의 권리를 주장할 때 궁극적으로 죽음의 대가를 기꺼이 지불해야 한다.

죽음을 예상할 때만 현존재의 참된 진리로써 결단력은 그 진리에 속하
는 참된 확실성에 이르게 된다(Heidegger, 1927/1962: 350).

• 새로운 것에 관심이 커짐	흥분excitement
• 새로운 존재 방식을 시도함	실험experimentation
• 상황에 대한 감사	표현expression
• 그 상황에 대한 헌신을 발달시킴	기분을 돋움exhilaration
• 공적 선언(발견)	노출exposure
• 도전	설명explanation
• 위기	탈피ecdysis
• 혼돈 : 몇 가지 삶	탈진exhaustion
• 과거의 신념과 열망을 포기함	추출extraction
• 내버려 둠	소멸extinction
• 뒤로 돌아갈 길이 없음을 깨달음	배제exclusion
• 고통을 통합시키고 과거를 이해함	출현emergence
• 새로운 기회를 만듦	탐색exploration
• 새로운 헌신	연장extension
• 새로운 삶	확장expansion
• 성공	황홀ecstasy

그림 5.4 위기의 주기

우리가 갑자기 과거, 현재, 미래를 함께 보는 순간을 하이데거는 보는
순간, 즉 아우겐블릭augenblick이라고 말한다. 그것은 카이로스kairos와
다르지 않다. 즉, 그것은 모든 것이 알려지고 모든 것이 가능한 특별한

위기의 순간이고 그때 우리 앞에 있는 장애물을 통하여 우리는 길을 본
다. 야스퍼스의 용어로 위기는 한계 상황으로, 모든 것이 의문시되고 모
든 것이 변화하는 시기이다. 모든 것이 분리되어 있고, 모든 것이 반대이
다. 마에스터 에크하르트Master Eckhart는 "만일 당신이 알맹이를 원한다
면 껍질을 깨야 한다."라고 말한다. 위기의 순간은 우리의 껍질이 깨지고
우리 안에 있는 것을 볼 수 있는 때이다.

12. 위기에서 무엇을 배워야 하는가?

그러나 우리는 위기를 넘어서 다시 정상적으로 살기를 배워야 한다.
롤로 메이(Rollo May, 1983)가 지적하였듯이 결정이 지식과 통찰을 앞선
다. 그렇기 때문에 우리는 위기가 가라앉고 무슨 일이 일어났는지 이해하
고 알 수 있는 시간이 오고, 새롭고 공고한 패턴이 자리 잡은 후에 행동해
야 한다. 때로는 과거의 결정과 행동이 특별히 격변의 시기에 이루어진다
면, 그런 결정과 행동에 대하여 의문스러울 수 있다. 우리가 과거의 실수
를 반복하지 않으려면, 성찰하는 시간은 중요하다. 우리가 배우면서 살
때 훨씬 더 활기를 띠게 된다. 우리는 더 실제적이고 더 강해지지만 인간
세계와 삶의 현실을 다룰 수 있는 능력은 보다 더 유연해진다. 상실과
트라우마를 극복하는 것은 결코 쉬운 문제가 아니다. 슬픔은 다른 어떤
통과 의례보다도 더 오래 머물 것이다. 슬픔을 이겨내고 그것을 가슴에
담아두는 것이 우리의 과제이다.

윌리엄 워든(William Worden, 2002)은 슬퍼하는 사람이 경험의 깊이

를 성찰하고 이해하기 전에 성취해야 할 과제들을 보여주고 있다. 그들이
성취해야 할 네 가지 중요한 과제는 다음과 같다.

과제 1   상실의 현실을 받아들인다.

과제 2   슬픔의 고통을 통과한다.

과제 3   고인이 (또는 상실한 대상이) 없는 환경에 적응한다.

과제 4   정서적으로 고인을 (또는 대상을) 보내고 삶을 지속한다.

사랑하는 사람을 상실한 경우가 아닐 때에도 위의 네 가지 과제는 위기
에 잘 적용된다. 우리가 무엇을 상실했든 소중하게 여겼던 사람이 없는
세계에 다시 적응해야 한다. 이제 우리는 윤리적 결정을 하고 새로운 방
향을 잡아야 한다. 우리는 변화를 예상하고 그대로 두어야 하는 삶의 한
지점에 있지만 또한 그 상실이 올바른 방향으로 나아가도록 우리의 상실
을 기억할 수도 있다. 우리는 선하고 올바르게 생각하는 것의 이미지에
맞춰 새로운 세계를 형성할 수 있다. 우리는 과거의 유산을 선택하여 우
리의 상실을 극복한다. 이 과정에 참여할 때 우리는 도덕적 딜레마를 어
떻게 해결하고 싶은지 그리고 우리 자신과 다른 사람들을 위하여 어떤
종류의 세계를 창조할 것인지에 대하여 스스로에게 질문해야 한다. 우리
는 자신의 행동과 결정과 동기를 검토해야 하고 때로는 그것들에 대한
질문을 해야 한다.

전반적으로 트라우마 이후에 위기나 변화를 겪는 사람들은 공포의 상

태에서 벗어나고 싶어 한다. 그렇기 때문에 그들은 잘못된 해결책을 성급하게 사용하며, 가장 쉽거나 가장 편하게 보이는 해결책을 찾는다. 그러나 만일 우리가 위기를 예상할 수 있고, 결정적인 순간을 분명하게 알기를 원한다면 위기를 가라앉히는 이상으로 인내할 용기가 필요하다. 우리는 이 시점에서 두려워하지 말고 힘들지라도 성장을 위한 작업을 선택할 필요가 있다. 이것은 우리의 다음 위기가 이전의 위기를 단순히 반복하지 않을 것을 보장할 수 있는 유일한 방법이다. 예를 들어 가정 폭력의 사례처럼 반복되는 위기에 부딪힌다면, 최소한의 해결책, 즉 평화롭게 해결하라는 유혹을 받을 수 있다. 그러나 거기에는 더 나은 미래에 대한 보장은 없다.

그 대신 우리가 제안하고 있는 변화에 도전의 요소를 포함시킬 필요가 있다. 반복되는 위기 때문에 지친 사람들은 강렬함을 추구하면서 도전의 요소를 포함시킬 것이다. 만일 사람들이 파괴적 또는 자기 파괴적 방식으로 자신의 삶을 계속 밀고 나간다면, 그들은 자신이 갈망하는 삶을 빛나고 강렬하게 만들 수 있는 방식, 즉 더 창조적이고 긍정적이며 건설적인 방식을 발견하지 못한 것이다. 종종 그러한 행동을 이해하기는 어렵다. 위기에서 위기로 옮겨 다니는 삶을 사는 사람들은 지치고 고통스러운 경험을 하게 된다. 그것은 지속적인 괴로움의 상태로 경험될 것이다. 고통은 모든 의미에 저항한다. 고통은 지금 여기에 강하게 주의를 집중하면서 세계를 해체한다. 고통은 세계를 중단시킨다. 고통은 실존의 흐름을 가로막고, 몸이나 자기의 고통에 초점을 맞춘다. 고통 속에서 정체성, 헌신, 가치,

이 모든 것이 붕괴된다. 오직 몸과 고통만 남는다. 다른 모든 것은 잊힌다. 바우마이스터Baumeister는 이것을 잘 이해하고 있다.

> 트라우마와 희생은 자기와 세계에 대한 가장 광범위한 근원적 신념을 부정하는 경향이 있다. 세계는 더 이상 안전하고 우호적이거나 공정한 곳이 아닌 것 같다. 그리고 그 사람은 자신이 예의 바른 운명을 누릴 만큼 충분히 좋은 사람인지에 대하여 의심할 것이다. 희생자는 그들의 세계가 산산이 부서졌다고 말할 것이다. 그 결과로 생긴 의미의 공백상태는 회복하는 데 수 년이 걸릴 것이다(Baumeister, 1991: 246).

역설적인 것은 어쨌든 자신의 고통을 줄이려고 하는 사람들이 더 큰 고통을 당한다는 것이다. 체벌이 증가하면 모든 사람이 존엄, 안전, 의미를 상실하게 하는 폭력도 반복된다. 우리는 그런 상황에서 회복, 보상, 해방을 선택해야 한다.

13. 트라우마 넘어서기

트라우마를 창조적으로 변형시키려면 우리는 잘못된 것을 넘어서야 한다. 잘못된 것을 반대하거나 복수하는 것이 아니라 고통과 부당함을 초월해야 한다. 이것은 용서하고 잊는다는 말이 아니라 일어났던 일을 이해하고 어떤 점에서는 그것을 넘어선다는 것을 의미한다. 그러한 변형적 순간이 치료에서는 가장 강력한 순간으로, 그때 고통을 검토하면서, 그 변형의 순간에 저항하기보다는 그 변형에 유리하게 작용하는 방식을 처음으로 어렴풋이 알게 된다. 우리가 삶에 의하여 산산이 부서졌을 때, 신성한 순간들을 위한 공간을 만들어야 하고, 실존의 깊이에 닿아야 한다. 우리뿐만 아니라 다른 사람을 위해서도 잘못된 것을 올바르게 놓아야 한다. 처음에는 이것을 어떻게 해야 하는지 그리고 위기와 트라우마의 의미가 무엇인지 결코 분명해질 수 없다. 우리는 위기와 트라우마의 의미를 찾기 위하여 그 상황을 탐색해야 한다. 이것은 분명히 심리치료의 기능 가운데 하나이다. 위험하고 힘든 상황들이 지닌 함의를 직면할 수 있는 안전한 장소를 발견하고, 그 안에서 우리 자신을 발견한다. 그러나 우리는 이 순간에 고통이 영원히 없어지지 않고 불멸하는 것 같은 경험에 의하여 최면에 걸릴 수 있다. 치료사는 이런 일을 올바르게 보도록 위기와 트라우마를 명료화할 필요가 있다.

위기와 트라우마의 초월은 심리치료에서 큰 부분이다. 치료사로서 우리는 삶에서 불행을 모두 부인하거나 모두 제거하기 보다는 정직하게 검토함으로써 가장 효율적으로 불행을 다룬다. 행복이 오는 일은 거의 없다. 만족으로 도피하기 보다는 역경을 견딤으로써 극복한다. 우리가 보아왔듯이, 안전과 도전을 위한 우리의 능력을 재확립하는 것이 중요하다.

14. 트라우마를 어떻게 극복하나?

그렇다면 트라우마를 극복하는 것에 대하여 어떻게 결론 지을 수 있을까? 기억하기에 좋은 것들이 많이 있다.

- 위기와 트라우마를 경험하는 사람은 산산이 부서진 삶을 받아들여 옛 구조를 놓아버릴 필요가 있다. 내면의 일관성과 온전성을 새롭게 발견할 필요가 있다. 그 일이 실제로 왜 일어났는지 그리고 그 행동을 왜 했는지를 발견하고 확인하는 것이 최선이다.

- 실수와 화해하고 불가피한 것에 직면하면서 자부심을 발견할 때 트라우마에서 의미를 발견한다. 일어난 변화에 대해서 가만히 있고 후회 없이 수용할 수 있는 공간을 발견하는 것이 더 좋다.

- 내면의 균형을 발견하자마자 타인들과 새로운 공동체 의식을 재형성할 수 있다. 우리 모두는 위기 상황에서 아마도 사회와 분리되어 있겠지만, 사회와 연결될 필요가 있다. 이제 우리는 다시 연결되어 계속해서 우리의 친구, 선배, 자식으로부터 존경받을 필요가 있다.

- 우리는 가능한 한 빨리 일종의 공적 포럼에도 참여할 필요가 있다. 이는 가장 좋은 방법으로 거기에서 우리에게 일어났던 일에 대하여 말할 수 있고 우리 자신을 관리한 것에 대하여 타인으로부터 타당성을 얻을 수 있다.

- 무엇인가 또는 누군가를 사랑하고 이 명분에 삶을 헌신하는 것은 더 큰 극복의 느낌을 준다. 물론 무엇인가 또는 누군가는 위기에서 파괴되었을 수도 있다. 우리는 이들을 바탕으로 새로운 삶을 시작할 수 있다.

- 그러한 사랑과 헌신은 노력과 수고를 요구한다. 그리고 그러한 사랑과 수고에서 에너지와 동기를 얻기도 하지만 고통을 견디는 법을 배

운다. 이 과정에서 우리는 너무 많이 숨지 않고 사랑과 수고에 대한 의지를 가지고 힘든 길을 가는 것, 삶의 역경을 견디는 것이 삶을 더 좋게 만들거나 최소한 우리를 더 현실적이고 더 강한 사람으로 만든다는 것을 분명하게 인식하게 된다. 트라우마와 역경을 극복한 사람은 그들의 경험에 의하여 정화되고 강해지는 것을 느낀다. 그리고 그것이 남겨놓은 상처와 그것이 제공하는 인격의 공고함에 가치를 두는 법을 배운다.

- 삶의 힘을 믿는 것은 살아가는 과정에서 또 하나의 자산이다. 트라우마를 극복하는 것과 트라우마를 어떻게든 극복할 수 있다고 믿는 것은 자기 자신과 타인의 삶에 대해서 새로운 확신을 느끼게 한다.

- 기억을 바로잡을 시간, 재기할 시간, 깨어날 시간이 있다는 느낌과 희망을 위한 새로운 공간이 있다. 우여곡절에 대한 자연스러운 신뢰는 만일 우리가 올바른 길로 가고 절망에 굴복하지 않는다면, 결국 우리에게 행운을 가져다줄 것이다.

- 시간은 변화를 가져온다. 그러나 반드시 시간이 치유를 가져오는 것은 아니고 오래 걸릴지라도 천천히 정의가 힘을 발휘한다.

- 힘든 문제를 극복하는 많은 사람들은 규범 너머에 있는 궁극적인 의미와 목적을 발견한다. 삶이 스스로 지속되고 트라우마를 넘어서는 것에 전념한다는 것을 발견한다. 그러나 초월은 종종 상실을 요구하고 우리는 때로는 갑작스럽게 끝나게 되는 일에 준비가 되어 있어야 한다. 실제로 보봐르Simone de Beauvoir의 생각에 어떤 진리가 있다.

인간이 동물보다 위대해지는 것은 생명을 유지하기 때문이 아니라 생명을 걸기 때문이다(Simone de Beauvoir, 1972).

트라우마와 위기를 극복하는 것은 앞 장의 도식을 다시 사용해서 요약할 수 있다. 그것은 각 수준마다 주의를 기울일 필요가 있는 특별한 과제를 가지고 있다(그림 5.5 참조).

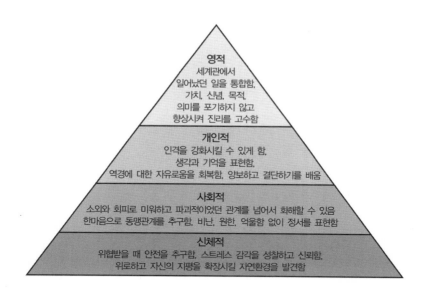

그림 5.5 트라우마 극복하기

마지막 분석에서 트라우마와 위기를 극복하는 것은 변형, 변화, 초월에 관한 것이다. 우리는 문제를 넘어서서 가치 있는 방향으로 나아가고 어떤 점에서는 더 나은 사람이 될 필요가 있다. 즉, 우리는 고통을 유용하게 사용하는 방법을 발견해야 한다. 그러나 그때도 우리는 숲에서 나오지 않는다. 우리는 새롭고 더 나은 삶을 살 것이지만 곧 일어날 듯한 새로운 문제와 다른 위기가 있을 것이다. 일상의 문제들이 우리를 기다리고 있을 것이다. 당연히 우리는 때때로 삶이 좀 힘들고 짜증나게 느껴져서 현실을 도피하여 환상을 만들기도 한다. 그러면 어떻게 순진하게 행복추구를 들먹이지 않을 수 있을까? 이제 우리는 그러한 느낌의 전 영역을 다루는 것에서 치료의 역할을 성찰할 필요가 있다.

말은 은이고 침묵은 금이다
느낌은 말로 표현되지 않은 채 남아 있다

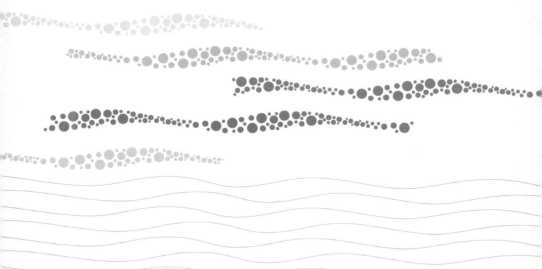

Chapter 6
말은 은이고 침묵은 금이다 :
느낌은 말로 표현되지 않은 채 남아 있다

> 내면을 파라. 거기에는 선의 원천이 있다.
> 계속 파라, 그것은 영원히 흐를 것이다.
> — 마르쿠스 아우렐리우스, 《Meditations》 p.59

선하고 완전한 삶을 살기 위해서는 해야 할 일이 너무나 많다. 만약 모두가 행복추구 하나만 해야 한다면 훨씬 더 쉬울 것이다. 긍정에 목표를 둠으로써 문제와 위기를 순진하게 해결할 수 있다면 치료의 복잡성에 대하여 걱정할 필요가 없을 것이다. 그러나 치료는 단순히 사람들이 행복한 느낌을 갖게 하는 것보다는 더 많은 것을 해야 한다는 것을 알기 때문에, 이것을 치료사에게 기대하는 것이 현실적인 것인지 성찰할 필요가 있다. 만일 치료가 행복에 관한 것이 아니라면 그것이 상실감을 느끼는 사람들에게 언제나 현명한 선택인가? 또는 치료사들이 내담자 자신이 고통을 이해하는 자연스러운 과정에 개입함으로써 때때로 일을 더 악화시키는 것인가? 아니면 치료는 너무 힘들고 너무 많은 요구를 하는가? 이해와 초월이 정말 가능한가? 그것은 단지 엘리트에게만 가능한 것인가?

치료사들이 때로는 그릇된 방향으로 조종하는 건 아닌가? 사람들에게 지시를 해야 하나? 아니면 비지시적으로 해야 하나? 또는 비지시적인 것과 지시적인 것 사이에서 분명한 길로 가려면 어떻게 조정할 수 있을까? 지시적인 치료는 어떻게 발전시킬 수 있으며 내담자가 자신의 방향을 어떻게 발견하게 할 수 있을까? 괜찮은 삶을 추구하는 목표 하에서 치료를 어떻게 확립할 수 있을까? 내담자와 언제 상담을 끝내고 언제 내담자를 보내야 하는지 어떻게 알 수 있는가? 내담자가 감정에 그렇게 많이 계속해서 초점을 맞추게 해야 하는가? 행복이 과대평가되었다면 분노와 두려움과 슬픔과 같은 다른 감정은 진실일 수 있는가? 행복이 바람직한 것의 전부가 아니라면 사랑은 어떤가? 우리는 감정을 억압하고 부인해야 하는가? 아니면 그것을 표현하고 강조해야 하는가? 이제는 우리가 연구한 것에 비추어서 치료의 과제를 재고할 때이다.

1. 이야기치료

심리치료는 어려움이나 혼란으로부터 빠져나오는 방법을 이야기하는 것이다. 말이 중심 매체이다. 진짜 그런가? 우리는 텔리랜드Talleyrand가 언급했듯이, 때때로 생각을 표현하기 위하여 말을 하기 보다는 생각을 가장하기 위하여 말을 하는 것 같다. 우리 대부분은 조만간 문제를 일으킬 의사소통의 복합성을 알게 될 뿐이다. 우리가 의도했든 의도하지 않았든, 말과 몸짓으로 우리의 생각과 경험을 표현해야 할 때 잘못 표현하고 잘못 이해할 가능성이 즉시 생긴다. 데리다Derrida는 다음과 같이 말했다.

의사소통은 언제나 잘못된 전달이다(Derrida, 1967/1978).

우리가 말하려고 했던 것과 다른 사람이 듣는 것 사이에는 차이나 간격이 있다. 절대적인 의사소통이나 완전한 이해 같은 것은 없다. 우리는 우리의 말이 분명하게 또는 정확하게 전달되기를 기대할 수 없다. 언어학자들은 한편으로 우리가 의미하는 것과 말하는 것 사이에, 다른 한편으로는 의사소통을 가능하게 하는 말을 하는 것과 말을 듣는 것 사이에 매우 큰 차이가 있다는 것을 보여준다. 만일 우리가 세계에 대한 주관적 이해를 완전히 정확하게 표현할 수 있다면 결국 서로에게 닿을 수 없는 유아독존적 우주에 있게 될 것이다. 우리들 사이가 나뉜 것은 이해에 대한 잘못된 가정에 의하여 그리고 다른 사람도 우리와 똑같을 것이라는 소망적 개념에 의하여 연결된다.

잘못된 의사소통과 오해라는 주제는 언어학자와 철학자에게 그러했듯이 심리치료사와 상담사에게도 적절한 것이다. 내담자의 세계경험이 실제로 무엇을 의미하는지를 풀기 위하여 내담자와 말할 때 우리는 따분한 이해, 즉 "내가 의미하는 게 뭔지 알죠?"와 같이 흐릿하게 말할 수는 없다. 우리는 내담자가 자신의 진실한 의미가 무엇인지를 발견하도록 돕고자 한다면 정확하고 신중하기를 배워야 한다. 우리가 세심할 때만 내담자가 생각하는 것, 의미하고 느끼는 것이 무엇인가를 정확하게 알 수 있다. 그러면 그들은 자신의 삶의 진실한 목적을 무엇으로 보는가에 따라서 자신의 세계관을 수정할 수 있다. 이 과정에서 우리는 불리한 지점에서 시

작한다. 왜냐하면 심리치료에 오는 내담자들은 종종 과거에 오해받고 홀
대 받으면서 경험했던 사람들 사이의 의사소통 과정을 자주 불신하기 때
문이다. 그들은 이전에 혼돈스러웠던 것을 이해하기 위하여 낯선 사람인
상담사와 이야기하러 온 것이다. 그들은 이전에는 너무 많은 실망을 주었
던 의사소통 행동을 주저하면서 신뢰한다. 그들은 의사소통할 수 있는
자신의 능력을 더 확신하고 싶어 하고, 세계에 대한 이해와 자기에 대한
앎을 더 분명하게 하고자 원하기 때문에, 자기 자신과 타인들에게 그들의
의미를 더 잘 전달할 수 있다. 따라서 설명은 치료의 출발점이다. 즉 사건
이 무엇인지 그 사람이 세계를 어떻게 경험하는지를 명료화하는 것이다.
물론 이것은 그들의 관점, 그들의 의미와 욕망만을 명료화하는 것이 아니
라, 그들이 살고 있는 맥락과 더 나아가서 삶의 한계와 가능성 그리고
현실에 대한 인식을 포함한다. 이것은 문제를 성찰하고, 그들이 살아 있
지만 느낌을 잃어버린 경험에 대하여 의사소통함으로써 그들의 문제를
다루도록 도울 것이다. 또한 그것은 종종 행복에 대한 유토피아적 개념에
도전하는 것을 의미한다.

2. 방 법

물론 이 과정은 주로 내담자와 치료사 사이의 대화에서 일어난다. 그리
고 만남의 질은 내담자가 현재 다루고 있는 문제와 모순이 되는 딜레마에
대해서 실제적인 통찰을 얼마나 줄 수 있는지를 규정한다. 이것은 이해를
위한 철학적 탐구를 포함한다. 나는 심리치료사와 상담사들이 상담의 철

학적 차원에 대하여 그리고 인간 딜레마의 도덕적 최종 결정권자로서 자신의 역할에 대하여 주의를 기울여야 한다고 오랫동안 주장하였다(van Deurzen, 1997, 1988a, 1988b). 그러나 이 철학적, 지적 이해 외에도 우리는 개인적, 정서적, 도덕적 그리고 영적 측면을 충분히 알고 있어야 하고, 인간 삶의 광대함 속에서 그들의 방향을 잡아주는 데 도움을 주는 내면 경험의 나침반을 따라갈 방법을 가지고 있어야 한다. 나는 나 자신의 조망을 가지고 더 탐구하기 전에 나 자신의 경향성과 배경을 말함으로써 상담 분위기를 조성할 것이다.

3. 배 경

나는 상담 심리학자이고 심리치료사이지만 여전히 철학자라고 믿고 있다. 플라톤과 소크라테스로 인하여 나는 철학을 하게 하는 근원적 의문을 가지고 변증법적 질문을 했다. 그들은 인간의 고난에 대하여 생각하게 했던 가장 초기의 개인교사들이었다. 의심의 여지없이 내가 많은 것을 배웠던 키에르케고르, 니체, 루소, 파스칼, 스피노자, 헤겔, 칸트, 로크와 같은 철학자들만큼, 후설, 야스퍼스, 하이데거, 사르트르, 보봐르, 메를로 퐁티, 마르셀, 까뮈와 같은 실존주의 사상가들과 철학자들은 통찰의 중요한 원천이었다. 처음에 나는 내담자들과 철학에 대해 이야기하는 것을 약간 수줍어하였다. 그러나 나는 심리치료 틀에 철학을 넣으려고 노력하였고 그것은 아주 쉬웠다. 왜냐하면 나는 철학 훈련의 한 부분으로 프로이트와 라깡의 책을 많이 읽었기 때문이다. 그 당시에 그들은 프랑스 철학 분야에서 핵심적인 인물이었는데, 나는 그곳에서 바르트Barthes, 들뢰즈Deleuze, 가따리Guattari, 푸코Foucault 그리고 이리가레이Irigaray와 함께 훈련을 하였다. 정신병원에서 나의 초기 내담자들 중 몇 사람은 자기 스스로가 철학자인 것처럼 배우거나 의견을 나누고 싶어 했다. 그러나 전반적으로 나의 슈퍼바이저들은 내담자들이나 환자들과 철학적 논쟁을 하는 것이 좋은 일이라고 생각하지 않았다. 삶에 대한 그들의 태도를 검토할 수 있다고 제안하는 것은 그들의 눈살을 찌푸리기에 충분했다. 치료적 환경에서 작업한다는 것은 계속해서 자신의 믿음과 동기가 감시받고 질문 받는다는 것을 의미하는 것이다. 철학이 상담의 유용한 기초가 된다는 나의 생각은 깊고 강렬했음에도 불구하고 나는 곧 개인적, 정서적 그리고 관계적 주제들을 적절하게 다루기 위한 심리치료와 심리학적 지식을 위하여 더 많은 훈련을 받았다.

나는 이 과정을 나의 책 『심리치료에서 파라독스와 격정Paradox and Passion in Psychotherapy』(van Deurzen, 1998a)에서 기술하고 있다. 거기에서 나는 더 많은 공부가 필요하다는 것을 깨닫게 했던 계기를 설명한다. 이것은 정신병원에서 내가 일주일에 한 번씩 지도했던 철학과 심리치료에 관한 집단 토론의 결과물로 나온 것이다. 그 토론은 환자들이 내부의 소식지에 실은 글에 대하여 한 것이었다. 그 글에는 종종 무거운 실존적 질문으로 점철되었던 깊은 정서적 표현들이 담겨 있었다. 토론은 자주 복잡하고 역동적이었고, 나는 이 과정을 처음에 준비했던 것보다 더 잘 다룰 수 있다는 것을 깨달았다. 실제로 그것은 인간의 상호작용과 정서를 이해하는 것이 윤리, 정치, 논리를 이해하는 것만큼 중요하다는 것을 나에게 가르쳐주었다.

4. 철학 또는 심리학?

그동안 나는 심리학적 사고의 협소함을 논쟁했고 때로는 소리 높여 현실에 대한 심리학적 또는 심리치료적 해석의 환원주의에 저항하였다. 나는 계속해서 나 자신을 심리학자보다는 철학자로 규정한다. 칼 야스퍼스 Karl Jaspers(1951, 1963, 1964), 마틴 부버Martin Buber(1923/1970, 1929/1947), 루드비히 빈스방거Ludwig Binswanger(1946/1963), 롤로 메이Rollo May(1969b; May 외, 1958) 그리고 메다드 보스Medard Boss(1957, 1979)의 연구에서 많은 지지를 받는다. 그들은 모두 철학적 사고와 치료적 실제 사이에 다리를 놓아주었다. 랭(R.D.Laing, 1960, 1961, 1967), 쿠퍼(Cooper, 1967) 그리고 에스터슨(Laing and Esterson, 1964)의 연구는 70년대 초기에 하나의 계시와 같았다. 그들은 실존주의 철학과 심리치료 사이를 분명하게 연결해주었다. 그리고 인간의 고통에 대하여 단순하게 병명을 붙이는 것에 의문을 갖고 새로운 주의를 기울이면서 철학적 개입이 적절하게 가능하도록 하였다. 위기와 깊은 고통에 있는 사람들에게 다가갈 때, 그리고 그들이 자신의 고통의 강도를 전부 밝히도록 도울 때, 이 모든 사람들은 인간 실존에서 가장 극단적인 모순을 어떻게 밝혀야 하는지를 보여주고 있다. 그들의 작업은 철학적 사고의 날카로움과 신랄함을 가져오는 반면, 인간 고통에 본질적인 투쟁의 고결함을 회복하게 한다. 정신과 병동에서 정신적 질병의 사례로 환원되어 인간 존재로 대우받지 못한다면, 당신 자신에 대하여 그리고 삶에 대하여 명료함을 어떻게 발견할 수 있을까? 정신병동에 있는 사람들은 행복을 추구하는 것이 아니라 악마와 씨름하는 것이 우리 모두와 관련 있다는 인식과 인간의 존엄성을 추구할 뿐이다. 실습 초기에 삶의 끝에 있는 사람들과 함께 있는 것 그리고 그들의 눈을 통하여 세계를 보는 것이 나에게는 너무 힘들었던 시간이었다. 왜냐하면 나의 삶에서 그들의 신랄한 경험이 강렬하게 자각되었기 때문이다. 내가 살아 있다는 것은 내가 꿈꿔왔던 것보다 훨씬 더 먼 곳에 있었음을 알게 되었다. 나는 70년대 초에 프랑스에서 수년 동안 몇 개의 정신병원에서 지내면서, 지옥에 있다가 돌아와 그들 자신의 이야기를 하면서 행복해했던 많은 사람들과 친구가 되었다.

　나는 경험의 교훈을 존중하는 법을 배웠고 다른 사람들이 지나왔던 삶의 이야기를 듣는 것과 그것이 어떻게 그들의 세계관의 특징이 되었는가를 듣는 것이, 그들의 입장에 대하여 대화하기 시작하는 데 본질적이었음을 발견하였다. 환자들이 그들의 존엄성과 웰빙을 회복하도록 도우면서, 그리고 그들 자신의 고난에 대하여 생각하고 말할 수 있는 능력을 분명하게 확인하면서, 나는 하나의 역할을 했다는 것을 알았다. 동시에 나는 많은 것을, 예를 들어 그들이 집착하는 것의 완전한 의미를 이해하고 포용할 수 있기 전에는 침묵하기, 주의를 기울여 경청하기를 배워야 했다. 논쟁만으로는 충분하지 않았다. 논쟁은 좋았지만, 충분하지 않았다. 이전에 의사소통하면서 공유한 의미가 침묵으로 가득 채워진다면 그리고

더 많은 의사소통을 가능하게 하는 성찰과 명상이 새로운 형식으로 사용
된다면, 말은 은이고 침묵은 금이다.

　전반적으로 정신과적 환경에서 철학을 한다는 것이 의미하는 것은 정
신적 질병으로 진단받았던 사람들이 보통 수년 동안 만성 조현병, 자폐
증, 조울증으로 병원에 있어야 하는지, 또는 최근의 급성 문제로 의뢰되
었어야 했는지에 대하여 논의할 수 있다는 것이다. 나는 로제르Lozere의
부서에서 한 산골 마을 전체를 병원으로 쓰고 있는 특별한 병원 마시프
센트럴Massif Central의 세인트-알반Saint-Alban 병원에서 어떻게 몇 명의
환자들과 정기적인 개인적 대화를 시작했는지 기억한다. 나는 주간 잡지
미팅을 구실로 이들과 정기적인 대화를 시작했다. 나는 주간 잡지 미팅을
병원 도서관에서 준비했다. 여기에서 책을 모으면서 일주일에 두 번 사람
들과 만나곤 했다. 그것은 병동보다 의학적 분위기가 없는 일반적인 상담
소나 공부하는 장소 분위기였다. 나는 이 사람들이 실제로 철학을 하지는
않았지만 그들의 어려움을 철학 용어로 논의하는 것에 매료되었다는 것
을 발견했다. 사회의 주변부에 사는 그들의 삶은 종종 심각하게 철학적인
이야기를 하는 자연스러운 경향성을 보여준다. 그들은 언제나 개인적 고
난을 자신에게 의미 있게 만들기 위하여 자신의 이론을 발전시켰다. 그리
고 말하기를 좋아하였다. 꽤 자주 그들이 받았던 진단에 대하여 또는 과
거에 정신분석가, 정신과의사, 심리학자들이 해석했던 것에 대하여 나에
게 말해주려고 했다. 종종 그들은 이 해석을 무시했고 스스로 더 좋은
설명을 생각해냈다. 오랫동안 나는 다른 의학적, 심리학적 권위자처럼

그들에게 버림받지 않고 받아들여졌다. 왜냐하면 나의 신분이 외부인이었기 때문이었다. 내가 외국인이고 철학자라는 것은 그 자체로 충분한 신임을 주었고, 연약한 젊은 여성이라는 것은 그들에게 덜 위협적으로 보였다.

5. 쟈끄 그리고 복수심의 윤리

쟈끄Jacques는 34세의 이혼남으로, 보기에 따라서는 살인자이기도 하다. 나는 쟈끄와 기억에 남을 만한 토론을 했다. 쟈끄는 아내를 살해하고 정신 이상 판정을 받았다. 지금은 그래서 받게 된 병원에서의 종신형을 후회하고 있다. 우리는 선과 악에 대한 논쟁을 하였다. 그의 견해는 자신을 이해하지 않고 외도했던 아내는 사악한 사람이었고, 오랫동안 고통받으면서 순진하게 돌보았던 자신은 선량한 사람이라는 것이었다. 그러나 아내가 다른 남자와 침대에 있는 것을 발견했을 때 아내를 칼로 찔러 죽게 했다면, 그는 악한 행동을 했던 것이고 그녀는 순수하고 선한 희생자였다. 재판에서 그는 아내와 같이 악한 행동을 하는 여자들의 세계를 깨끗하게 해야 했다고 주장했다. 또다시 똑같은 행동을 할 것인지 질문했을 때 그는 진실로 긍정적으로 대답했다. 그 사건이 발생한 후에도 그는 여전히 자기 행동의 정당성과 아내의 사악함을 주장했다. 그는 여성 간호사들이 모두 잠정적으로 사악한 여자인 것처럼 말하곤 했다. 그는 여전히 성적으로 매우 도발적인 여성은 누구라도 도태시키는 것이 옳은 일이라고 믿었다. 다행히도 그는 나를 분별 있고, 결혼한 그리고 매우 진지한 여성으로 보았다.

그는 아무하고도 그의 생각에 대해서 진실로 탐구적이거나 예리하게
논의한 적이 없었다. 모든 사람이 언제나 그가 정신병자라서 정상적인
대화를 할 수 없을 것이라고 가정하였다. 의사와 심리학자들이 일반적으
로 그러한 논쟁을 불편하게 생각하고 그러한 대화를 너무 많이 하게 되면
말을 잘못하게 될까 두려워했기 때문에 나는 그러한 진단을 의심했다.
철학적인 담론을 하는 것은 위험하고 그런 경향성은 정신병의 신호로 볼
수 있었다. 누구도 미친 사람의 위험하고, 어둡고, 탁한 우주 속으로 너무
깊이 빠져들어 가길 원하지 않는다. 거리를 유지하는 것이 훨씬 더 안전
하다. 쟈끄가 자기 자신을 지구에 있는 신의 대리인으로 보았던 것은 사
실이다. 그리고 그는 분명히 오만하고 편협한 분위기로 인해서 미움을
받기가 쉬웠다. 게다가 그는 사악한 여성을 어둡고 단호하면서 길고 검은
머리를 한 채 버티고 있는 악의 화신으로 보았다. 그러나 그는 사악한
여성의 조작으로부터 세계를 보호하는 것이 그의 개인적 과제라고 분명
하게 생각했다. 또한 그는 그의 용어를 정의하고 그의 확신을 선언하면서
재고해 보기를 열망했다. 대화는 빠르게 신의 실존과 인간 양심의 역할에
대한 냉철한 철학적 논쟁으로 이어졌다. 그는 사회의 구조와 개인의 생존
권에 대하여 생각하는 것을 기뻐했다. 그는 특별히 권력과 지배와 복종의
주제에 대한 논의를 좋아하였다. 만일 철학적 훈련을 받지 않았다면 그리
고 헤겔, 마르크스, 루소, 홉스, 마키아벨리, 사르트르, 파농 그리고 푸코
를 몰랐다면 그와 어떻게 그런 대화를 할 수 있었을까? 쟈끄는 다른 무엇

보다도 책을 많이 읽으면서, 감옥과 병원에서 엄청난 시간을 공부하는데 사용했다.

그는 자신의 논쟁을 매우 잘 그리고 강하게 유지하곤 했지만 질문이 주어졌을 때는 쉽게 위협받는다는 느낌을 받았다. 그가 자신의 생존권을 보호할 수 없다는 것에 대하여 위험하고 무서워하기보다는 취약하다는 것이 점점 더 분명해졌다. 내가 이것을 지적하자 그는 약간 주저하면서 그가 지속적인 위협을 받고 있었다는 증거가 많다고 말하였다. 그의 아버지는 쟈끄가 7살이 될 때까지 정기적으로 그를 때렸고, 그와 어머니를 부양하기 위하여 그들을 떠났다. 어머니는 매춘으로 생활비를 버느라 때때로 쟈끄를 학대했던 그녀의 남자에게서 그를 보호할 수 없었고, 심지어는 그를 따돌렸던 다른 아이들에게서 보호할 수 없었다. 그녀는 그녀의 남자와 포주에게 정기적으로 구타를 당했으며, 화풀이로 최소한 그의 아버지가 했던 것만큼 심하게 쟈끄를 때렸다. 그는 어머니가 위험한 여자라는 결론을 내리고 16살 되었을 때 어머니를 떠났다. 그리고 그 이후로 어머니를 거의 찾지 않았다. 그는 일방적으로 여성들의 말을 믿었고 아내가 되었던 소녀의 사랑에 많은 희망을 가졌었다. 그는 그녀와 사랑에 빠졌을 때 그녀가 세상의 천사이자 구원자이길 원했다. 그리고 결혼식을 마칠 때까지 그녀의 실제 성격을 몰랐다. 그녀가 다른 남자에게 추파를 던지는 경향성이 분명해지자 그는 그녀를 때리기 시작했다. 그가 주장하기를 그것은 질투심이 아니라 남자들에게 추파를 던지는 것을 그만두게 하고 싶어서였다는 것이다. 그의 생각은 합리적이었고 좋은 일이었다.

왜냐하면 그는 그녀를 해로운 남자들로부터 보호하고 교정해야했기 때문이다. 불행하게도 그녀가 상스러운 말로 그에게 항의하고 반격해왔기 때문에 그의 교정은 잘 받아들여지지 않았고 도움이 되지 않았다. 그는 점점 더 여자들이란 남자들을 성질나게 하고 자기조절을 못하게 하는 위험한 피조물이라고 확신하게 되었다. 여자들은 믿을 수 없고 변덕스러우며, 만일 여자들을 사랑한다면 그 여자들은 당신을 파멸시킬 것이라고 확신하게 되었다. 신은 결국 남자를 시험하기 위하여 낙원에 여성들을 두었던 것이다. 이브는 아담을 유혹했고 이것이 타락을 가져왔다. 쟈끄는 그의 아버지도 어머니의 사악한 행동에 직면했을 때, 그와 유사하게 유혹 당했다고 생각했다. 당연히 아버지는 어머니가 매춘하고 있음을 발견했을 때 그녀를 때렸다. 아버지가 그렇게 했던 것은 잘한 일이었고 어머니를 떠난 것은 옳았다. 왜냐하면 어머니와 결혼생활을 유지할 이유가 없다는 결론에 이르렀기 때문이다. 쟈끄도 마찬가지로 아내가 여성의 조롱을 견딜 수 있는 그의 능력에 계속해서 도전했다고 생각하여, 이 도전을 받아들여서 그의 아내를 통제해야겠다고 결심하였다. 마침내 그녀가 그의 친구들 중 한 남자와 남편이 보는 앞에서 반항적으로 잠자리를 함으로써 그녀의 음란함을 그에게 과시하였을 때, 그는 결정적으로 행동해야겠다고 생각했다. 그는 다른 여성들에게 본보기를 보여주어야 했고 다른 남자들에게 더 이상 해를 끼쳐서는 안 되겠다고 생각했다. 그는 무참하게 스무 번이나 그녀를 찔러서 본보기를 보여주었고 여자들이 인류에게 했던 잘못을 예방하고 복수했다.

　자신의 세계관에 너무 몰두해 있고, 으스러지고 뒤틀리고 황량한 실존의 비통함에 빠져 있는 사람에게 말을 거는 것은 쉽지 않다. 어떤 사람은 그 사람이 지금 말하고 있는 그 고통에 자신을 개방하거나 침묵할 수 있고, 그 관점을 존중할 수 있다. 다른 어떤 사람은 그들의 생각 속에 있는 잘못을 다른 사람에게 확신시키려고 노력할 수 있고 주장할 수 있다. 또 다른 어떤 사람은 그들의 희생에 대하여 공감과 동정에 호소할 수 있다. 그것은 그들이 예외적인 고통을 얼마나 일반화하고 있는지 그리고 자신의 경험을 반박하는 다른 경험의 가능성을 위한 여지를 얼마나 주지 않는지를 보여주고 있다. 실제로 그러한 논증은 다른 사람이 지칠 때까지 멈추지 않는다. 다른 사람들과 이런 논쟁을 할 수 없다면 그는 마치 세계를 포용할 수 있는 능력이 충분히 발달되지 않은 것처럼 느낀다. 쟈끄가 정신병원에서 나올 가능성은 실제로 매우 희박했다. 따라서 그의 세계관은 왜곡되었다. 그의 경험은 여성들의 파괴적인 사악함을 증명하였다. 왜냐하면 사악한 여성을 죽였음에도 불구하고 그녀는 죽은 후에도 그의 삶을 지옥으로 만들었고 이제 그는 자유를 잃었을 뿐만 아니라 삶에서 성공할 아무런 희망도 없기 때문이다. 그리고 어떤 종류의 자존감도 없었고 세상에서 이제 다시는 어떤 입장도 취할 수 없었다. 그래서 그녀는 결국 그를 이겼다.

　쟈끄와 상담하면서 나는 나의 편견을 절실히 깨달았다. 삶에 대한 나의 철학은 쟈끄보다는 더 건설적이었다. 나는 그를 상담하는 것이 어렵다는 것을 발견했다. 왜냐하면 처음부터 그가 틀렸다고 생각했기 때문이다.

예를 들어 나는 사랑과 행복을 믿었다. 그러나 그는 이상하게도 그렇지 않았다. 처음에 나는 그가 자신의 세계관을 접고 포기하기를 원했다. 왜냐하면 나는 그의 세계관에 결함이 있다고 확신했기 때문이다. 나는 사명감을 가지고 열심히 그가 선과 행복을 발견하기를 원했다. 그때 나는 철학적 용어로만 생각해서는 이해할 수 없었던, 세계 내 존재의 다른 특성을 위한 공간을 만들어야 했다고 자각하게 되었다. 나는 인간의 고통과 스트레스에 대하여 배워야했고 이것들이 생각하고 행동할 수 있는 우리의 능력에 어떻게 영향을 미치는지를 배워야 했다. 나는 한 사람의 내면의 안전감에 대한 문화적, 사회적, 가정적 영향과 인간발달에 대하여 배워야 했다. 또한 낙관적과 비관적, 외향적과 내향적, 적극적과 수동적 경향성에 생물학적, 유전학적 영향을 미칠 수 있는지에 대하여 배워야 했다. 쟈끄를 돕는 것은 그와 철학적 대화를 하는 것만큼 간단한 일이 아니었을 것이다. 나는 그의 삶을 더 좋게 변화시키지 못했지만, 그는 언어를 통한 변화의 한계와 개인적 인간지평선의 한계에 대한 것을 가르쳐줌으로써 나의 세계관을 바꾸도록 도움을 주었다.

6. 보리스 그리고 침묵의 장벽

쟈끄와 논쟁하는 것도 어려웠지만, 보리스는 훨씬 더 어려웠다. 그는 전혀 말을 하지 않았다. 내가 그를 처음 만났을 때 그는 40대 후반이었다. 그는 어릴 때부터 자폐아 병원에 있었다. 그는 개처럼 짖어서 의사소통을 했고 대부분의 시간 동안 머리를 거의 엉덩이까지 구부리고 있었다. 그는 목소리가 걸걸하고 꾀죄죄했으며 다가가기가 무서웠다. 그는 언제나 파란 스웨터를 입고 있었다. 간호사들은 그가 해변으로 휴가 갈 때 가끔 말을 한다고 알려주었다. 병원에서 그에게 말을 걸 수 있는 것은 나에게 개인적 도전이 되었다. 보리스는 피아노를 쳤고 나는 그의 옆에 서서 그가 피아노 치는 것에 관심을 보이기 시작했다. 나는 병원의 사회 센터에 있는 내 자리에서 그가 피아노 치는 것을 지켜보고 있었다. 처음에 그는 나를 매우 의심했지만 곧 나를 견디기 시작했고, 그다음 어느 날 자원해서 나에게 몇 개의 음을 가르쳐주겠다고 했다. 이 게임은 그와 정기적인 피아노 레슨을 갖는 것으로 발전했고, 그러는 동안 그는 때때로 단어와 같은 소리를 냈다. 그것은 나에게 기적이 일어나는 것 같았다. 보리스는 때때로 거의 미소와 같은 것을 보였다. 나는 필사적으로 그가 행복해지기를 원했다. 우리는 어디에서도 철학적 대화를 하지 않았고 우리 작업의 마지막은 극적인 방식으로 표현되었다. 어느 날 나는 참석해야 할 긴급한 일 때문에 정기적인 피아노 레슨에 가지 못했다. 나는 보리스에게 메시지를 전할 수 없었기 때문에 그는 피아노 방에서 한 시간 이상 나를 기다렸다. 결국 내가 나타나자 그는 나에게 뛰어와서 턱을 격렬하게 때렸다. 그런 다음 그는 서서 아무 말 없이 성난 눈으로 나를 노려보면서, 비난과 증오를 맹렬히 퍼부었다. 그는 나에게 침을 뱉었다. 나는 그의 습관적인 침묵을 이해했고, 그것이 나타내는 강한 항거로 이른바 침묵을 처음으로 이해했다. 그의 폭력적인 몸짓은 어떤 말로도 보여줄 수 없는 강력한 힘이 있었고 나는 그것을 알아차렸다. 그 경험의 충격을 극복하는 데 꽤 오랜 시간이 걸렸다. 그 공격을 실제로 이해하고 용서하는 것은 놀랍게도 어려웠다. 내가 나타나지 않아 얼마나 실망했는지 그리고 얼마나 인간의 상호작용을 믿을 수 없었는지를 깨닫자, 나는 더욱 힘을 모아 노력하였다.

보리스는 피아노를 다시 치진 않았지만 나의 사과와 해명을 신중하게 들었다. 그는 나의 결례에 대한 사과를 존중했고 분명히 턱 뿐만 아니라 전문가로서 나의 자부심에도 상처를 남겼던 물리적 공격에 대하여 용서받고 많은 위로를 받았다. 그는 분명히 보복을 예상했을 것이다. 나는 보리스가 이전에도 병원 직원들을 그런 식으로 공격하고 나서 주사를 맞거나 감금되었던 것을 알게 되었다. 나는 공격을 보고하지 않았기 때문에 주사와 감금은 없었다. 나는 나를 공격한 그에게 화가 난 것이 아니라 공격을 유발했던 것에 대하여 수치심을 느꼈다. 내가 나타나지 않음으로 인해서 그가 얼마나 상처를 입었는지를 이해한다고 말했다. 나는 나의 변명이 그의 상처의 강도에 비해서 너무 빈약했다는 것을 깨달았다. 내가 올 수 없다고 말하지 못했던 것이 실수였다. 그는 내가 말하는 동안 전혀 말을 하지 않았다. 그는 평상시처럼 나에게 작별인사로 투덜거리며 이상한 소리를 냈다. 그때부터 그는 나를 볼 때마다 독특하게 인사를 했다. 아마도 그는 나에게서 실수를 자백하는 것을 배웠을 것이다. 내가 의사소통하지 않은 것을 인정했던 것과 그의 고통을 인정했던 것이 언어적 의사소통으로 사람들 사이의 침묵에 다리를 놓을 필요가 있다는 것을 그에게 가르쳤다. 그렇다면 다른 쪽으로 그 다리를 건너가서 그를 돕기 위해서는 더 많은 것이 필요했을 것이다. 왜냐하면 그의 끙끙거리는 인사는 내가 지금까지 그에게서 들었던 것 중에서 가장 언어적 표현에 가까운 것이었기 때문이다. 그러나 그는 내가 병원에서 일하는 동안 침묵으로 나에게 충실하고 친근한 모습을 보여주었다. 그리고 때로는 은근슬쩍 감사하다는 몸짓으로 나의 손을 만졌는데 그것은 나의 가슴을 녹였고, 그 후에 계속해서 나를 눈물짓게 하였다. 나는 그를 침묵하지만 신뢰할 수 있는 친구라고 생각하여 그에게 더 많이 해줄 수 없는 것이 미안했다. 그러나 보리스는 자신만의 독특한 방식으로 삶에서 중요한 것들, 즉 예절, 존경, 정직, 충성과 친절을 나에게 가르쳤다. 내 생각에 이러한 것들은 분명히 행복을 이기는 것이다.

인간의 상호작용 규칙은 복잡하고, 언제나 우리가 표준으로 생각하고 싶어 하는 이성적 패턴을 따르지 않는다는 것을 또다시 배웠다. 모순과 기이한 행동도 대화일 수 있음을 배우는 것은 중요했다. 어떤 대화는 침묵과 몸짓으로 이루어지고, 어떤 대화는 언어 이전이나 상황적인 구조적 변화로 이루어진다. 그 사람이 있는지 없는지, 열려 있는지 닫혀 있는지, 우호적인지 비우호적인지, 냉정한지 따뜻한지 등의 단순한 사실은 두 사람 사이의 대화에 엄청난 영향을 미친다. 사람들이 가지고 있는 위계적 구조와 기능 또는 서로의 역할은 똑같이 상호작용에 영향을 끼친다. 대화에서 일어나는 많은 것이 말로 하기 전에 이미 일어난다.

7. 대화 또는 침묵?

어떤 점에서 대화는 교육과 같다. 그것은 이미 그 사람 안에 그리고 사람들 사이의 상황 속에 있는 것이 일어나는 것이지 백지상태에서 시작되는 것은 아니다. 대화가 그러한 상황을 고려하지 않고 확립된 규정을 무시할 수 있다고 주장하거나 기대, 규범, 의식이나 말없는 동의와 같은 것을 어길 수 있다고 주장한다면 말은 신뢰받지 못할 것이고 진지하게 받아들여지지 않을 것이다. 말은 오해를 숨길 수도 있고 오해를 만들 수도 있어서 잘못되기도 하고 진실할 수도 있다. 침묵은 강력한 개입일 수 있다. 침묵은 생각과 이해로 나아갈 수도 있고, 의심과 소외로 나아갈 수도 있다. 좋은 음악에서 가장 중요한 부분은 음과 음 사이의 침묵으로, 그때 음악가가 우리에게 말한다. 그러나 그러한 침묵은 완전하게, 의도대로 정확하게, 너무 적지도 너무 많지도 않게, 관리되어야 한다. 말의 중요한 부분은 문장 사이에 있는 쉼이다. 그러나 언제 쉬고 언제 시작할 것인가? 내가 말하기를 멈출 때 다른 사람을 위한 공간이 남는다. 내가 남긴 공간에서 당신은 당신 자신을 말할 준비를 할 수 있거나 나를 피하고 실망시킬 수도 있다. 독백에 오류가 있거나 구멍이 있을 때, 당신은 그것을 바로 깨거나 그 구멍 안에 반대의 씨앗을 심을 수도 있다. 만일 내가 내담자들에게 도덕에 대하여 또는 병리에 대하여 강의할 때, 나의 강의가 너무 지루해서 그들이 신경을 끄고만 있고 침묵으로 항의하지 않는다면, 그들 스스로 생각할 공간을 주지 않게 된다. 말은 대화의 장벽일 수 있다.

나는 다른 곳에서(van Deurzen, 1998a) 두 사람이 공유하는 독백인 양화duologue, 兩話와 우리가 더 잘 이해할 때까지 함께 문제를 풀어가는 대화dialogue, 對話 사이의 차이에 대하여 말하였다. 잡담이 주는 것과 대화가 주는 것은 다르다. 대화는 다른 사람이 말할 때 경청하는 것이다. 심리치료사와 상담사는 좋은 경청에 대하여, 특히 몸의 언어, 숨겨진 무의식적 메시지가 전달하는 것을 경청하는 것에 대하여 많은 책을 썼다. 대화에서 경청은 논쟁을 위한 것이 아니라 아직 드러나지 않은 것을 더 깊이 이해하기 위하여 함께 나아가는 것이다. 그것은 협력하며 노력하는 것이다.

많은 말을 하는 사람들은 때때로 마음이 없고 생각이 없을 수 있다. 말을 너무 많이 해서 말이 세계에 대한 그 사람의 생각과 관찰과정을 장악할 때, 말의 숨겨진 그리고 깊은 의미에 주의를 기울이기 어렵다. 생각을 위한 공간을 만들기 위하여 충분한 침묵이 있어야 한다. 말이 없는 사람들은 깊이 생각할 것이다. 침묵은 지혜의 표시일 수 있지만 또한 소외나 분노 또는 혼란의 표시일 수 있다. 말과 침묵은 둘 다 활용할 수 있거나 남용할 수 있다.

토마스 만Thomas Mann은 『마의 산The Magic Mountain』(1924/1996)에서 말이 문명화 자체라는 견해를 보였다. 가장 모순되는 말이라도 말은 접촉하게 하지만 침묵은 소외시킨다고 말하였다. 표현이 어설프거나 말을 오해하여 타협적으로 접촉하게 된다고 하더라도 사람들과 접촉하기 위하여 말을 사용할 필요가 있다.

말의 엄청난 영향력을 검토할 필요가 있는 것도 사실이지만, 종종 그렇지 못하다. 나는 정신과 환자와 철학적 대화를 하는 것의 한계에 대하여 몇 가지 예를 들었는데, 이제 철학적 사고와 대화가 너무나도 중요했던 심리치료 경험의 예를 들겠다. 치료적 관계의 침묵이 철학적 도전에 의하여 깨어지자, 정신병리의 진단 아래 숨겨져 있었던 많은 요소들이 내담자의 경험에서 나왔다.

8. 나탈리와 그녀의 아들

나탈리Nathalie는 내가 슈퍼비전을 했던 상담사의 내담자였다. 그녀는 17세 아들을 둔 40대 여성이었다. 그녀는 광장 공포증 때문에 심리치료를 받으러 왔는데, 잠깐 동안이라도 바깥출입을 하지 못했다. 집 밖을 나가자마자 심한 공포를 겪곤 했다. 그녀의 공포증이 많이 진정되자, 그녀는 불안이라는 새로운 공격으로 인해서 충격을 받을 때쯤 혼자서도 치료에 올 수 있게 되었다. 이때 그 불안은 일반화된 것이었고 분명히 구체적인 사건에 의해서 촉발된 것이었다.

나탈리의 아들 제이슨Jason은 어릴 때부터 친구였던 아담Adam을 따돌림 시키는 사건에 연루되어 있었다. 아담의 부모가 학교에 불만을 제기한후, 학교는 아담을 집단으로 공격했던 제이슨과 그의 친구들을 징계하였다. 그러나 아무것도 달라지지 않았고, 아담이 자신의 삶은 살만한 가치가 없다고 쓴 편지를 남겨놓은 채 교실에서 자살할 때까지, 그 소년들은 아담을 괴롭혔다. 아담의 죽음은 따돌림과 직접적인 관련이 있는 것으로 드러났다. 나탈리의 아들 제이슨이 그 사건에 연루된 것이 거의 확실하였기 때문에 경찰의 심문을 받았다. 그는 그의 친구들처럼 모든 책임을 부인하였다. 그들은 풀려났고, 아담의 장례식에 갔다 온지 이틀 후 제이슨은 시무룩한 채로 어머니에게 친구들과 자신이 계속해서 아담을 조롱했고 고문으로 위협하기도 했으며, 아담이 이르면 더 심하게 하기도 했다고 말했다. 아담의 자살은 집단의 위협이 직접적인 동기가 되었다는 것이 분명했다. 제이슨은 그 무리의 주변 인물이었을 뿐이지만 다른 세 명의 소년들이 아담이 자살했던 그날 하교길에 아담을 실제로 공격했다는 것을 알고 있었다. 그들은 제이슨이 알고 있는 것을 경찰에게 말하면 비슷한 폭력을 쓰겠다고 위협했다. 사실 경찰은 이미 이 사건을 알고 있었지만 아담의 죽음이 자살이었기 때문에 소년들에 대한 징계권을 학교로 넘겼다. 제이슨은 질문을 받았을 때 진실을 말하지 않았다. 그리고 심한 죄책감을 느꼈고 어떻게 해야 할지를 몰랐다.

　나탈리는 아들이 다른 소년을 죽게 했던 사건에 연루되었다는 것을 알고서 공포에 떨었다. 그녀는 아담의 모든 삶을 알고 있었고 그에게 일어났던 일에 엄청난 책임감을 느꼈다. 그녀는 두려움으로 제정신이 아니었다. 그녀는 그것이 제이슨과 다른 소년들에게 해가 될 것이기 때문에 말을 할 수가 없었다. 그러나 그녀는 침묵할 수 없었다. 왜냐하면 그것은 그녀가 범죄 행위를 용납하는 것이기 때문이다. 사실 그녀는 아들이 그러한 행동을 할 수 있는 무리의 일부였다는 사실을 직면할 수 없었다. 불안으로 마비된 채 그녀는 옛 증상으로 빠져들었고 집에 있으면서 몇 번이나 치료도 취소하였다. 마침내 그녀가 치료받으러 다시 돌아왔을 때, 그녀를 그렇게 힘들게 했던 것을 치료사에게 말하지 않았다. 그녀는 단지 제이슨의 친구 아담이 죽었기 때문에 밖에 나가는 것이 안전하지 않았다고 말했다. 치료사가 처음에는 그럴 수도 있겠다고 느꼈지만 이해할 수 없는 말 같았다. 사실 치료사는 나탈리의 변덕스러운 행동과 이해할 수 없고 비밀스러운 움츠림을 보자 그녀의 불안이 정신병으로 바뀌는 것 같다는 견해를 갖게 되었다. 우리는 이 의견에 대하여 토론하면서 그러한 진단이 얼마나 많은 것을 빠뜨리고 있는지를 깨달았다. 치료사는 나탈리의 말이 드러난 것보다 더 많은 것을 숨기고 있고, 성급한 결론을 내리기 전에 그 의미의 바닥까지 갈 필요가 있다는 것을 쉽게 알 수 있었다. 그녀는 아담의 죽음과 나탈리의 안전 사이에 어떤 연관성이 있는지를 직접 묻기로 결심했다. 꽤 많은 토론과 질문을 한 후에야 나탈리는 자신이 발견했던 딜레마의 복잡성을 설명할 수 있게 되었다.

　나탈리가 경험했던 것은 강한 실존적 불안이었다. 그녀는 삶의 위험을 자각하는 동시에 이러한 위험에 직면해야 하는 자신의 책임을 자각했다. 더 이상 안전한 곳이 존재하지 않을 때까지, 위험으로부터 자신을 숨겨왔던 이전의 태도는 여전히 남아 있었다. 그러나 더 이상 불안에 굴복할 수 없었다. 그녀는 용감하게 소리 높일 것을 권유받았으나 이때 다시 한 번 그 도전을 회피하려고 하였다. 이제 그녀는 제이슨을 격려하며 벌을 받게 할 것인지, 아니면 침묵하며 실제로 일어났던 일을 은폐할 것인지를 선택해야 했다. 그녀는 회피가 그녀 자신뿐만 아니라 아들도 또다시 마비시킬 것이기 때문에, 실제적인 선택이 아니라는 것을 알았다. 그녀는 자신의 딜레마를 치료사와 공개적으로 논의하는 것이 올바른 방향으로 나아가는 단계라는 것을 오래 전부터 받아들였다. 그녀는 치료사가 자신의 경험을 병리화하거나 깎아내리지 않는다는 것을 알았을 때 그렇게 할 수 있었다고 말하였다.

나탈리가 도덕적 딜레마를 해결할 만큼 경험이 없었다는 것은 분명했다. 왜냐하면 그녀가 이전에는 그런 것들을 부인하고 회피했었기 때문이다. 그러나 그러한 도전을 회피하는 것은 그녀를 막다른 골목으로 몰아넣었고, 그녀가 앞으로 나아갈 길이 없다는 것을 알도록 도울 수 있게 되었다. 이 도전에 용감하게 직면하는 것만이 자유를 회복하는 유일한 방법이었다. 그녀는 광장공포증을 극복하려면 두려움을 직면하여야 하고 그녀가 가장 무서워하였던 바로 그것을 하기 위하여 밖으로 나가야 한다는 것을 알았다. 그녀는 삶에서 이러한 문제들에 직면하면서 더 강해질 것이고, 이렇게 새로운 힘을 가지고 그녀의 고난에 대한 해결책을 발견할 최선의 기회를 만날 것이다.

그녀는 그 문제를 직접 살펴보는 데 동의하였다. 처음에는 그녀가 제이슨을 주로 걱정했다고 생각했다. 그녀가 제이슨이 했던 일을 모두 자백하면, 제이슨이 시험을 볼 기회가 없어질 것이라고 걱정했다. 그녀는 제이슨이 매우 영리한 것을 자랑스럽게 생각했기 때문에, 그녀에게 이것은 대재앙처럼 보였을 것이다. 그의 성공은 그녀의 부족했던 학문적 기량을 보상하는 것이었고 그것은 그녀에게 매우 중요했다. 그녀는 17살 때 학업을 중단했는데, 똑같은 일이 제이슨에게도 일어날까봐 두려워 했다. 심리치료사는 처음에 나탈리가 제이슨이 앞으로 성공할 것을 시기하여 시험에 통과할 운을 파괴하고, 그녀를 능가하지 못하게 하고 싶어 한다고 말하였다. 그 생각에 의하면 나탈리가 자신의 파괴성을 두려워하여 세계로부터 도피했다는 것이다. 이것은 불필요한 해석으로 인하여 곁길로 샌 것이어서 나탈리를 잠시 동안 매우 방어적으로 만들었다. 그러한 개입은 심리치료사들이 종종 경험을 명료화하는 대신 혼란스럽게 함으로써 경험으로부터 사람들을 소외시키는 것이었다. 그러나 그 개입은 증거에 기반을 둔 것이 아니었다. 슈퍼비전에서 우리는 그러한 개입이 어떤 것인지를 성찰하여, 내담자에게 말하고 설명하는 대신 나탈리가 실제로 말했어야 했던 것을 조용히 경청하도록 치료사를 격려하였다.

다음 회기에서 나탈리는 아들이 자신의 행동의 진실로부터 회피한다면 그는 수동적인 방관자로 영원히 남을 것이라고 느꼈음이 드러났다. 즉 그녀의 아들도 그녀처럼 버티고 맞서는 것을 두려워하게 될 것이다. 이것은 도덕적 딜레마였다. 그녀의 아들도 똑같이 버티고 맞서기를 가르칠 만큼 충분히 강한가? 이것은 그녀가 실제로 대답할 필요가 있었던 질문이었다. 아담에게 실제로 일어났던 일에 대하여 사람들에게 알리는 것이 중요했는지에 대한 끝없는 논쟁은 더 이상 상관없게 되었다. 그때는 아담의 자살에 따돌림이 중요한 요소였다는 사실을 공개적으로 인정하였다. 물론 진실을 말하는 것이 여전히 중요했다. 그 진실을 아는 것이 아담의 가족에게 중요했고, 비겁하고 자기보호적인 자세보다는 진실한 자세를 갖는 것이 제이슨과 나탈리에게 중요했다. 나중에 나탈리는 이러한 일을 아들에게 말할 용기를 냈을 때, 제이슨도 똑같이 느꼈다는 것을 발견했다. 그는 실제로 자신이 했던 것 그리고 다른 사람들이 했던 것을 모두 자백함으로써 자존감을 회복하길 원했다. 그는 말한 결과보다는 침묵의 결과를 두려워했다. 죽은 친구에 대한 자신의 의무를 다한다는 측면도 있었다. 흥미롭게도 제이슨과 그의 어머니가 때때로 제이슨이 말할 수 없다고 한 이유는 그것을 말하게 되면 다른 친구들이 연루되었음을 시사할 것이기 때문이다. 그들은 이제 친구들을 보호한다는 생각이 설득력 있는 이야기가 아니라는 것을 발견했다. 오히려 죽은 친구 아담이 누구보다도 더 보호를 필요로 했다. 결국 제이슨이 특별한 벌을 받거나 다른 사람을 직접 연루시키지 않고 자백할 수 있었다. 또한 그러한 행동이 도덕적으로, 정서적으로 올바른 것이었음이 분명해졌다. 제이슨이 자백하고 침착하게 심문을 받았을 때 이것은 그의 자존감을 높여줬고 많은 사람들로부터 인정을 받게 했다. 그는 이제는 그를 받아들이지 않는 옛 친구 무리와의 관계를 여전히 관리해야 했지만, 이것은 상실이 아니라 오히려 유익한 것이었음을 알았다. 나탈리는 그를 매우 자랑스러워하였고 아들이 진실한 사람이 되도록 도왔다는 것을 약간 주저하면서 받아들였다. 그녀는 자신과 아들이 진실해짐으로써 그들의 자존감을 회복했다고 느꼈다. 기대했던 것 이상으로 제이슨이 성공적으로 시험을 치른 것은 그녀를 엄청나게 기쁘게 했다. 그녀의 운명과 제이슨의 운명은 본질적으로 연결되어 있었다. 진실의 시험에 함께 통과한 것은 그들의 관계를 강화시켰다. 그들은 이제 옳은 일을 할 수 있는 사람들처럼 자신과 서로를 생각할 수 있게 되었다. 이것은 나탈리가 자기 확신을 갖고 불안의 난국으로부터 벗어나 삶의 흐름 속으로 돌아갈 수 있도록 돕기에 충분했다. 그녀의 치료사는 정신병리에 직면시키기보다는 삶에 직면하도록 그녀를 도왔다. 치료사는 불안에 대한 끝없는 이야기를 듣는 것을 피했고 심리학적 설명을 해주지 않았다. 그 대신 그녀는 그녀가 다루어야 했던 도덕적 딜레마에 직면하도록 나탈리를 도왔다. 이것은 철학적인 말이 고통으로부터 벗어나 앞으로 나아가게 하는 분명한 길이었고, 반면 치료적 침묵은 절망과 무대책의 자리에 남아 있는 그녀를 단지 용납했을 뿐임을 보여주는 사례였다. 그러나 그녀는 거기에 머물러 있고 싶지 않았다. 이것은 또한 편안함과 편리함에 대한 질문이 역효과를 낳았을 것이고, 반면 어려운 일을 하는 것이 어떤 해결책으로 인도할 수 있었음을 보여주는 사례였다. 말할 것도 없이 그것은 행복으로 인도했다. 그러나 여전히 직면해야 할 어려움과 갈등은 너무 많이 있다.

9. 심리치료 또는 철학상담?

앞에서 보여준 모든 이야기는 일상적인 보통의 삶이라기보다는 매우 심각하게 어려움에 처해 있는 사람들의 예이다. 그들은 삶과 죽음의 문제에 압도당하는 상황에 있었고, 사회적 세계로부터 심각하게 소외되고 분리되는 상황과 투쟁해야 했다. 그러면서도 그들은 평범하지 않은 또는 잠정적으로 위협이 되는 결정을 해야 했다. 철학은 인간 고통을 가장 적절하게 성찰하는 만큼, 그러한 순간에 무한한 가치를 지닌 자원이다. 심한 고통과 삶의 시험을 받고 있는 사람들에게 철학적 명료함은 일반적으로 당혹스럽게 여겨진다. 그들의 상황과 직접 관련되어 있는 순수하고 구체적인 것으로 경험되면, 그때서야 철학적 명료함을 환영한다. 그렇게 엄청난 때에 심리학적 이론을 가져오거나 단순히 추상적으로 개입하는 것만으로는 충분하지 않다. 인간과의 실제적인 만남과 새로운 이해로 나아가지 못한다. 그러나 마음이 상하거나 혼란스러울 때 그들은 자기 행동의 목적과 가치와 모순을 분명하게 생각하기 어렵다는 것을 발견할 것이다. 즉, 그들은 자기 행동의 목적과 가치와 모순을 이성적이고 철학적으로 다루지 못한다. 우리가 소외되고 우리 자신과 만나지 않고 있을 때 가장 필요한 것은 문제의 핵심을 직접 다룰 수 있도록 도움을 받는 것이다. 우리는 삶을 다시 이해할 필요가 있으며, 종교적 또는 학문적 편견 없이 침착하고 조용하게 생각할 수 있는 사람과 그 문제를 충분히 생각할 필요가 있다. 우리는 우리를 돕는 사람에게서 치유적 감수성과 인간성 그리고 철학적 통찰을 필요로 한다. 우리는 다른 사람이 우리의 수준에, 바로 거기에서 공감과 통찰을 가지고 우리와 함께 있음을 알 필요가 있다. 그들은 우리의 기분을 정확하게 이해해서 우리 주변의 정확한 분위기를 말해준다. 우리는 우리의 정서적 상태와 필요를 반향해주는 실용적이고 철학적인 개입을 필요로 한다. 우리는 우리를 행복하게 해주는 사람이 아니라 우리의 정서에 맞춰주는 사람이 필요하다.

10. 정서가 말보다 더 크게 말한다

다행히도 몇몇 철학자들은 우리의 정서와 감정의 역할에 대하여 매우 신중하게 통찰했다. 스피노자Spinoza(1677/1989)는 그의 책『윤리학Ethics』에서, 사르트르Sartre는 『정서이론 개요Sketch for a Theory of the Emotions』(1939/1962)에서, 그리고 하이데거Heidegger는 『존재와 시간Being and Time』(1927/1962)에서 어떤 사람이 소중하게 여기는 것에 관하여 가지는 존재적 태도, 즉 구체적이고 실제적인 태도가 어떻게 그 사람의 정서 상태를 결정하는가를 잘 묘사하였다. 하이데거는 이것을 '처해 있음befindlichkeit'이라고 말하는데, 문자 그대로 종종 마음의 상태라고 번역되긴 하지만, 당신이 당신 자신을 발견하는 방법이다(van Deurzen and Kenward, 2005). 하이데거는 우리가 세계와 조율하는 방법은 우리가 어떻게 인간으로 존재하는가에 대한 가장 직접적이고 접근 가능한 정보라고 말했다. 그것은 우리가 어떻게 세계에 자리를 잡는지 그리고 존재하는 것에 관하여 스스로 어떻게 행동하는지를 말해준다. 젠들린Gendlin의 포커싱이라는 경험적 방법은(Gendlin, 1996) 이 개념을 더 상세하게 설명하는데, 어느 때라도 가지고 있는 감각과 느낌을 알기 위한 방법을 제공한다.

우리의 기분은 계속해서 바뀌는 날씨와 같다. 알아차릴 때만 알아차리더라도 날씨는 언제나 그대로이다. 우리의 기분은 정서와 함께 있다. 하이데거는 우리가 언제나 기분 안에 있고 하나의 기분은 다른 기분으로 대체함으로써 극복할 수 있다고 말한다. 정서 또는 마음의 상태는 한 사람의 세계관을 이해하기에 좋은 장소이다. 우리는 단순히 '느낌feelings'만

을 말하는 것이 아니라 우리의 전반적인 기분에 영향을 주는 전체적인
태도 또는 마음의 상태를 말하는 것이다. 어떤 것과 관련하여 기분을 이
해하는 것은 그것에 관한 생각을 명료화하는 것이다. 우리는 정서적 반응
에서 사려 깊은 자각으로 옮겨가는 것이지 그 반대로 가는 것이 아니다.
무엇이 우리를 움직이는지를 알려면 우리가 어떻게 느끼는지, 생각하는
지, 직감하는지에 주의를 기울여야 한다. 때때로 우리의 마음이나 태도
를 표현하는 것 그리고 말보다 더 크게 말하는 것은 우리의 행동이다.
우리의 정서를 통해서 작업하는 것은 결코 우리 자신을 더 행복하게 해주
는 것이 아니고, 우리의 가치에 관한 정서적 반응과 그 의미의 전 영역을
알게 해주는 것이다. 우리의 세계에 관한 정서적 태도는 정서 자체를 말
해주지만, 각각의 정서적 태도는 긍정적 또는 부정적 의미를 가질 수 있
다. 이것은 『실존주의 상담과 심리치료의 실제Existential Counselling and
Psychotherapy in Practice』(van Deurzen, 2002)에도 나온다. 예를 들어,
질투, 의심의 태도는 내면의 태도에 따라 조심스럽게 경계하거나, 분노
에 집중하는 것으로 경험될 수 있다. 좋은 정서와 나쁜 정서로 나누어,
좋은 정서를 목표로 하여 잡기 어려운 행복 정서를 원하기보다는, 정서
나침반 위에 있는 각 정서의 위치를 알고 복잡한 삶 가운데서도 우리 자
신을 이끌어갈 필요가 있다. 언제나 나침반이 정서적 북쪽을 가리키는
마술과 같은 것은 절대로 없다.

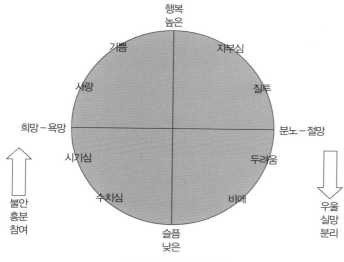

그림 6.1 정서 나침반

우리는 정서가 무엇에 관한 것인지 그리고 우리를 어느 방향으로 가게 하는지를 조율하고 탐색함으로써 정서를 이해할 수 있다. 이를 위하여 나는 주로 스피노자와 사르트르의 묘사에 기초하여, 정서 나침반에 대한 손쉬운 도구를 고안하였다. 그것은 우리의 방향성을 설명하고 우리의 위치를 알도록 도울 수 있다.

행복이라는 정서적 목적에 이르게 될 때 우리는 세계에서 가장 좋은 것이라고 생각하는 것과 하나가 되는 큰 기쁨을 분명히 느낀다. 이것은 경험의 높은 지점에 있는 느낌이고 우리에게 성취감을 준다. 낮은 지점은 우리가 바닥에서 고갈되고 비어있는 느낌이 들게 하고, 이것을 우울이라고 말한다. 따라서 많은 사람들에게 행복의 자석 북쪽은 정서적 나침반의 맨 위에 있다. 북쪽은 우리를 만족시킨다고 생각하는 것, 가장 가치 있다고 느끼는 것을 가리킨다. 자석의 북쪽은 우리의 궁극적 가치가 되고 우리를 북극성으로 인도한다. 그러나 우리 자신을 북쪽으로 향하게 하거나 우리가 원하는 쪽으로 향하는 것은 언제나 불안을 야기하고 많은 에너지를 요구한다.

나침반의 사분면에서 왼쪽 아래에서 위로 향하고 있는, 남쪽에서 서쪽으로 있는 정서는 갈망하는 정서이며 불안을 많이 담고 있다. 우선 우리가 원하는 것을 얻을 수 없다는 느낌에 시달릴 때, 올바르게 될 수 없는 것에 대한 수치심의 정서에(Tantam, 2002) 젖어들게 된다. 여기에서 우리는 시기심으로 옮겨가는데, 시기심은 다른 사람이 가지고 있는 것을 원하는 정서이다. 우리가 바라는 것에 대해서 조금 용감해지고, 북극성에 가까워질 때 욕망은 강화되고 희망의 느낌이 생긴다. 그리고 원하는 것을 실제로 얻을 수 있고 결국 모든 것이 좋게 될 것이라는 신념을 갖게 된다. 희망은 첫 장에서 논의했던 대로 신념을 가지게 된다는 점에서 중요하지만 또한 잡기 어려운 면도 있어서, 우리는 종종 이 지점에서 아래로 떨어진다. 희망을 유지하려면 헌신, 힘, 자신에 대한 확신 그리고 올바른 노력이 요구된다. 그러한 정서들은 많은 에너지를 요구하고 우리를 지치게 할 수 있다. 단순하게 남쪽의 낮은 지역에 있는 우울로 주저앉는 것이 더 쉽다. 그곳에서 우리는 최소한 우리가 어디에 있는지 인식할 수 있다. 바닥 어디에도 편안한 곳은 없다. 우리는 더 낮은 곳으로 떨어질 수 없기 때문에 이곳에서는 이상하게 편안하게 생각할 수 있다. 만일 우리가 바람과 헌신의 대상에 집착하면서 헌신한다면 서쪽에서 북쪽으로 우리를 데려가는 정서의 왼쪽 사분면 위에 이르게 된다. 이 정서는 분출되고, 우리가 추구하고 있는 가치가 사물이든 사람이든 추상적 개념이든, 그 가치와 하나 되는 느낌인 사랑으로 시작한다. 사랑은 행동을 요구하는 정서이기 때문에 헌신 없이는 이루어질 수 없다. 그것은 유지하기 어렵고 계속해서 우리를 시험할 것이다. 사랑은 우리가 행복의 대상과 연합할 때 우리의 성공을 더 확실하게 해주는 기쁜 경험으로 우리를 인도할 수 있는 기회가 된다. 우리가 이것을 확실히, 아주 순간적으로 성취할 때, 우리가 행복이라고 부르는 만족의 고원에 다다를 것이다. 그곳은 분명히 좋은 장소이지만 꾸준한 장소는 아니다. 전반적으로 사람들은 행복이 성취되면, 행복을 더 오래 유지시키기 위하여 정서를 낮추는 데 익숙할지라도, 그들의 축복이 모두 소멸되고 항상 정서적 풍부함이 있는 위쪽 영역에서만 살 수 없다는 것을 받아들인다.

　가장 소중하게 여기는 것을 소유하는 느낌인 자부심은 이미 우리가 원하는 행복보다 한 단계 아래에 있다. 그것에는 자족이 있기도 하고 위험이 있기도 하다. 그리고 다른 모든 것처럼, 우리가 원하는 것을 가질 때, 우리의 만족과 자부심에 대한 위협이 될 것이다. 자부심은 실제로 추락하기 전에 온다. 그 추락은 북쪽에서 동쪽으로 데려가는데, 누군가 또는 무엇인가가 지금 우리를 집어삼키고 우리로부터 제거하려는, 우리의 가장 소중한 가치를 위협하는 정서인 질투심에 의하여 미끄러진다. 우리의 경계가 미끄러지거나 주변 환경이 우리가 조심하는 것보다 더 강한 것으로 증명될 때, 우리는 동쪽으로, 경사면의 가운데 지점을 향하여 미끄러진다. 이곳은 분노의 장소이다. 정서 나침반의 동쪽에 있는 마지막 배수로로, 이곳은 우리의 손이 닿지 않는 곳으로 미끄러지고 있는 것을 마지막으로 단 한 번 강력하게 회복하고자 하는 곳이다. 우리가 힘을 모으려는 노력에 실패할 때 나침반의 사분면에서 오른편 낮은 쪽으로 더 내려간다. 그곳은 처음에는 두려움으로 경험되는 곳이다. 더 이상 통제할 수 없고 위험에 처해 있다는 분명한 느낌이고 상실에 대한 이상한 느낌이다. 이 불편한 느낌은 도망가거나 움츠러들게 한다. 우리는 이제 포기하고 아래로 내려가는 길에 있는 다음 푯말까지 점점 더 슬퍼진다. 그곳에서 상실을 생각하고 구원받지 못한다는 것을 깨달을 때 슬픔이 지배한다. 이때 우리는 정서 나침반의 남쪽, 우울한 자리의 바닥으로 미끄러져 들어간다. 그렇게 우리는 좋아하든 좋아하지 않든, 가차 없이, 언제나, 추구하거나 상실한 것을 나타내는 정서에 맞춰 기대에서 실망으로 옮겨간다. 우리가 바라고 목표하는 것을 향하여 가는 곳, 그곳이 어떤 위치일지라도 불안을 유발하고, 우리의 즐거움과 가장 소중한 소유로부터 우리를 멀어지게 하는 것은 정서 나침반의 바닥으로 내려가게 하는데 그것이 우울이나 실망이다.

11. 밀물과 썰물

전반적으로 삶의 흐름을 따르는 것이 최선이다. 그리고 언제 남쪽으로 갈지, 언제 더 많은 것을 얻기 위하여 노력할지를 아는 것이 최선이다.

정서 상태는 삶의 밀물과 썰물과 같다. 키에르케고르는 그것을 숨을 들이쉬고 내쉬는 과정에 비유하였다. 불안은 숨을 마시게 하고 절망은 숨을 내쉬게 한다. 각각의 정서는 때가 있어서 우리가 어디에 있는지 그리고 얻거나 상실하면서 무엇을 고수하는지를 나타낸다. 아래로 내려가는 것은 스피드를 내고, 우리가 너무 오랫동안 낮은 지역을 고수하지 않는 이상, 다시 위로 올라가도록 도울 수 있다. 위로 올라가는 것은 보다 정교하고 고통스러워서 노력과 집중을 필요로 한다. 그러나 분명히 그것만의 보상이 있다. 각각의 방향성은 필요하고 교훈적이며 완전한 인간이 될 수 있는 능력의 한 부분이다. 우리는 모두 자신에게 익숙하고 편안한 정서 패턴이 있다. 우리의 정서 사분면 중 하나에만 있길 원한다면 부자연스러운 로봇으로 우리자신을 축소시킬 것이다.

치료에서 치료사가 내담자의 불안과 우울함의 의미와 접촉할 수 있게 한다면, 불안과 우울함을 제거하거나 행복을 목표로 두도록 돕는 것보다 결국엔 훨씬 더 많은 도움이 될 것이다. 단순히 삶에서 좋은 경험을 얻는 것이 목적이 아니라는 것은 매우 분명하다. 치료사는 모든 영역을 편안하게 경험하고, 이 편안함이 옳다는 것을 보여줄 필요가 있다.

이것은 내담자가 실제로 치료사로부터 분명하진 않지만 조용히 그러나 매우 효율적으로 무엇을 배우는지에 대한 중요한 질문을 제기한다. 내담자는 말이 없는 치료에서 무엇을 배울까? 내담자는 치료사가 개입하거나 개입하지 않는 것에서 어떤 새로운 방법과 가치를 배울까? 영향과 주입이라는 문제는 진지하게 고려해야 한다. 내담자들이 세계를 보고 경험하는 본질적인 방식에 심리치료사들이 실제로 영향을 미치고 있음을 부인하는 한, 그러한 영향을 어떻게 미치는지, 건설적인 방식으로 어떻게 그렇게 할 수 있는지를 체계적으로 탐구하기는커녕 묻기도 어렵다. 또한 그것은 내담자에 대한 상담의 효과를 어떻게 신중하고도 공정하게 연구할 수 있는지에 대한 질문을 제기한다.

그러한 연구는 그만큼 매우 어렵다. 왜냐하면 어떤 종류의 영향이 유익하고 바람직한지에 대하여 명료하지 않기 때문이다. 어빈Erwin은 그의 책 『철학과 심리치료Philosophy and Psychotherapy』(Erwin, 1997)에서, 우리가 심리치료를 치료사의 기준에 의하여 평가해야 하는지 아니면 내담자의 기준에 의하여 평가해야 하는지가 분명하지 않다고 지적한다. 먼저 문제가 되었던 자기소외의 경향성이 더 악화되었을 때, 실업자가 결국 자신을 독립된 편집자로 규정하면서 성공의 기준을 일할 수 있는 능력을 사용하는 것으로 혼자서 규정한다면 그런 심리치료를 성공으로 생각해야 할까? 즉 내담자를 행복하게 만드는 것이 반드시 올바른 방향인가?

12. 윤리적 질문

내담자들이 가져오는 개인적이고 심리적인 문제는 더 깊은 층의 문제와 얽혀 있어서, 그 층은 삶의 의미에 관하여 반복되는 문제 그리고 어떻게 좋은 삶을 살아야 하는가에 대한 도덕적 문제와 관련이 있다. 정기적으로 심리치료에서 다루는 근본적인 철학적, 정치적, 교육적 주제가 있다. 그것들은 아이를 양육하거나 사회를 운영하는 올바른 방식이 무엇인지와 같은 기본적인 질문을 포함한다. 또한 왜 거기에 아무것도 없지 않고 무엇인가 있는지, 나는 왜 다른 누군가가 아니고 나인지, 삶의 의미는 무엇인지, 자기와 같은 것이 있는지, 이타주의와 같은 것이 있는지와 같은 실존적 질문들을 포함한다. 나의 행동은 세계에 어떤 차이를 만드는지에 대한 윤리적 질문이 있다. 좀 더 심오하게는 죽음 이후에는 무슨 일이 일어나는지 또는 태아가 인간 존재인지, 초감각적 인식이나 귀신과 같은 존재가 있는지와 같은 형이상학적 주제도 있다. 아마도 가장 중요한 것은 선과 악의 문제일 것이다. 아이들은 아주 어린 시절부터 좋음과 나쁨의 실존에 강하게 집착한다. 그때 그들은 어떤 종류의 사람으로 존재해야 하는가를 이해하려고 한다. 사람들은 선이 언제나 이기는지, 그것이 언제나 최선의 선택인지 또는 때로는 강함이 비열한 것이고 선이 약함과 동일한 것인지에 대하여 의아해한다. 사람들은 그들이 실제로 악과 싸워야 하는지, 또는 부끄러운 일을 생각하기 때문에 자신이 악한 사람인지 알고 싶어 한다. 그들은 종종 삶에서 특별한 일을 했거나 하지 않았기 때문에 심리적으로 동요한다. 죄책감은 많은 인간 고통의 원천이다. 사람들은 이것을 옆에 두고서는 편안하게 지낼 수 없다고 종종 생각한다. 우리는 이러한 상태를 의학적으로 또는 심리학적으로 다루어야 하는가? 아니면 심리치료를 넘어서 뿌리까지 다루어야 하는가? 심리치료는 그들이 살고 싶은 삶과 인간 조건, 인간 본성을 원래 가지고 있는 상태로 돌아가도록 도울 만큼 충분한가? 아니면 우리는 훨씬 더 실제적인 형태의 철학적 탐구와 방식이 필요한가? 우리는 심리치료를 넘어서 응용철학의 영역으로 나아가는가?

사회가 심리치료사들을 점점 더, 문화가 나아가야 할 방향을 보여줄
수 있는 현명한 사람처럼 대우해준다는 것은 매우 주목할 만한 일이다.
심리치료사와 상담사들은 종종 라디오와 텔레비전에서 수많은 주제에 관
하여 그들의 임상경험에 기초한 의견을 말한다. 그러나 철학적 사고와
주장에 기초한 더 견고한 토대로부터 그러한 주제를 성찰하는 것이 중요
한 것 같다. 실제로 우리의 감정을 신뢰할 것인지, 표현할 것인지, 억압할
것인지, 무시할 것인지에 대한 주제는 고대철학으로 돌아가게 한다.

13. 고대철학의 탐구

3,000년 전에 사람들은 철학자를 지혜를 추구하는 사람이라고 하였
다. 철학은 더 나은 삶의 방법을 추구하는 것에 관한 것이다. 우리가 지금
심리치료라고 부르는 것은 원래 철학이라 불렸던 것이고, 심리치료의 역
사가 단지 1세기 전에 시작된 것이라고 믿는 것은 매우 잘못된 것이다.
초기 아테네와 로마철학자들로부터 배우는 것이 실제로 유용하고 중요하
다. 누스바움Nussbaum(1994, 2001)이나 블라스토스Vlastos(1991)와 같은
철학자들은 치료사들이 읽어야 할 본질적인 것들을 다룬다.

아리스토텔레스와 그의 추종자들, 에피쿠로스와 에피쿠로스학파, 회
의론자와 스토아학파의 기여를 성찰하는 것은 매력적인 일이다. 우리가
주의를 기울이는 고대철학자들의 철학에는 치료적 가치가 많이 있다. 철
학의 다양성은 치료적 접근법들의 광범위한 범위와 외연을 같이 한다.

각각의 철학은 그들의 방법대로 본질적이고도 실존적인 원리를 제시한다. 그리스철학은 분명히 행복추구, 좋고 번창하는 삶을 성취하는 목적에 대하여 매우 직설적으로 이야기한다. 우리가 앞에서도 말하였듯이, 이것은 말 그대로 좋은 삶이 가진 힘을 의미한다. 그러한 삶이 구성하는 것 그리고 그것을 어떻게 성취하는지에 대한 정의는 철학 학파마다 다르다. 이러한 문제들에 주의를 기울이는 것은 예상한 바대로 우리가 많은 정치적 질문을 해야 한다는 것이다. 예를 들어 특권을 가진 지성인에게만 가르쳐줄 수 있는 것으로 아리스토텔레스가 좋은 삶을 강조하는 것을 생각해보자. 보다 덜 복잡하고 대중들이 쉽게 소화할 수 있는 에피쿠로스의 이상과 달리, 아리스토텔레스의 좋은 삶은 많은 사람들이 이룰 수 있어야 함에도 불구하고 결과적으로는 독단적이라는 결점을 가지고 있다. 그리스 철학 가운데 대부분, 특별히 아리스토텔레스 철학에서, 번영하는 삶을 추구하는 것의 조건은 개인만이 아니라 공동체에 전체적으로 이익이 되어야 한다는 것이다.

아리스토텔레스의 행복주의 철학을 위한 실제 지침은 현저하게 실존주의 심리치료와 양립할 수 있다(van Deurzen, 1988/2002, 1997; Macaro, 2006; Richardson Lear, 2004). 예를 들어 철학 교사가 (심리치료사가) 학생에게 (내담자에게) 강의하는 것은 질서정연, 심사숙고, 명료함의 덕을 강조한다는 점에 주목해보자. 교사는 자신이 경험한 지침을 제공하지만, 교사와 학생은 능동적이고 독립적이다. 그들이 함께 탐구하는 윤리적 질문은 '사람들의 의견을 걸러내고 면밀히 조사하는 것'으로 보인다

(Nussbaum, 1994 : 76). 학생들은 진실한 신념과 그릇된 신념을 분리하여, 그에 따라 자신의 열정을 수정하고 변형시키도록 배운다. 정서는 무시되거나 단순히 표현되고 억압되는 것이 아니라 교육될 수 있다는 생각 또한 유사하다. 다양한 정서 그리고 정서가 할 수 있는 것에 대한 아리스토텔레스의 설명은 스피노자의 설명과 같다. 스피노자는 어떤 정서와 그 반대되는 정서가 같은 곳에 있음을 보여준다(Spinoza, 1677/1989).

14. 도덕적 원리 발견하기

소크라테스와 플라톤의 철학은 도덕 지침을 주는 것으로 가장 잘 알려져 있다. 이 철학에서 묘사된 이상 세계는 이성에 따르고 좋음에 대한 지식을 얻음으로써 일상적 삶의 갈등과 문제에 굴하지 않는, 누구에게나 주어질 수 있는 것으로 약속된다. 소크라테스는 자신의 사형 선고라는 억울한 종말을 맞이할 때까지 철학자의 삶을 살았지만, 그의 예를 사람들이 따르기는 쉽지 않다. 덕이 모든 것이고 어떤 것이라도 극복할 수 있다는 소크라테스의 가르침에 대한 아리스토텔레스의 비판은 강력하다. 그것은 일상적 삶의 현실을 훨씬 더 현실적으로 인정한다. 그리고 실천적 지혜는 자신뿐만 아니라 세계와도 연결되고, 모든 정서를 경험하는 것으로 구성한다. 아리스토텔레스의 도덕 교육에 대한 개념은 엘리트적 교육으로 남아 있다.

이와는 대조적으로 에피쿠로스학파는 부패한 욕망을 제거함으로써 그리고 그 과정에서 고통과 장애를 없앰으로써 인간 고통을 다루려 한다.

에피쿠로스학파 제자들은 합리적 정서행동치료와 매우 유사한 방법으로 스트레스 없는 삶을 약속하는 것 같다. 이 방법에 따르면 얻을 수 없는 것은 포기하고 자신의 기대를 현실적인 것에 적응시켜서, 우리가 원하는 것을 재빨리 얻는다. 이것은 우리 자신의 욕망으로부터 분리되는 것이다. 분리는 불교의 가르침과 유사하다. 에피쿠로스학파는 분리가 자기와 관련해서가 아니라 외적인 것과 관련하여 일어난다고 말한다. 좋은 삶에 대한 에피쿠로스의 개념은 불행하게도 독단적이다. 변증법적 탐구와 비판적 사고는 공식으로 대체되고 공동체 삶은 신조를 강요한다. 몇몇 심리 치료 학파들 또한 이와 유사하게 지시적 영역의 길로 잘못 들어선다. 그러나 에피쿠로스학파는 플라톤도 아리스토텔레스도 완전히 이해하지 못했던 것을 이해했다. 그것은 거짓 신념이 종종 영혼 깊이 자리 잡는다는 것과 그것이 논쟁에 유용하지 않다는 것이다. 이것은 정신분석 전통이 그 개념을 강력하게 촉진시켰음에도 불구하고 모든 치료사들이 인식한 것은 아니다.

누스바움Nussbaum은 실제로 무의식을 발견한 에피쿠로스를 신임한다. 그리고 억압되고 감추어진 동기와 신념을 얻기 위하여 이야기 기법을 어떻게 사용했는지를 보여준다. 그녀는 꿈과 정서에 관한 루크레티우스 Lucretius의 연구에 의지하여 이것을 분명하게 한다. 루크레티우스식 치료의 목표는 독자를 신과 동일하게 하는 동시에 자연의 목소리에 귀 기울이게 하는 것이다. 이것을 하기 위하여 우리는 사랑, 죽음, 분노를 어떻게 다루는지를 배우지만 대부분의 다른 주제 또한 그 과정에서 논의된다.

에피쿠로스의 견해에 의하면 쾌락이 유일한 선이고 우리는 우리의 욕구를 따라 부족한 자연적 자원으로부터 쾌락을 얻도록 배운다. 그러나 회의론에 따르면 이것은 그 자체로 불안을 유발하므로 고통을 멈추는 유일한 방법은 그저 아무것도 믿지 않고 아무것도 바라지 않는 것이다. 그래서 에피쿠로스학파는 잘못된 신념을 없애려 하지만 회의론자들은 모든 신념을 없애고 싶어 한다. 이것은 오늘날 많은 사람들이 상처받지 않으려고 선택하는 것이고, 서양사회에서 점점 더 유행하는 전략이다. 누스바움Nussbaum은 회의론이 어떤 사람이라도 배울 수 있고, 강렬함으로부터 자신을 보호하는 방법이라고 말한다. '그러나 강렬함의 부재에 대한 강한 집착은 재미있는 욕망이고, 문제를 낳는 욕망이다.'(Nussbaum 1994 : 311)라고 그녀는 통쾌하게 말한다.

에피쿠로스학파와 회의론자들은 플라톤과 아리스토텔레스와는 달리 어려움으로부터 벗어나게 하는 방법으로 이성을 거부하지만, 스토아학파는 그것을 수용하여, 오히려 강력하게 통제하는 방식으로 사용한다. 이는 현대 심리치료와 유사하다는 것이 매력이다. 오늘날 어떤 형태의 치료도 스토아학파가 제안했던 자기와 영혼의 체계적 질서를 생각해내지 못했지만, 나는 누군가 곧 그것을 하게 될 것이라고 확신한다.

치료적인 모든 고대철학이 공통적으로 가지고 있는 것은 교육을 강조하는 것이다. 스토아학파에서 학생의 목표는 자신에 대해서 교사와 학생이 되는 것이다. 그리고 그들은 한 사람의 삶을 성장시키기 위하여, 예를 들어 논리와 시를 사용함으로써, 영혼을 매일 검토해야 한다. 목적은 지헤이고, 지혜는 궁극적 가치와 덕이고, 이것은 행복으로 인도한다. 고대 철학에서 말하는 행복eudaemonia은 현대의 행복happiness과 같은 것이 아니라 올바르게 사는 것, 말 그대로 삶을 잘 사는 것을 의미한다. 우리는 그러한 지혜가 분리와 자기통제를 통하여 일차적으로 성취된다는 스토아학파의 결론에 동의할 필요는 없다. 그리고 스토아학파가 우리에게 원했던 것처럼 우리의 열정을 없앨 필요가 있다는 것에 동의할 필요도 없다. 그러나 열정이 어떻게 하면 가장 잘 길들여질 수 있는지 그리고 유익한지에 대한 그들의 사고로부터 많은 것을 분명히 배울 수 있다. 열정을 모두 제거하거나(회의론자들이 하는 것처럼), 열정을 최소화하거나(에피쿠로스학파가 하는 것처럼), 또는 열정에 대한 통제를 증가시킬(스토아학파가 하는 것처럼) 필요는 없다. 아마도 20세기에 치료사들이 성취할 수 있는 것은 그들의 열정을 용인하는 법을 배우는 것뿐만 아니라 그 열정을 이해함으로써 실제로 열정을 안전하게 확장시키는 것이다. 아마도 옛 철학자들로부터 배우고 심리학과 상담의 통찰과 철학자들의 통찰을 결합시킬 때 우리는 새로운 삶의 방식에 도달할 수 있을 것이다. 거기에 철학과 심리치료 사이에 있어야 할 풍부하고 유익한 상호작용이 있다. 만일 우리가 심리치료를 치유의 좁은 영역이나 사라질 수밖에 없는 행복에 대한 열망을 넘어서 발달시킬 수 있다면, 우리의 철학적 뿌리와 재결합하는 것보다 더 어려운 일도 할 수 있다.

Chapter 7

존재의 의미
행복추구를 넘어서

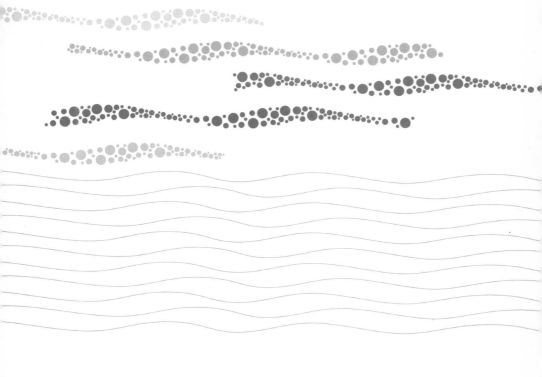

Chapter 7
존재의 의미 :
행복추구를 넘어서

그러나 행복은 인간과 삶 사이의
단순한 조화 외에 무엇이란 말인가?
—알베르 까뮈, 1989

    행복은 분명히 복잡한 문제이다. 행복은 불행 없이 있을 수 없다는 니체의 말이 옳았던 것 같다. 그렇다면 우리는 일상을 살아가는 데에 다른 어떤 것보다 용기가 있어야 한다. 실존의 역설에 직면하기 위해서는 힘이 필요하다. 우리가 보아왔듯이 어떤 사람은 그러한 힘이 없는 것 같다. 그들은 사물이 어떻게 실재하는지를 직면할 수 있게 하는 삶과 그들 자신 사이에 본질적 조화를 결코 성취하지 못한다. 그들은 평생 알지도 못한 채 행복을 계속해서 바라지만, 삶 자체와 조화를 이루지 못한다.

    올바르게 살고 있다고 느끼는 사람들은 공통적인 특징을 가지고 있다. 그들은 행복을 목표로 하지 않고 그들이 가지고 있는 것을 단순하게 최대한 활용한다. 삶을 최대한 활용하는 것은 축복의 상태를 성취하는 것보다 의미를 창조하거나 발견하는 것이다. 그것은 있는 그대로의 사물에서 만족을 발견하는 것이다. 그리고 의미의 발견은 불필요한 경험이 아니다. 그것은 어려움과 도전에 의해서 창조될 수 있을 뿐이다. 아마도 우리는 이제 삶의 궁극적 목적이 행복보다는 다른 어떤 것, 즉 실재와의 접촉 또는 접촉의 지속과 같은 것이라고 결론내릴 수 있을 것이다. 마지막 분석에서 우리는 단순히 삶 자체를 따르고 다른 어떤 것보다도 참으로 살아 있음을 알고 느끼고 싶어 할 것이다.

1. 행복보다는 의미

좋고 의미 있는 삶을 사는 것은 행복을 목표로 하는 것과는 매우 다르다. 러벤펠드Rubenfeld는 그의 소설 『살인의 해석The Interpretation of Murder』(2006)의 도입 부분에서 그 차이를 아주 잘 포착한다.

> 행복의 길과 의미의 길은 같지 않다. 행복을 발견하기 위하여 인간은 순간을 살기만 하면 된다. 그는 그 순간만을 살 필요가 있다. 그러나 만일 의미를, 즉 꿈의 의미, 비밀의 의미, 삶의 의미를 원한다면 인간은 지속해서 과거를, 그것이 아무리 어두운 것이어도 산다. 그리고 미래를, 그것이 아무리 불확실해도 산다(Rubenfeld, 2006: 5).

이것은 하이데거가 누구보다도 더 잘 이해했던 시간과의 관계 개념을 활용한 것이다. 그것은 실존치료의 초석 가운데 하나이다(Cohn, 1997; van Deurzen, 1988/2002). 만일 사람들이 의미 있게 살 수 있다면, 그것은 시간, 즉 과거, 현재와 미래에 동일하게 살도록 돕는 것 그리고 변형할 수 있고, 발전할 수 있는 능력을 소유하는 것이다.

우리는 정서에 대해서도 똑같다고 말할 수 있다. 행복과 슬픔 그리고 그 사이에 있는 전 영역의 정서들은 동일하게 중요하다. 우리는 어느 하나를 선택할 수 없다. 세계 안에서 우리의 관점이 계속 변화하는 한, 우리가 어디에 있는지를 알게 하는 일을 계속 하는 한, 정서는 활동적이다. 이제 우리는 나쁜 정서가 좋은 정서만큼 중요하다는 것을 쉽게 알 수 있다. 정서의 주기는 계속 변화할 것이고 우리의 정서 나침반은 영원히 행복에만 고정되어 있지 않을 것이다. 삶은 동화가 아니다. 그리고 정서는 중요하지 않다고 해서 몇 가지만 뽑아낼 수 있는 것이 아니다. 나쁜 정서는 우리의 불만을 확고하게 하며, 우리가 삶에서 일을 바로 잡는 법을 배우려면 정서를 진지하게 받아들일 필요가 있다. 정서를 기쁨과 재미로 덮어버리면 어떤 일도 할 수 없을 것이다. 고통은 삶에 무엇이 잘못되었는지를 새롭게 통찰하는 시작이 될 것이다. 고통 없이 어떤 인간이나 피조물도 존재하지 못할 것이다. 그리고 우울함과 불안도 역기능적 증상이 아니다. 우리는 실존을 가볍게 또는 불공정하게 여기는 것에 저항하는 것을 축하할 필요가 있다. 우리는 그러한 정서를 역기능이나 정신 질병이라는 달갑지 않은 증상으로 다루는 대신, 우리의 감각, 정서, 생각, 직관에 참여할 수 있고 그것들이 모두 가치 있기 때문에 우리의 것으로 만들 수 있다.

마찬가지로 갈등, 딜레마, 문제도 인간 조건의 본질적인 부분이다. 살아 있다는 것은 그것들을 다루는 법을 배우는 것이다. 나이 들어가는 것의 큰 이익 가운데 하나는 우리가 나이 들면서 더 많은 경험이 쌓이기 때문에, 어려움이 닥쳐도 공황에 빠지지 않는다는 것이다. 실제로 우리가 중년 쯤 되면 어려움이 치유된다는 것은 가능성과 창조성의 죽음이라는 것을 알게 된다. 더 나은 삶을 위하여 지속적으로 나타나는 문제는 매일 필요하다.

틸리히Tillich는 그의 책 『존재에의 용기The Courage to Be』(1952)에서 다음과 같이 말했다.

용기는 비존재의 위협 앞에서 존재에 대하여 보편적으로 자기를 확인하는 것이다.

말 그대로 자신의 존재를 확인하는 것은 존재에 대한 위협에 직면하는 것이다. 우리는 포격을 받으면 삶으로 그리고 우리 자신으로 나아간다. 그리고 우리는 도전에 직면할 때 강해지고 패기가 드러난다. 용기 있게 산다는 것은 우리의 삶에 깊이와 활력 그리고 궁극적으로 의미를 가져오는 것이다. 그렇게 한다는 것은 삶, 타인, 세계를 사랑함으로써 우리 자신을 초월한다는 것이고, 어제 만족했던 것보다 내일 더 많은 것을 추구한다는 것이다. 틸리히는 다음과 같이 덧붙였다.

신경증적인 사람은 약간의 비존재만을 받아들일 수 있고

> 보통 사람은 제한된 비존재만을 받아들일 수 있고
> 창조적인 사람은 많은 비존재를 받아들일 수 있지만
> 신은 무한한 양의 비존재를 받아들일 수 있다(Tillich, 1952).

이것은 어떻게 강해지는가에 대한 느낌을 준다. 그것은 단지 그 순간에 행복하기만 바라며 고통을 피하는 것이 아니라, 우리의 기쁨에서 번영하는 만큼 고통 속에서도 번영하는 법을 배울 때까지 고통을 통합하는 것이다. 여기에 실존적 강함의 층위가 있는데, 그것은 우리의 삶에서 더 좋은 곳을 향하여 가는 길을 우리에게 보여준다. 그러나 그렇게 올라가는 것은 시지프스가 바위를 올리는 것과 같은 것이다. 우리는 성공하는 것을 당연히 받아들일 수 없는 것이다. 비록 성공한다 해도 새로운 모순을 만나게 될 것이다. 산을 오르는 길은 결코 쉽지 않다. 영웅의 여정에서 우리는 언제나 망상을 버리고 진리를 추구해야 한다. 하이데거가 말하는 알레테이아aletheia ἀλήθεια는 숨겨지지 않는다는 의미이다. 우리는 처음에는 가려져 있던 것을 벗김으로써, 그리고 차단하기보다는 개방함으로써 드러난다. 우리가 많은 것을 잃으면 궁극적으로 지혜와 성숙을 얻는다. 이것은 쉬운 일이 아니다. 어려운 일이 생기면 불안하고 우울해지는 우리 자신을 발견하는 것은 당연하다. 그러나 그러한 경험은 가치 있는 목표를 향해 가는 성공적인 여정의 필수 요건이다.

실존치료사들은 불안을 피해야 하는 것 그리고 제거해야 할 증상으로 다루는 어떤 것이 아니라, 활기를 주는 에너지의 원천으로 본다(van

Deurzen and Kenward, 2005). 마찬가지로 절망에 대한 우리의 능력은 우리를 깊이 있게 만들고 공감, 이해 그리고 궁극적으로 창조할 수 있는 능력을 준다. 그것은 의미를 가지고 사는 시간만을 위한 것이 아니다. 우리는 유토피아를 포기하고 자주 불안과 낙담을 경험하면서 노동과 고통에 대한 의지를 보여주어야 한다. 고통 없이는 우리의 삶은 거의 의미가 없을 것이다. 인간이 된다는 것은 부족, 문제, 갈등을 의식하고 자각하는 것이다. 삶에서 역설, 갈등, 딜레마, 모순, 대안, 변증법, 그리고 실험은 인간의 조건 안에 있는 모든 것들이고, 그것들은 궁극적으로 우리가 잘 헤쳐 나가야 할 것들이다. 우리는 실제로 삶에서 이 모든 것을 비우고 우리 자신을 단지 추상적 객관성만 가진 그릇으로 만들려는 생각을 할 것인가? 그것은 터무니없는 것 같다. 그 대신 삶에 참여하여 철저한 삶을 사는 법을 배우지 않는가?

대부분의 사람들은 많은 시간을 문제 속에서 보내고, 몰두할 일이나 문제가 없는 사람은 없다. 그 이유는 그 일이 우리에게 중요하고, 우리가 살아 있고 관심이 있기 때문이다. 무관심이나 죽음이 이러한 상태를 위한 유일한 해결책이다. 이와는 달리 몸은 거의 완전한 휴식 상태로 있을 수 없고, 우리가 휴식 상태에 있지 않다는 것은 살아 있다는 것과 같은 것이다. 몸은 불완전하다. 그래서 대부분의 시간을 불편함, 아픈 곳이나 실제적인 아픔과 고통에 주의를 기울이면서 산다. 자아는 대부분 자신이 없고, 종종 상처 입고 간섭 받으며 울고 있거나 두려워하며, 종종 정체성이나 힘이 부족하다. 영혼은 종종 혼란스럽고 산만하여 경계를 한다. 그래서 뭐? 그것이 살아 있다는 것이다. 우리는 평화 속에서 쉬기 위하여 그리고 우리의 경험과 감정 모두를 억압하기 위하여 여기에 있는 것이 아니다. 또한 그것을 쉬지 않고 표현하기 위하여 그리고 불행하다고 울면서 모든 사람을 피곤하게 하기 위하여 여기에 있는 것도 아니다. 대부분 불행은 그것만으로도 충분하고, 불평은 우리에게 아무것도 해주지 않을 것이다. 우리가 할 수 있는 것은 세심한 주의를 기울여서 우리의 문제를 알아차리고 거기에서 배우는 것이다. 우리는 그 모든 것에서 의미를 만들 수 있고, 우리가 삶을 다스릴 수 있게 될 때 통합과 이해에 이르게 된다.

2. 의미를 어떻게 발견하는가?

프랭클(Frankl, 1955, 1967), 이글턴(Eagleton, 2007) 그리고 바우마이스터(Baumeister, 1991)와 같은 작가들은 사람들의 삶에서 의미의 중요성을 탐색하는 데 초점을 맞추었다. 이것은 개인주의와 긍정적 정서 영역으로부터 긍정적인 것과 부정적인 것을 똑같이 포함하는 사회적 개념으로 나아가는 흥미롭고 새로운 입장이다.

바우마이스터(1991)는 많은 의미이론을 검토하여 의미에 대한 네 가지 기본적인 욕구가 있다는 결론을 내렸다. 그의 연구는 삶을 네 가지 차원에서 이루어지는 것으로 묘사한 실존주의치료사들의 이론과 일치한다.

- '목적'에 대한 욕구는 영적 욕구와 관련된다. 우리는 이유 없이 일을 하거나 그 일이 중요하다는 느낌 없이 의미 있는 삶을 살 수 없다.

- '가치'에 대한 욕구는 사회적 영역을 말한다. 우리가 행하는 모든 것은 거의 그것에 부여하는 가치와 관련하여 의미 있다고 정의된다. 결국 의미 없음은 이 사회적 체계 내부에서 건설될 수 없다.
- '효과'에 대한 욕구는 신체적 존재를 말한다. 세계에 영향을 미칠 수 있다는 느낌의 중요성을 상기시킨다. 그렇게 하는 것은 곧 삶을 더 가치 있게 만드는 것이고 그렇게 하지 않는 것은 매우 문제가 많다는 것이다.
- '자기가치'에 대한 욕구는 실존의 개인적 차원에서 의미로 나아가는 개인적 여정이다. 당신은 좋은 사람이고 당신이 하는 일은 어떤 점에서는 이 좋음을 확인하는 것이라고 느끼는 것이 매우 중요하다.

바우마이스터는 이 네 가지 목적이 일반적인 방향으로 가는 과정은 의미 있는 삶으로 향하여 가는 것임을 매우 확신 있게 보여준다. 그는 날카로운 통찰력을 가지고 덧붙이기를, 현실이 당신의 욕망에 부응할 때 그리고 당신이 이 네 가지 방식에서 올바른 방향으로 가고 있다고 느낄 때 행복이 온다는 것이다.

바우마이스터는 또한 우리가 실제로 유토피아를 성취할 수 없다는 것과 모든 욕망을 성취하는 것은 생각일 뿐이라는 핵심적인 사실을 다른 작가들 보다 더 많이 강조한다. "그것은 우리가 미래에 성취할 것이라는 완벽한 상태에 대한 이상화된 개념이다."라고 그는 말한다(Baumeister, 1991: 34). 요지는 우리가 목표를 이루면 더 이상 목표가 없으므로, 만일 우리가 지루함으로 가라앉지 않으려면, 그것을 대체할 새로운 목표가 필요하다는 것이다. 장기적인 목표는 방향감각을 제공하지만, 그날그날의 의미를 얻기 위해서는 단기적인 목표도 필요하다. 사실 효율감과 목적의식을 갖게 하고 자기가치감과 삶의 가치감을 가장 많이 주는 것은 단기간에 성취할 수 있는 목표이다.

바우마이스터에게 가치는 동기의 한 형태이다. 만일 우리가 우리의 가치에 따라 산다면 만족과 자기가치로 인도하는 삶의 방식을 보장받는다. 도덕성도 사람들이 조화롭게 함께 살도록 하고, 환경을 지키도록 한다.

> 살해, 상해, 절도, 거짓말, 배신 그리고 다양한 형태의 간통은 모두 집단 조화에 파괴적이기 때문에, 사회는 그런 행동을 규제하고 금지한다. 긍정적인 면에서, 나눔, 남을 도움, 집단을 지킴, 집단 목표를 발전시킴 등은 모두 집단의 생존과 번영 능력을 향상시킬 것이다. 집단 가치는 이러한 행동을 격려하고 보상을 준다(Baumeister, 38).

이글턴(Eagleton, 2007) 그리고 하버마스(Habermas, 1973)도 현대 사회에서 개인이 의미를 발견하거나, 결정하기 위한 가치가 필요하다고 주장한다. 우리는 지금 하고 있는 행동의 동기를 알 필요가 있다. 동기는 당신이 노력한다고 느끼는 궁극적 가치 기반(신, 인간성, 부모, 아이들 등을 위하여)을 정당화한다. 전통적 가치 기반의 파괴는 사람들을 정당화가 없는 상태로 있게 하지만 사람들은 의미를 발견할 필요가 있다(Baumeister, 1991 : 41). 우리가 보아왔듯이 행복이라는 단순한 '동기'

는 충분하지 않다. 그러나 바우마이스터는 의미 있는 삶을 사는 것, 목표와 가치를 가지는 것도 충분하지 않다고 주장한다. 당신은 그러한 것들을 성취할 수 있는 능력이 있음을 느껴야 한다.

지루함 (너무 쉬움) 그리고 불안 (너무 힘듦) 사이의 중간을 유지하는 것이 적당한 과제라는 것을 발견할 필요가 있다(Baumeister 1991, 41).

긍정심리학 연습 가운데 몇 가지가 우리에게 매일 동기를 주는 의미 있는 활동을 상기시킬 때, 그 역량이 발휘된다. 학습된 무기력으로부터 벗어나는 것은(Seligman, Peterson, and Maier, 1995) 의심의 여지없이 좋은 일이다. 자신에 대한 긍정적 사고와 자기기만적 낙관론에 빠져 들어가는 것은 매우 다른 문제이다. 어떤 낙관적 상상은 정신 건강을 위하여 필요하지만 그것이 자기과잉을 추구하는 욕망에 굴복할 필요가 있다는 것을 의미하지는 않을 것이다.

이 모든 것은 행복이 해석의 결과라는 사실을 깨닫게 한다(Baumeister, 1991: 229). 바우마이스터는 우리가 기대를 낮추고 성취의 사다리를 천천히 오르면서 각 단계를 즐기고 삶에서 얻은 것을 축하할 수 있다면 우리 자신은 행복하다고 생각할 것임을 보여준다.

따라서 행복에 대한 최종적인 제안은 다음과 같다. 긍정적인 사회적 유대관계나 인간관계를 형성하고 유지한다. 의미에 대한 기본적인 욕구를 만족시킨다. 쉽게 이룰 수 있을 정도의 목표와 열망을 유지한다. 객관적으로 이성적으로 잘 해낸다. 자기칭찬, 낙관적 상상을 계발한다 (Baumeister, 1991).

다시 한번 이것은 실제적인 일들을 잘 처리할 수 있게 해주고, 좋고 의미 있는 삶의 감동을 주지만, 그러한 것들이 보장되는 것은 아니다. 위협과 예기치 않았던 문제들이 이전처럼 일을 망쳐놓을 수 있다. 삶이 잘못된다고 해서 일이 의미를 잃는 것은 아니다. 그때는 어두운 의미를 갖는다. 삶은 생기 없거나 지루해 보이다가 의미 없거나 소용없어지고, 이전에는 동기부여가 되었던 프로젝트가 더 이상 그렇지 않게 된다. 그러나 결국 나는 세계를 자극하여 미래의 사건들을 만들고, 나 자신이나 다른 사람들에게 미치는 결과에는 개의치 않고 시작할 것이다. 만일 이것이 다시 잘못된다면 나는 사다리의 더 낮은 단계에 있는 나를 발견할 것이다. 우리는 삶을 실제로 위험하고, 어두우며, 두렵고 믿을 수 없는 것처럼 살기 시작할 것이다. 우리는 반유토피아, 우울이나 절망의 땅에 내려앉는다. 이때 우리의 결심과 용기는 시험을 받게 되고, 훨씬 더 광범위한 영역의 능력과 통찰이 작동할 필요가 있다.

우리는 삶을 긍정적으로만 단정할 수 없고, 우리가 활동을 계속할 때 우리 자신과 세계를 창조하고 재창조해야 한다. 아이리스 머독Iris Murdoch 은 다음과 같이 말했다.

자유는 엄격하게 말해서 의지의 연습이 아니고, 정확한 비전이 적절하게 드러나면서 행동을 야기하는 그런 것이다(Murdoch, 1970: 67).

나는 언제나 세계에서 새로운 관심을 발견하는 것, 더 많이 배우는 것, 그것이 무엇이든 계속할 수 있게 하는 근본적인 자유를 발견하는 것이 삶의 목적이라고 생각하기를 매우 좋아한다. 사르트르는 후기 작품에서(1960a/1968, 1960b/1976) 인간 존재를 다음과 같이 정확하게 정의하였다.

인간은 무엇보다도 상황을 초월하여 나아가고 그리고 자기 자신을 성공적으로 만들어가는 것을 특징으로 가진다. 이것을 프로젝트라고 한다(Sartre, 1960a/1968: 91).

이와 같이 사는 것이 삶의 여정에 무엇이 오든 상관없이 삶에 참여하는 것이다. 우리는 사르트르가 실천praxis이라고 부르는 것, 즉 삶을 숙고하는 가운데 구체적으로 행동하고 생각하는 것에 능동적으로 참여한다. 이 과정에서 우리는 계속해서 자기 자신을 재창조하고 성찰하고 초월할 필요가 있다. 우리는 변증법적으로 발전한다. 실수와 과거에 행했던 것으로부터 배우고 이해할 때까지 모든 것을 정리하고 종합한다. 인간 고통에 대한 실존적 접근법은 바로 그것을 하도록 돕고 그리고 그 과정에서 보다 분명해지도록 도와서, 수동적이 아닌 적극적으로, 정신을 놓지 않고 숙고하면서 사는 것이다.

물론 그 과정에서 우리는 당당함과 겸손, 슬픔이나 유머를 경험할 수 있는 희극적인 면과 비극적인 면, 긍정적인 면과 부정적인 면 모두를 담고 있는 풍부한 삶을 발견한다. 우리는 종종 삶에서 큰 모험을 하다가 방향감각을 잃거나 압도당하지만, 살아가는 동안 끝까지 계속해서 우리 자신을 구원할 것이다. 거의 확실하게 우리는 삶에서 행복보다 더 많은 가치가 있음을 발견할 것이다. 거기에는 사랑, 진리, 아름다움, 충성, 명예, 용기, 자유 그리고 다른 많은 것들이 있다.

3. 행복이 아니라면 어떻게 살아야 할 것인가?

결론적으로 삶에는 지름길이 없다. 우리는 우리 자신을 잃지 않도록 그리고 전혀 살지 않은 것처럼 되지 않도록 우리 자신의 긴 여정을 살아야 한다. 그러나 우리가 가는 길에는 몇 가지 표지가 있고 그 길을 따라가면서 배우는 몇 가지가 있다. 전반적으로 그것은 아마 다음과 같을 것이다.

1. 자신의 힘으로 독립적인 생활을 하고 그것에 자부심을 갖는다.
2. 타인을 아무짝에도 쓸모없는 사람이라고 무시하지 않고 그들을 이해하고 그들과 협력한다.
3. 우리 자신을 안다고 가정하지 않고 자신의 동기에 대하여 질문하고 깊이 생각한다.
4. 계속해서 배우고 더 좋은 존재 방식으로 나아가기 위하여 삶을 성찰한다.

5. 우리 자신의 가치와 조화를 이루지만, 그것을 넘어설 수 있고 넘어
   설 준비가 되어 있다면 언제든지 넘어선다.

6. 인간 실존의 목적과 진실에 주의를 기울여 할 수 있는 한 우리 자신
   을 그것과 일치시킨다.

7. 우리가 어떤 것을 향상시킬 수 있을 때마다, 그것으로부터 받기보다
   는 세계에 더 많은 것을 준다는 목표를 세운다.

8. 자신이 자연보다 강하다거나 우월하다고 믿지 않고 겸손해진다. 그
   리고 우리를 포함하고 있는 자연과 우주를 존중한다.

9. 삶은 우리가 두려워하거나 거절할 수 있는 또는 삶을 중요하게 만들
   기 위하여 즐길 수 있는 일시적인 모험이라는 것을 자각한다.

10. 삶, 일, 타인, 우리 자신 그리고 우리가 얻을 수 있는 지혜와 더 많이
    연관될수록 더 많이 사랑한다는 것을 배운다. 그것이 중요하다.

11. 이 모든 것에서 우리는 변화와 변형을 준비하고 있어야 한다. 왜냐
    하면 그것은 실존이 작동하는 방식이기 때문이다. 그것은 정적이
    기보다는 역동적이다.

12. 삶의 법칙에 맞추면 우리는 언제 결단해야 하는지, 언제 놓아야
    하는지, 그리고 언제 존재를 믿어야 하는지를 인식할 수 있다.

13. 규칙들이 유용하다는 것을 배울 때 우리는 더 광범위하고 포괄적인
    규칙으로 계속해서 확장시켜 나아갈 것이다.

우리의 삶에서 이 모든 것을 위하여 할 수 있는 것이 많이 있다. 우리는

수동적이거나 의존적이기보다는 다음과 같은 것들을 잘 해낼 것이다.

1. 최선을 다하여 우리의 몸을 돌본다. 때로는 활기찬 때로는 피곤한, 때로는 건강한 때로는 그렇지 못한 것을 허용할 수 있다. 우리는 우리의 활력을 존중할 필요가 있다.

2. 세계에서 공짜로 주어지는 것을 즐겨라. 왜냐하면 그것이 가장 소중한 것이기 때문이다. 샘에서 물을 마시는 것, 파도 속으로 다이빙하는 것, 산이나 숲속에서 맑은 공기를 마시는 것, 끝없이 새로워지는 자연과 친밀해지는 것 등이 그것이다.

3. 타인을 사랑하고 그들의 욕구와 관심에 주의를 기울인다. 그리고 최소한 한 사람에게 깊은 관심을 갖는다.

4. 자기 자신을 존중하고 존경하는 방식을 발견한다. 당신의 강점과 약점을 알아가고 타인도 그렇다는 것을 분명히 안다.

5. 당신의 모든 에너지를 투자할 만큼 가치 있는 매일의 그리고 장기적인 목표를 발견한다. 그것은 당신이 살아가는 동안 궁극적으로 가치 있는 느낌을 갖도록 도울 것이다.

6. 의문을 갖고 어떤 것이라도 당연하게 받아들이지 않는 방식을 배운다. 당신이 이런 방식으로 계속 해나가면서 새로운 것들을 발견하고 탐색하며 의심하기를 두려워하지 않는다.

7. 매순간을 즐길 수 있을 만큼 재미있는 삶을 발견한다. 그리고 시간을 두려워하기보다 시간의 흐름을 만끽한다.

8. 일을 내려놓고 당신이 소중하게 여기는 많은 것을 잃을 준비를 한다. 우리 모두가 곧 해야 할 것을 위하여 조촐하게 실천한다. 완전히 놓고 죽을 준비를 한다.

9. 당신의 일상의 과정에서 지혜와 탁월함을 위하여 노력한다. 당신이 잘못하고 있는 것을 이해할 때까지 의문을 갖고 깊이 생각한다.

10. 당신이 아직도 투쟁하고 있는 과거의 기억들, 다가올 미래 그리고 지금 이 순간을 즐긴다.

11. 무엇인가를, 그것이 무엇이든 성취할 수 있게 한다. 그리고 세계를 당신이 발견했던 것보다 더 좋은 곳으로 만든다.

12. 나의 결론은 까뮈의 결론과 유사하다. 행복은 단순히 자신의 삶과 조화를 이루면서 사는 것이다. 그리고 삶을 실현하면서 삶을 사랑하는 것이다. 이것은 또한 니체의 운명을 사랑하라Amor Fati와 유사하다.

13. 도전, 어려움, 위기와 갈등은 적이 아니므로, 피해야 하는 것이 아니라 시금석으로 환영해야 할 것이다. 여기에서 우리는 패기에 대한 시험을 받으면서 자신을 넘어서는 법을 배운다.

모든 사람이 이 점에 동의하지는 않을 것이다. 그리고 나도 미래의 언젠가는 분명히 동의하지 않을 것이다. 그러나 우리가 살아가는 원리를 공식화하기 위한 노력을 하지 않는 것에 대한 변명은 없다고 생각한다. 요점은 침체되어 있고 유연하지 않은 존재 방식에 대해서 처방전을 제안하는 것이 아니라 방심하지 않고 삶의 길에 빛을 비춰 그 과정에서 계속해서 우리 자신을 향상시키려 한다는 것이다.

사람들은 얕은 의미, 더 깊은 의미, 긍정적 또는 부정적 의미를 가질수 있다. 어린 시절에는 삶의 의미를 창조하는 것에 대하여 배우지 않았다. 우리는 복종하기를 배웠고, 대부분 우리의 환경, 문화, 시대, 부모, 교육, 관계 집단과 미디어에서 의미를 물려받는다. 사람들이 처음 치료에 올 때 그들이 실제로 무엇을 믿는지 또는 무엇을 가장 인정하는지 그리고 두려워하는지에 대한 느낌을 거의 모른다. 그들은 아마도 가장 좋은 의미를 어디에 부여해야 할지 그리고 방향을 잃는 것에 대하여 얼마나 취약한지에 대한 자각이 없을 것이다. 그들은 아마도 적극적이고 의도적으로 세계의 의미를 향상시키기 위한 일을 거의 하지 않을 것이다. 정신병리는 스펙트럼의 한쪽 끝이고, 실증주의는 다른 쪽 끝이다. 어떤 것도 인간 삶에 대한 일관성 있는 그림을 제공하지 못하기 때문에, 우리는 자유롭게 움직이고 변증법적으로 인간이 성장하기 위하여 오랜 대극 세력들을 넘어설 필요가 있다.

이것은 우리가 행동을 얼마나 적극적으로 선택하지 않는지를 성찰하게 한다. 우리는 세계에 참여한다. 아니 오히려 우리에게 의심할 수 없는 진리나 올바른 행동과 사고로 보이는 것에 참여한다. 그리고 불가피한 상황처럼 보이는 것을 받아들인다. 우리는 대안을 발견하는 것이 아니라, 무엇이 우리의 부분이 되는지 그리고 우리가 무엇을 선택하고 무엇을 당연하게 받아들이는지, 더욱더 긴 안목으로 더 많은 것을 자각할 필요가 있다. 그런 후에 우리는 이전의 기준으로부터 분리되기 위한 에너지와 주도권을 발견해야 하고, 그것을 새로운 것으로 대체시켜야 한다. 그러한 새로운 생각을 성공적으로 발달시키고 거기에 건설적으로 참여하는 데에 시간을 투자한다. 이 모든 것은 복잡하고 인지행동치료의 공식화된 전략 몇 번으로는 불가능하다. 그것은 전 생애에 걸친 프로젝트이다.

처음에 우리는 언제나 환경에 지배를 받고, 생존에 전념하여 매일의 생활이라는 협소한 도전에 헌신한다. 이것을 분명하게 보기 시작하려면 많은 시간이 흘러야 한다. 거의 언제나 우리는 관성에 따라 저절로 움직인다. 그렇지 않으면 예기치 않게 위기에 빠진다. (아마도 예상대로 우리의 상황에 대하여 더 비판적으로 자각하고 세계에서 우리의 역할을 더 잘 이해함에도 불구하고) 대부분의 삶은 강요받고 의무가 많거나 재미없고 지루하거나 피곤하고 지친 느낌을 준다. 우리는 계속해서 이런 방식으로 살면서, 보통은 사소하고 안 좋은 일이나 대재앙 때로는 개인적인 성찰로 인해서 일상적 삶의 난국으로부터 벗어나 제정신이 든다. 우리가 실제로 삶에서 일어나는 일에 주의를 기울이려면 많은 주의와 성찰이 필요하다. 이 모든 것에서 우리가 하는 역할에 대하여 자기성찰을 하려면 더 많은 것을 필요로 한다. 삶 대부분에서 우리는 단지 환경, 상상하거나 실제로 인식되는 다른 사람들의 기대, 자기 자신의 성격과 기질 그리고 우리가 지켜야 한다고 생각하는 도덕과 윤리의 영향을 받는다.

어떤 사람이 이기적이라고 말할 때, 보통 그들이 단순하게 그들의 목적, 즉 사실상 습관적으로 물질적인 어떤 것을 얻고자 하는 목적에 따르고 있음을 의미한다. 어떤 사람이 자기중심적이라고 말할 때 그들은 보통 다른 사람들이 자기 자신보다 뒷전에 있을 것이라고 기대하는 습관을 가지고 있고, 세계가 자신을 중심으로 돈다고 기대한다. 이것은 그들을 쉽게 이기적으로 만든다. 그러나 어떤 사람이 자기를 내세우지 않거나 이타적이 되는 것은 일반적이다. 그들도 타인이 실제로 필요로 하는 것이 무엇인지에 대한 분명한 이해가 없다. 사르트르가 말하는 진지한 사람들과 같은 이타적인 사람들도 이기적인 사람들처럼 기만적이다. 그들은 여전히 자신의 동기나 자신의 목표를 이루기 위하여 최선의 방법에 대한 진실한 성찰 없이 맹목적으로 과제에 착수한다. 진실한 자기성찰은 무엇보다도 먼저 인간 존재를 알기를 요구한다. 그것이 문제이다. 왜냐하면 그것이 어렵기 때문이다. 자기관심 이외에 다른 관심, 의무, 쾌락주의적 목표는 조금의 자기성찰 없이도 또는 깊이 있게 어떤 것을, 특히 우리 자신을 의심하거나 성찰하지 않고도 이루어질 수 있다.

프로이트가 무의식을 하나의 실체로 생각했던 것은 이런 면에서 흥미로운 일이다. 왜냐하면 '무의식'이라는 것에 초점을 맞출 때 그는 오히려 현실이 무의식에 있는 것으로 보았기 때문이다(van Deurzen, 1997). 인간 능력 중에서 가장 잡기 어렵고 가장 실천하기 어려운 것이 의식의 능력이다. 우리의 행동과 경험 대부분은 자동적이고 거의 자각되지 않으며, 잘 인지되지 않는다. 우리는 잊혀져서 기억나지 않고 잘못 알고 있는 무의식을 알기 위하여 너무 깊이 팔 필요는 전혀 없다. 왜냐하면 인간 경험은 한계가 있고 우리의 자기성찰과 이해는 피상적이고 주변적이기 때문

이다. 심리치료에 집중하여 깊이 파고 들어가면 당연히 끝이 없고 중독적
으로 될 수 있다. 일단 과정이 시작되면 강력해진다. 왜냐하면 거기에는
언제나 세계에 참여하는 것에 대하여 알아낼 것이 더 많고 잘못 해석할
가능성도 많기 때문이다. 그러나 새로운 통찰의 발견은 기적적이고 다중
적이며 말로 표현할 수 없는 것이다.

다중적인 삶의 의미를 이해하는 과정에서 모호함이나 역설과 함께 살
수 있는 능력은 핵심적이다. 현명한 사람은 우리의 심리적 본능뿐만 아니
라 다른 사람들의 심리적 본능도 만족시킬 수 있는 일관성 있는 이야기
로, 의미 있는 이야기로, 모순과 갈등을 주는 정보를 창조적으로 처리할
수 있는 사람이다. 그것은 지금까지 가지고 있었던 지도보다 더 정확한
미래의 삶을 위한 지도를 제공한다.

나쁜 신념은 보통 모호함을 부인하는 것이다. 나쁜 신념은 어떤 일들이
그런 것이 아니라거나 그것을 생각할 필요가 없다고 가장하여, 단순한
설명을 선택하는 것이다. 그것은 소망적 사고의 논리로 환원된 세계이다.
만일 우리가 현실의 복잡성에 대하여 개방적이고 더 능숙해진다면, 모호
함을 견디고 삶의 긴장을 유지할 수 있고 일관적이게 될 것이다. 그럼에도
불구하고 복잡하게 될 경향성이 있는 우리의 세계관을 이해하기 위하여
삶의 역설적이고 다면적인 측면들에 대하여 민감하고 역설적일 것이다.

삶에서 그러한 진실성은 있는 그대로 삶을 '소유하는' 것, 인간 존재로서
책임을 다하지만, 그것보다도 삶과 삶의 변화를 거절하지 않는 것이다. 우
리는 기꺼이 연결되는 삶, 그리고 특별히 감싸거나 바라거나 피하거나 하

지 않고 현실에 열려 있는 삶에 감히 '참여하는' 것이다. 한손에는 주도권이 다른 한손에는 용기가 실존에 대한 단호한 태도의 측면들이다. 그 두 가지 는 중요하지만 다르기도 하다. 우리는 여전히 위로받는 상상을 하거나 또 는 진정시키는 이야기를 하면서, 그런 방식으로 구원과 안전이 필요하다고 생각할 것이다. 그러나 우리가 이런 상상을 하면서 소외되고, 우리 자신과 삶으로부터 멀어진다면 현실로 돌아오라는 요구를 받는 때가 올 것이다.

4. 소외 극복하기

따라서 치료사들은 사람들이 삶으로부터 멀어질 수 있는 네 가지 방법 을 경계할 것이다. 즉 세계에서 몸과 일로부터, 타인으로부터, 자기 자신 으로부터, 삶 자체로부터 멀어지는 것을 경계할 것이다. 치료는 어떻게 더 좋은 사람이 되느냐 또는 자신의 성격과 본질적이고 기본적인 존재 방식을 변화시키느냐에 대한 것이 아니라, 삶 자체에 대하여 더 많이 배 우고 인간 조건에 대한 이해를 향상시킴으로써 삶의 방식을 향상시키는 것에 대한 것이다. 종종 이 과정은 우리가 얼마나 잘못 살아왔는가를 부 끄럽게 인지하는 것을 포함한다. 우리는 다른 사람들이 우리를 보듯이 우리 자신을 보도록 배운다.

수치심은 본래 인식의 문제이다. 나는 타인이 나를 보듯이 나의 존재를 인식한다(Sartre, 1943/1956: 222).

우리가 한계 안에서 우리 자신을 볼만큼 충분히 용감해진다면, 긴장된 행동으로부터 해방될 것이다. 완전함에 대한 망상, 우리가 언젠가는 행복할 것이라는 망상, 자신의 성격에 대한 망상을 포기하는 것은 하나의 위안이 된다. 유토피아는 일종의 신념이고, 당연히 나쁜 신념이다. 왜냐하면 그것은 미래에 대하여 우리가 선택할 수 있는 복잡성을 부인하고, 극복하기 위하여 조심해야 할 갈등과 장애물을 고려하지 않고 결과만 보여주기 때문이다. 만일 우리가 반대 세력에 대한 경계를 게을리한다면, 현실은 극단적으로 파괴적이 될 수도 있다고 리꾀르(Ricoeur, 1986)가 말했듯이, 우리의 선택과 미래의 표상은 단기적으로 유용하고 다루기 쉬운 현실로 축소된다.

자유를 주장하는 것은 세계를 바꿀 수 없는 우리의 능력에서 본질적인 구성요소이다. 따라서 우리가 바라는 행복에 대한 공상을 많이 하면 할수록 실존의 엄격함에 대한 준비를 덜 하게 된다. 엄격함의 부족이 바로 우리의 자유를 주장하지 못하게 하는 것이다. 즉 자유롭다는 것은 쉽고 이상적인 해결책으로부터 해방되는 것이고, 세계의 필연성을 포용하는 것이다. 이것이 근본적인 자유이고 이것을 통하여 우리는 우리 모두에게 주어졌지만 이런저런 방식으로 소외시킨 우리의 삶을 다시 수용할 수 있는 기본적인 상태를 회복한다. 우리는 필연성의 세계에 머물고, 어려움과 단순함 그리고 좋은 것과 나쁜 것을 함께 수용할 준비가 되어 있는 정도까지 진실로 자유로울 수 있다. 자유를 주장하는 것은 쉽거나 간단한 행동에 착수하는 것이 결코 아니다. 그것은 우리가 성공적인 여행을 위하여 준비를 잘 한다면 가야 할 길을 미리 조금 아는 것 그리고 어떤 바람을 맞게 될지를 아는 것과 같다. 과제와 우리의 강점과 약점에 포함된 실제적인 목표 그리고 분명한 그림 없이는 반도 못가서 중도 탈락되기 쉬울 것이다.

삶은 우리가 갑자기 통찰을 얻어 눈을 뜨고 모든 것이 한번에 분명해지고 사명을 깨닫게 되는, 다마스커스Damascus로 가는 길을 제공하지 않는다. 보통 우리의 자유와 진실한 행동은 길고도 힘든 일 끝에 온다. 일은 인간에게 본질적이다. 물리적인 수준에서 우리는 생존을 위한 구체적인 일에 참여할 준비가 되어 있어야 한다. 사회적인 차원에서 우리는 품위 있는 직업을 갖고 우리의 재능이나 전문성을 자신과 타인들의 유익을 위하여 사용할 수 있어야 한다. 개인적 수준에서는 우리의 생활에 헌신하고, 영적인 차원에서는 소명을 알고 우리의 일을 왜 하는지에 대한 광범위한 목적을 우리에게 보여줄 필요가 있다.

우리가 일하고 노동하면서 역경과 현실로부터 도피하지 않고 창조적이고 건설적인 삶을 살아야 한다. 일과 노동이 이 모든 것 중에서 가장 본질적인 부분이다. 종종 약물, 알코올, 다른 형태의 자기회피, 현실 망각을 사용하는 사람들은 최소한 잠시 동안이라도 행복을 믿을 수 있는 유토피아적 공간을 찾고 있는 것이다. 그들은 분명히 순간적인 축복을 위하여 엄청난 대가를 치룰 준비가 되어 있다. 자살을 시도하는 사람들은 망각과 평화를 바라면서 자신의 삶을 대가로 치룰 준비가 되어 있다. 아무리 우리가 삶을 제대로 직면하고 어려움을 잘 참고 견뎌도 여전히 고요하고 안전한 장소를 필요로 할 것이다. 우리는 모두 우리의 긴장을 내려놓고 우리 자신을 회복시킬 좋은 장소를 필요로 할 것이다. 그것이 행복의 장소이든 아니면 단순히 취미와 명상의 장소이든 그것은 다른 문제이다. 분명히 치료 자체는 이런 면에서 복합적인 축복이다. 그것은 작업의 장소이고 휴식의 장소이고 안전의 장소이고 도전의 장소이다. 치료에서 사람들은 전쟁 같은 삶에 대항할 힘을 발견하고 좀 더 나은 삶을 더 쉽게 살 수 있는 능력을 발견한다. 그들은 더 좋은 사람들 간의 배려 깊은 상호작용의 안전한 피난처를 발견한다. 삶의 역설은 치료의 역설이기도 하다. 아마 실제로 우리가 삶을 진실하게 만들 수 있고, 좋음으로 나아가는 길을 발견할 수 있는 것은 역경과 안 좋은 일에 준비가 되어 있기 때문일 것이다. 이것을 위하여 치료사들은 비극과 문제에 직면할 때 파도 속 바위와 같은 고요함과 평화를 보여줄 수 있는 개인적 강인함을 필요로 한다.

우리는 고통을 느껴도 뒤로 물러서지 않는다. 우리는 느낄 수 있는 능력을 어떻게 증가시키거나 감소시킬 수 있는지를 보여준다. 우리는 결과를 논의한다. 만일 우리가 감수성을 높이면 더 생기 있고 더 타인들에게 열려 있을 것이지만, 더 많은 고통을 겪을 것이다. 반대로 고통을 겪지 않으면 관심을 덜 갖고 덜 민감하며 관계의 깊이에 가 닿을 수 없을 것이다. 그러므로 문제에 대한 답은 언제나 우리에게 있다. 실제적이고 완전하게 살고 싶은가 아니면 두려움으로 숨거나 행복과 만족을 가장하고 싶은가? 이것이 그들의 삶이라는 것을 알아차릴 준비가 되어 있는 사람, 그들이 원하는 것을 만들어갈 수 있는 사람에게 선택권이 있다. 나의 선택이고 당신의 선택이다. 당신의 삶은 당신에게 소속되어 있다. 우리는 언제나 고통과 노력으로 돌아가지만 우리의 운명에 직면할 만큼 강하다. 우리는 고통을 이길 수 있고 노력할 수 있다. 우리의 삶은 행복하기 때문이 아니라, 우리가 의식할 수 있고 계속해서 끝까지 노력할 수 있기 때문에 정당하다.

5. 강 점

그러면 우리가 운이 나빠서 쓰레기 처리장 같은 곳에서 절망만 하고 있는 자신을 발견할 때 어떻게 강점이 있는 곳으로 갈까? 우리가 낙심할 때 종종 가장 많은 고통을 겪고 있는 사람들의 삶에서 교훈을 얻는 것은 진부하지만 진실이다. 계속해서 서로 싸우다가 부부치료에 오는 사람들이 서로 존중하고 사랑의 기쁨을 재발견하는 것을 보면 나는 나 자신의 축복을 헤아리거나 조금 더 노력해야겠다고 생각한다. 남미의 판자촌에서 예기치 않게 만난 아이들이 돈을 구걸하면서도 열정적으로 축구 게임에 빠져서 진실한 열정으로 헌신하고 삶에 대한 굳건한 사랑을 보여주는데, 그들은 자신의 방법으로 자신의 길이 아무리 힘들고 어둡더라도, 생동감 있게 살 필요가 있음을 나에게 보여준다.

모든 사람들처럼 나도 살면서 직업과 확신을 잃었을 때 집으로 돌아오는 길과 연결된 비밀 문을 가지고 있다. 가파른 경사면을 오르기, 시골길에서 조용히 말 타기, 문을 열고 너른 지평선을 향하여 걷기, 친밀함과 순수한 다정함을 나누기, 모닥불, 맛있는 향기가 나는 빵 만들기, 하늘의

별, 특별한 참나무, 긴 사랑의 대화, 책 속에 있는 타인의 지혜, 열망과 프로젝트 나누기, 감정이 실린 춤, 새로 작곡한 노래, 감동적인 오케스트라, 가족과 친구들의 편안함, 따뜻하고 아늑한 침대. 그것은 끝이 없다. 언제나 나를 기쁘게 해주는 옛 것이나 새로운 것이 있다. 나의 영혼이 방황할 때 나를 가슴으로 안아준다. 내가 아직 새롭게 발견하지 못했지만 가능한 것들도 많다. 새로운 종의 동물, 다른 나라, 다른 사람들, 다른 관습, 나의 은신처 안에 이미 있는 개념을 넘어서는 것들. 세계는 나에게 얼마나 풍부한 것을 주는가. 끝도 없이 나를 놀라게 할 것이다. 사람들이 있고 그들은 서로를 도울 수 있으며 서로를 행복하게 할 수 있고 단지 살아 있다는 것만으로도 만족하고 서로에게 감사한다. 효율적으로 일이 돌아가게 하는 것을 발견하는 것은 일종의 특권이다. 겸손과 관용 그리고 이해와 다양한 다른 원리들이 삶의 과제를 조금 더 쉽게 만든다. 나의 뇌와 몸이 나를 위하여 있다니 얼마나 놀라운가. 내가 숨쉬고, 잠을 자며, 생각하고 걸을 수 있다니 얼마나 놀라운가. 내가 살아 있지만 어느 날 죽을 것이라는 사실이 얼마나 기묘한가. 이 모든 것의 경이! 기회가 있을 때 삶을 가장 잘 활용하는 것이 나의 목표이다. 내가 가지고 있거나 가지고 있지 않은 것을 후회하면서 시간을 낭비하지 않을 것이다.

그 모든 것을 기억하는 삶의 일차원적 표상을 넘어선다는 것이다. 거기에 있는 것은 정신병리에 초점을 맞추는 것도 아니고 행복에 초점을 맞추는 것도 아니다. 우리는 어두운 면을 강조할 수도 있고 밝은 면을 위하여 노력할 수도 있다. 그러나 마지막 분석에서 우리의 삶을 규정하고 결정하는 것은 일들의 모순, 긴장과 양극, 삶의 역동과 죽음, 다양한 일들 그리고 어두움과 빛 사이의 상호작용이다.

그러한 진리의 순간을 잡기 위하여 우리는 있는 그대로에 열려 있어야 한다. 그것은 하이데거가 말했듯이 깊은 사고, 성찰과 명상을 요구한다. 이익, 척도, 쾌락이나 편리함만을 추구하는 계산적 사고가 아니라 실제로 있는 것을 알고자 노력하는 사고 그리고 영혼의 뿌리에 삶의 닻을 내리는 사고이여야 한다. 그 사고는 사물들을 있는 그대로 존재하게 허용하고 그것을 배워서 알고, 그것을 보게 하고, 그것이 되게 하는 것이다. 하이데거는 생각한다는 것은 감사한다는 것이고, 분명히 이 모든 것에는 감사와 깊은 연관성이 있다고 말했다. 용서가 아니다. 용서는 삶에서 특별히 불공정한 것을 다루기 위하여 준비된 훨씬 수준 낮은 것이다. 이것은 너나 나나 상관없이, 시스템에 상관없이, 우리가 세계에 대하여 무엇을 생산해내든지 상관없이, 현재 존재하고 있고 앞으로 존재하게 될 것을 수용하고 감사하는 것이다. 우주의 모든 복잡성과 웅장함, 모든 단순성과 장엄함 속에서 우주에 진실로 개방되는 것 그것이 평화이다. 이것은 존재하는 것을 환영하고 선한 것을 알면서 삶의 원리에 대한 순수하고도 단순한 감사이다. 이것은 흘러넘치는 잔에 끝없이 달콤한 와인이 채워지고 뭉게구름이 푸른 하늘에 있는 풍경을 배경으로 과일나무와 풀 뜯는 양이 있는 이상적인 삶의 유토피아적 그림이 아니다. 진실하고 실제적인 삶은 훨씬 더 냉정하고 역설적이다. 그곳에서 사람들은 동일하게 절망과 희망을, 열망과 실망을 경험한다. 그곳에서는 삶이 계속해서 흐르고, 계절이 바뀌면서 한 세대가 다음 세대를 이어가며, 동물들이 서로를 이용하고 잡아먹는다. 이것은 마치 여름과 겨울 그리고 썰물과 밀물이 쉬지 않고 있었던 자리를 바꿔가면서 변화하는 것과 같다. 쾌락과 고통도 이와 같이 빠르게 지나가며 짧고 광대하며 공포가 서로 뒤따라와서 전체 장면을 완성한다.

6. 의 미

이 세계에는 의미가 있다. 그것은 내가 발명하거나 임명한 것이 아니다. 나는 그것을 발견할 수 있고 인식할 수 있지만, 내 앞에 오랫동안 거기에 있었던 것 그리고 나의 행동과 반응과 상관없이 계속 이어질 것을 창조하는 것은 아니다. 그것은 나 또는 나의 현존을 알아차리지 못한다. 의미는 바로 어두움과 빛의 역할 때문에 분명하게 드러난다. 내가 보는 어떤 것에서도 나는 삶의 명암을 본다. 그림자는 반짝이는 빛처럼 전체 그림의 한 부분이다. 삶의 명암은 가장 만족스러운 전체 삶의 구성요소이다. 그것은 지나치게 요구하거나 또는 분명하게 창조된 경이로움을 요구하지 않는다. 삶과 죽음의 주기는 어느 곳에서나 충분히 익어서 수확할 때가 되었다는 것이다. 정원의 그네, 부드럽게 부는 봄바람은 그네를 탔거나 만들었던 날에 대한 기억, 이미지의 전체 세계를 상기시킨다. 그리고 이와 동일하게 미래에 다가올 가능성을 마음으로 떠올린다. 그러나 폭풍이 부는 겨울날에는 의미가 조금이라도 덜 완전할까? 분명히 그렇지 않다. 어느 때나 어느 사건이라도 깊은 의미가 있다. 그러나 받아들이기에 좋고 쉽고 안전한 것 같은 좋은 날엔 그냥 우리 자신을 거기에 개방하는 것이다. 현명하다는 것은 삶에서 일어나는 일들을 더 자주 받아들이고, 더 깊은 관점을 가지고 장애와 흥분을 넘어서 볼 수 있다는 것이다. 그곳에서는 삶 전체와 바꿀 수 없는 삶의 마지막과 새로운 시작이 보인다.

우리는 얼마나 자주 이것에 우선순위를 두는가? 우리는 일상적인 삶에서 우리를 어지럽히려는 사실로 인해서 자주 혼란스럽게 된다. 우리는 군중들 사이에 있으면서 바쁜 세계와 보조를 맞추느라 서두르고 발전을 따라잡느라 재촉한다. 이 돌풍 속에서 우리는 설득력 있고 일관성 있게 살려고 애를 쓸 뿐이다. 그리고 그렇지 못할 땐 앞에서 우리를 공격하는 것 같은 뒤죽박죽 꼬인 삶이 우리를 쉽게 압도한다. 우리는 바쁜 삶의 모래 언덕에 묻히지만 나중에서야 깨닫게 되고, 신경 쓰고 지쳐서 점점 더 일에 파묻히게 된다. 우리가 알 수조차 없거나 보조를 맞출 수 없는 일들을 어떻게 이해할까? 우리는 쉬는 날에도 일로 그 날을 채우고 생각하지 않으려 한다. 파티를 열고 술을 마시거나 열광적인 여행을 하거나 더 많은 일을 만든다. 그러면 어떤 관점을 갖지 않아도 된다.

7. 검토하기

이것이 치료에 대한 모든 것이다. 즉, 더 많은 것을 성취하기 위해서가 아니고, 우리가 누구인지 어떻게 하면 원하는 사람이 되는지에 대하여 성찰하고 사물을 보는 법을 다시 배우기 위하여, 시간을 갖고 우리의 삶을 검토하는 것이 치료의 전부이다. 그것은 도피처에서 나와 빛을 가리고 있는 베일을 용감하게 걷어내는 것이다. 이것은 물론 어느 방향으로 나아갈지에 대하여 의문을 갖는다는 의미이다. 운명의 목적지에 대하여 용기있게 결정한다는 것이다. 만일 삶이 커다란 풍경이라면, 치료는 여행을 위한 준비물과 지도와 나침반을 제공할 것이다. 사람들이 자신의 길을 안전하게 발견하여, 모든 위험을 자각하고, 다시 용기를 내어 모험을 하라고 자신을 격려할 수 있게 한다. 사람들이 자신의 잘못된 위치나 의지할 곳 없음에 대하여 생각하게 하고 방향감각 상실을 극복하도록 도와준다. 그들이 어디에 속해있는가에 대하여 스스로 생각하도록 돕는다. 통제를 벗어난 한 사람으로 돌아와 자기 스스로 할 수 있다는 자신감을 키워서 한 번 더 실험하고, 너무 많은 두려움과 너무 많은 난잡한 욕망 없이 삶의 묘미와 다양성을 즐긴다. 그것은 한 번 더 자신을 탐험하거나 배의 선장이 되는 것을 배우는 것이다.

8. 전체 영역

치료는 일차적으로 사람들에게 좋음, 재미 내지는 웰빙과 참행복을 제공하는 것이 아니다. 그것은 긍정적 경험만을 뽑아내는 것이 아니라 좋은 삶을 살기 위하여 필요한 전영역의 경험에 대한 회복력과 유연성을 권장한다. 그것은 피상적인 추구를 넘어서 다중적인 연관성의 깊은 감각을 갖게 하는 것이다. 이것은 주변적인 방법과 순간적인 황홀감보다는 보편적인 원리에 기초하여 균형을 잡을 때만 가능하다. 이것은 실제로 사물이 존재하는 방식을 재발견하여 천천히 알아가면서 성숙할 시간을 갖기를 요구한다. 진리와 의미추구가 행복추구 대신 우리를 인도하는 원리가 될 것이다. 이것은 진리와 의미가 무엇인가를 단언적으로 말할 수 있다는 것이 아니라, 우리의 실존이 우리 자신보다 더 큰 무엇인가를 발견하는 여행이라는 것이다. 그때 우리가 기꺼이 서로 협력하고 성찰하여 의사소통하고 이해하려 한다면 점점 더 많은 것을 발견할 것이다.

그렇게 할 때, 변증법적 발전과정에 있는 우리 자신을 발견할 것이다. 그것은 언제나 이전의 이해를 넘어서고 그것을 초월한다. 긍정과 부정은 이 과정에서 동일한 부분이다. 우리가 깊이 성찰한 경험은 극단적으로 연약하고 기분 좋은 것에서부터 가장 깊은 어둠의 음울하고 기분 나쁜 두려움까지 전 영역에 걸쳐 있을 것이다. 실존치료는 이 모든 것에 가치를 두고 거기에서 특별한 능력과 가치를 캐낸다.

치료적 대화의 한 부분으로써 거기에는 종종 존재하는 것에 대한 감사와 정의가 있을 것이다. 그러나 또한 어떻게 하면 옳은 것을 보다 효율적으로 단언하고 잘못된 것과 싸울 수 있는지에 대한 이해를 향상시키기 위하여, 세계, 사회, 삶과 주변 사람들과 어떻게 상호작용할지를 계속해서 탐색하는 것도 있을 것이다. 치료는 각자 세계에서 작지만 중요한 역할을 하는 것에 대하여 생각하고 그리고 우리 자신뿐만 아니라 다른 사람들에게도, 삶의 흐름과 과정에 영향을 미치는 많은 방식들을 더 자각하게 되는 순간이 된다. 그것은 열광적으로 긍정적이거나 운명론적으로 부정적이 되는 것에 대한 것이 아니라, 우리 자신의 삶의 기획에 굳건하게 참여하는 것에 대한 것이다. 그것은 우리의 역할을 우리가 선택하는 것에 대한 것이다. 우리는 언제나 우주의 중심에 있고 우리 각자는 우리 자신의 특별한 권리를 가지고 있기 때문에 우리가 관련되어 있는 모든 곳에서 우리는 중심이다.

9. 불행의 역할

그러면 불행은? 우리에게 불행이 닥치면 관대하게 받아들여야 하나? 그것을 견디고 극복해야 하나? 아니면 전염병처럼 회피하거나 전사처럼 싸워야 하나? 답은 간단하다. 왜냐하면 그것은 진짜 질문이 아니기 때문이다. 우리는 행복을 피할 수 없는 것과 마찬가지로 불행도 피할 수 없다. 낮이 아무리 즐거웠어도 밤은 언제나 올 것이다. 태양은 언젠가는 지고 따뜻함은 사라진다. 우리가 좋아하든 좋아하지 않든 낮이 가면 밤이 오듯이 밤이 가면 낮이 온다. 우리는 밤과 낮 둘 다와 함께 지내기를 그리고 계속해서 햇빛만 원하지 않기를 그리고 어둠을 피하지 않기를 배운다. 우리가 할 수 있는 것은 부정적인 것에 대한 수용적 태도를 가지는 것이고, 삶의 각 국면에 있는 이로움에 대해서 감사하는 법을 배우는 것이다. 이것은 불을 밝히고 따뜻한 담요가 있는 안전한 피난처에서 저녁을 보내는 것이 아니라, 그것이 좋다고 할지라도 침착하게 빛이 사라지는 것을 바라보면서 밤하늘의 별에 감사하는 법을 배우는 것이다. 좋은 삶을 살기 위해서 배워야 하는 것들 가운데 하나는 공포 속에서 지낼 필요가 없다는 것이다.

이것은 내가 앞에서도 말했듯이, 성찰하고 헌신하고 참여하는 것이 사랑이라고 규정하는 한, 세상에 존재하는 방식으로 사랑의 감동을 계발하는 것이라고 설명할 수 있다. 누군가는 밤이나 낮이나, 어두울 때나 밝을 때나, 우리의 모든 경험에서 아름다움과 진리를 발견하는 데 헌신하기보다 안 좋은 목적을 가질 수 있다. 이때 우리는 약간 현실적이고 겸손할 필요가 있다. 별이 빛날 때에는 태양을 볼 수가 없다. 구름이 하늘을 가릴 때에는 별이나 태양이나 달을 볼 수 없다. 비가 온다고 해서 하늘이 사라졌다고 한탄할 수 없다. 비는 좋은 것이고 활력 있는 것이며 필요한 것이다. 그것은 삶의 강을 촉촉이 적시고 비옥하게 한다. 밤은 안전과 침잠의 시간이고, 보충하고 쉬는 시간이다. 계절뿐 아니라 밤과 낮 그리고 다양한 기온과 주기적으로 변하는 날씨도 필요하다. 우리는 이러한 것들에 감사하고 그것을 잘 활용하는 법을 배워야 한다. 우리는 때로는 달 아래서 길을 찾는 법을 배워야 하고, 너무 강한 태양으로부터 우리를 보호하는 법도 배워야 한다. 매일 바쁘게 일하면서 돌아다니면 잠을 자야 하고, 자극이 지속적이지 않고 조바심이 나지 않도록 해야 한다. 식사를 하고 나서 계속해서 과자와 사탕을 요구하지 않아야 한다. 그래야 과식하지 않고 게으르거나 나태하지 않게 된다. 삶의 여정은 우리를 매우 다양한 길로 인도한다. 그것은 종종 고된 길이기도 하고 아름다운 풍경을 즐기기 위한 최선의 길을 발견할 수 있게도 한다. 왜냐하면 거기에는 일반적으로 볼 수 있는 것보다 훨씬 많은 볼거리가 있기 때문이다. 가장 힘들고 고통스러울 때에도, 종종 미지의 아름다움이 우리에게 드러난다.

10. 치료에서 진실로 추구하는 것

심리치료는 보다 새롭게, 보다 참여적인 방식으로 종종 다른 사람에게 세계를 보여준다. 현재 어디론가 가고 있으면서 의미를 만드는 삶의 전반적인 패턴이 얼마나 어려운가를 분명히 알아야 한다. 그리고 우리가 좋음을 위하여 괴로움을 활용하는 방법을 발견할 때, 괴로움은 삶에서 의미를 발견하는 배경이 된다. 지금까지 개인적 세계에서 자기가 가지고 있었던 느낌을 회복하는 것이다. 세계는 어떤 것이든 확신을 가지고 그것을 즐기면서 살 수 있는 장소가 된다. 삶이 많은 괴로움과 문제와 함께 기쁨과 행복의 원천이라는 느낌을 회복하도록 돕는 것이 거의 모든 치료적 노력의 목적이라고 나는 본다. 그것은 다시 한번 분명히 보고 강하게 느낄 수 있도록 사람들을 도와서, 모든 것을 잘 활용할 수 있는 자신의 능력을 알게 하는 것이다. 물론 그것을 성취하기 위하여 한 사람의 실존에 결함이 있는 측면들이 그들의 능력을 분명하게 보지 못하게 숨겨져 있다면 그것을 먼저 다룰 필요가 있다.

사람들은 정당한 삶을 살도록 태어났지만 거기에는 쉬운 길에 대한 약속은 없다는 것을 아는 것이 우리가 가장 먼저 해야 할 일이다. 그들의 두려움과 무능함이 순간적으로 그들을 마비시키는 삶에서 그 좁은 곳을 헤쳐 나가도록 돕는 것이 다음으로 해야 할 일이다. 이 과정을 거치면서 치료사는 일을 전체적인 시야에서 볼 수 있어야 하고, 개인의 삶에서 옳고 그름이 무엇인가에 대한 진실한 이해도 가지고 있어야 한다. 치료사는 내담자가 자신의 삶을 성찰하게 하여 자신의 문제를 전반적으로 파악하고 다시 한번 그것에 영향을 미치도록 돕는다. 물론 치료사로서 우리는 희망과 회복의 가능성을 믿을 필요가 있다. 예상했거나 예기치 않았던 문제들을 다룰 수 있는 인간 능력을 가치 있게 보고 존중해야 한다. 인간은 문제를 해결할 수 있는 능력이 있다. 우리는 언제나 불완전하게 시작했던 것으로부터 좋은 것을 만들어내기 위하여 삶을 면밀하게 검토하고 더 좋은 것을 만들 수 있는 창조적인 존재이다. 이런 저런 이유로 우리는 어려움을 처리하고 그것을 점점 더 좋게 만들어간다. 우리는 불행을 처리하고 그것을 배움으로 바꾼다. 우리는 적자생존이 아니라 현명한 관대함에 의해서 불행을 극복하고 발전한다.

아마 언젠가 우리는 이것의 목적이 무엇이었는지를 알게 될 것이다. 그러나 지금은 우리 자신, 세계와 우리의 개인적 실존에 대하여 본질적인 가치와 의미를 느끼고 아는 것만으로도 충분하다. 우리는 모든 사람의 유익을 위하여 타인과 함께 존재할 때, 소속감과 협력감을 느끼고 또 다른 차원의 기쁨을 느끼게 된다. 동정심pity은 일을 효율적으로 할 수 있는 인간 능력과 접촉하지 못하게 하는데, 많은 사람들이 그런 마음을 갖고 있다. 그러나 치료사는 삶에 대하여 더 잘 알고, 사람들이 더 나은 삶의 길을 알도록 도울 수 있어야 한다. 우리가 보아왔듯이, 치료사는 사람들이 더 나은 삶을 살도록 그들의 능력을 증가시키고 자기 자신, 상대방, 세계, 그리고 삶 자체를 이전보다 더 잘 다루도록 도와야 한다. 그렇게 하지 않고 치료사가 사람들을 행복하도록 도울 수 있다고 믿는 것은 극단적으로 순진한 일이다. 아무도 완전한 삶을 살고 있지 않기 때문에, 평생 바쁘기만 했을 것이다. 그러나 목적이 무엇인지 알고 있을 때 우리는 올바르게 살았는지 또는 시간을 낭비했는지를 알게 될 것이다.

내담자들이 너무 오랫동안 자신을 얼어붙게 했던 경험 영역을 재발견할 때, 삶의 드라마로부터 주춤거리지 않고 비극이 자신을 강타해도 그것을 소화하여 처리할 준비가 되어 있을 것이다. 동시에 우리 모두가 누릴 수 있는 아름다운 축복과 기쁨의 순간들을 즐길 수 있을 것이다. 행복의 순간은 온 우주의 창공에서 발견될 수 있다. 우리는 그 순간을 세심하게 살펴보아야 하고 기꺼이 그것을 발견하여 가치 있는 모든 것을 즐겨야 한다. 내담자들이 삶의 황홀한 순간에 기뻐할 수 있는 능력을 재확립한다면 그리고 불행에 눌리지 않고 있을 수 있다면, 그들의 탄력성과 유연성이 회복되었음을 알게 된다. 그들은 다시 자연스럽고 편안하게 기능할 수 있는 완전한 인간 존재가 된다. 내담자들은 스스로 좋은 때를 묘사하면서, 삶을 즐길 수 있는 능력을 탐색하고 좋은 일들을 즐길 뿐만 아니라 역경에 맞설 수 있는 강점에 가치를 둘 수 있는 방법을 알게될 때, 치료는 보통 종결할 수 있게 된다. 우리는 행복한 끝을 기대하지 않는다. 왜냐하면 이야기 전체는 아직 끝나지 않은 것이 분명하기 때문이다. 성공적인 치료의 특징은 증상이 일시적으로 없어지거나 순응하면서 완전한 치유를 가장하는 것이 아니라, 한 사람이 삶에 대한 활력과 열정에서 기쁨을 느끼는 것이다. 우리는 모두 불편한 증상을 가지고 있다. 왜냐하면 그것이 우리가 살아있다는 표시이기 때문이다. 우리의 삶, 우리의 몸과 마음, 우리 자신과 타인 사이에 그리고 우리가 능력 있다는 느낌과 우리 자신

사이에는 언제나 뭔가 잘못된 것이 있다. 삶이란 도전, 문제와 어려움을 의미한다. 슬픔과 문제는 어디에나 있다. 진정으로 치료가 되려면 이러한 것들을 정면으로 직면할 준비가 되어 있어야 하고, 삶과 조화를 이루기 위한 의지와 열정을 가지고 있어야 하고, 나쁜 것에서 좋은 것을 발견할 수 있어야 한다. 그리고 이것은 어떤 일에 부딪히든 용기와 확신을 가지고 앞으로 나아간다는 것이다.

결 론

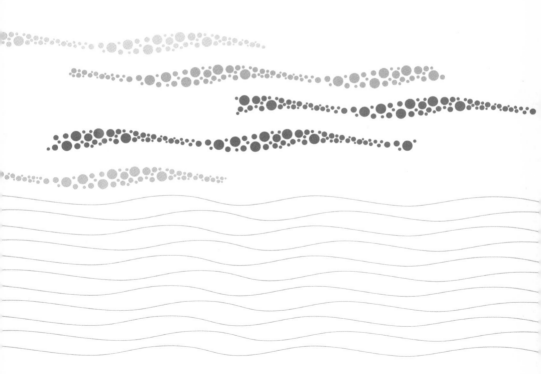

결 론

1. 실제적인 치료

이 책은 정신병리나 행복에 협소하게 초점을 맞추기보다 실제적인 심리치료에 대해서 설명하였다. 이제는 심리치료가 실존의 한 부분만을 다루는 것이 아니라 실존 전체를 다룰 때이다. 다양한 이론을 공부한 많은 치료사들이 이렇게 통합된 방향으로 가고 있지만 그들의 길을 지도할 분명한 철학적 틀을 언제나 가지고 있는 것은 아니다. 치료사들은 그들의 도덕적, 윤리적 의무를 알고 있음으로 해서 얻을 것이 많지 잃을 것은 없다. 심리치료는 건강전문가를 보완하는 것만은 아니다. 심리치료는 분명히 정신건강과 정서적 웰빙을 다루기는 하지만 그것을 넘어서 삶의 이유를 재규정하도록 돕는 데까지 간다. 치료사들은 최선을 다하여 우리의 가치와 신념 그리고 가장 깊은 경험과 관심을 검토하도록 도움으로써 삶을 보다 편안하게 받아들일 수 있게 한다. 대화와 토론은 현재의 고통을 새롭게 이해하도록 하고, 의미와 목적으로 변화시킨다. 이것은 의학적 과제이기보다는 실존적 과제이다. 궁극적으로 치료사의 역할은 사람들이 실존을 성찰하게 하고 인간 조건과 삶 자체에 대한 관리를 향상시키는 것이다.

2. 행복이 아니라면 무엇이 치료의 목적인가?

심리치료는 분명히 질병을 치유하지는 않지만, 신중한 상담이 이루어진다면 불행한 삶과 잘 사는 삶 사이의 차이를 구별할 수 있다. 심리치료사들은 심리학의 모든 도구와 통찰을 마음대로 쓸 수 있고, 철학은 그들의 오해와 잘못, 불행과 결점을 이해하도록 돕는다. 심리치료사는 사람들이 자신의 삶을 지배할 가능성과 한계에 대하여 그들의 삶을 보다 현실적으로 살 수 있게 하고, 가끔 그들이 시험과 시련에 용감하고 효과적으로 직면하도록 도울 수 있다. 일상의 경험을 체계적으로 탐색하여 사건의 뿌리와 선행사건 그리고 그것에 대한 반응을 성찰하게 되면, 두 눈을 번쩍 뜰 수 있다. 우리의 현재 관점이 정확히 무엇인지 그리고 어떤 선택과 행동이 가치 있는 미래로 인도할 것인지를 성찰하는 것도 똑같이 중요하다. 치료는 삶을 책임지고 더 나은 삶을 자발적으로 사는 법을 배우고 검토하고 발견하게 하는 것이다. 치료는 사람들이 무엇을 해야 한다거나 복종해야 한다고 말하지 않고, 다시 적응할 수 있는 방식으로 그들의 실존을 다시 생각하고 질서를 잡을 수 있도록 돕는 것이다. 사람들은 자신의 삶이 나아가고 있는 길에 대하여 자연스럽게 호기심을 가지고 있다. 그들은 자신과 세계를 더 잘 이해하고 싶어 한다.

3. 좋은 치료사의 특징

우리는 치료사들이 성격의 강점과 삶에 대하여 통찰하고 모든 새로운 내담자와 새로운 문제에 직면할 용기가 필요하다는 것을 알고 있다. 실제로 그것은 삶에서 매일 필요하다. 광범위한 주제를 다루는 것은 외운다고 배울 수 있는 것이 아니다. 그것은 어느 정도의 성숙과 자기성찰 그리고 현재의 상황에 대한 질문을 요구한다. 치료사들은 언제 자기를 평가하고 언제 질문해야 할지를 충분히 알 수 있을 만큼 분별력이 있어야 한다. 그들은 어떤 사람에게는 희망의 필요성에, 또 다른 사람에게는 불가피한 것을 수용할 필요성에 동일하게 민감할 수 있는 능력과 올바른 판단을 필요로 한다. 이것은 사려 깊고 통찰력 있는 이해를 요구한다. 이 도전을 시작하는 치료사들은 비탄에 빠지지 않고 허둥대지 않으면서, 불안과 함께 뛰어오르고 낙담과 함께 내려갈 준비가 되어 있어야 한다. 치료사들은 민첩하고, 유연하며, 끈질기고, 인내해야 한다. 인간 조건의 전체 색깔을 이해해야 하고 그것들 각각에 편안해져야 한다. 냉철해야 하고 설명할 수 있어야 한다. 감정과 가치 그리고 신념을 경험할 때 그것들 사이의 연관성을 알아야 한다. 간결하게 요약할 수 있어야 하고 관찰했던 것을 표현할 수 있어야 한다. 사람들의 삶에 영감을 주는 것과 절망으로 빠지

는 것을 정확하게 짚어낼 수 있어야 한다. 사람들이 모순되고 역설적인
정보에 노출될 때 당황하지 않도록 다른 삶의 철학에 대하여 알고 있어야
한다. 모호하고 터무니없는 것을 이해한다. 윤리적 결정을 하기 위하여
욕망을 깊이 성찰한다. 상담이 잘 되었다면 치료는 다른 사람의 삶에 좋
고도 미묘하게 균형 잡힌 개입을 한 것이다. 그것은 올바른 삶을 철저하
게 추구하고 진리에 헌신할 것을 요구한다. 대부분의 치료사들에게 그들
의 전문성은 전 생애에 걸친 소명이다. 그들은 계속해서 끊임없이 훈련을
한다. 그 이유는 삶이 계속해서 새로운 도전을 하게하고 새로운 비밀을
드러내기 때문이다. 실망이나 고통스러운 삶의 어두움에서 새로운 활력
을 주는 빛으로 나아가도록 돕는 전문성은 쉽게 얻어지는 것이 아니다.
그러한 전문성을 얻었을 때, 그것은 특권이고 기쁨이다. 그러나 내담자
에게 개입하는 수준은 매우 다양하기 때문에 교재에서 제시하는 정형화
된 방법으로는 결코 성취할 수 없다.

4. 직면해야 할 위험

증거에 기반하고 매뉴얼화된 과학 아래에서 치료의 예술은 상실될 위
험이 있다. 누구라도 만들 수 있는 4단계 또는 12단계 개입으로 인간의
만남을 나누어 놓을 때, 우리는 한 사람의 삶에서 정말로 중요한 것을
보지 못할 위험이 있다. 또한 인간관계의 마법을 잃을 위험이 있다. 숙련
된 치료사들은 거의 마법사와 같아서 한 사람의 삶이 호전되도록 돕는다.
그러나 이렇게 놀라운 일을 할 수 있기 때문에 그 과정에서 많은 해를

끼칠 수도 있다. 그들은 엄청난 개인적 힘을 가지고 있어서 매우 설득력이 있을 수 있다. 그들이 만들어내는 힘을 남용하거나, 더 나쁘게는 그 힘을 오해하여 맹목적으로 따르는 사람들을 잘못 인도한다. 내담자는 상담사의 거친 해석을 받고 압도되어 마비되는 당황스러운 상태로 물러날 수 있고, 결국 강요나 카리스마만 있는 치료사의 지식에 의하여 압도당할 수 있다.

이 힘을 어떻게 현명하게 행사할까? 체스게임처럼, 신중하게 가르치고 계산하여 움직일까? 아니면 그것은 내담자의 욕망에 맞추어서 나중에는 도움 없이도 더 나은 삶의 방식을 발달시키도록 돕는 지혜의 문제인가? 삶이 비록 대부분의 사람들에게 힘들더라도 본질적으로는 살만하다는 것을 기억할 필요가 있다. 삶은 재난과 역경과 가슴 아픈 일을 가져오기도 하지만 예기치 않은 기쁨과 행운을 가져오기도 한다. 삶은 천재적이고 지성적인 엄청난 힘을 요구하지 않지만, 우리 모두는 그렇게 하고 있다. 삶은 어려운 환경에서 선한 의지를 잘 활용할 것을 요구한다. 치료사들이 실패할지라도, 그들에게 맡겨진 사람들은 결국 정신을 가다듬을 것이다. 내담자들은 새로운 친구를 만나거나 자신의 고통으로부터 나와 갑자기 원상태로 돌아가는 놀라운 경험을 할 것이다. 그런 것이 없어도 사람들은 위기를 통과하여 자신의 길을 가면서 생존하기 위하여 자세를 낮추고 평범한 사람이 된다. 좋은 치료적 개입 기법은 내담자의 채무 불이행 태도를 넘어서 그들이 결함 있는 대처 방식을 넘어설 수 있게 하고, 다시 자기 충족적인 새로운 수준의 경험을 하게 한다. 어떤 치료는 내담자들을 문제로부터 해방시키는 대신 문제 속에 가두어 둠으로써 상처를 더해준다.
치료사들은 내담자들에게 해가 되지 않도록 접촉하는 능력을 키우고 치
료에 의존하지 않게 해야 한다. 그들이 줄 수 있는 그 이상을 절대 약속하
지 말아야 한다.

5. 치료는 유토피아로 인도하지 않는다

어떤 치료도 행복이나 유토피아를 진정으로 약속할 수 없다. 우리가
한 사람을 웃게 하거나 건설적인 인생관을 갖게 하거나, 과도한 긴장으로
부터 구제하거나 지루함에서 벗어나게 하는 데 성공할 수는 있지만 이것
이 오랜 기간 지속될 것이라는 보장은 없다. 실제로 이것이 그 사람을
더 행복하게 한다고 보장할 수는 없다. 행복은 상대적이고 영구적이지
않은 주관적 상태이다. 궁극적으로 그것은 그 사람, 그 사람의 삶의 환경
에, 그리고 그 사람이 어떻게 선택하는지에 달려 있다. 삶은 결코 단순하
거나 쉽지 않다. 치료사에게 상담 받는 내담자는 누구도 결코 낙원에 도
달할 수 없을 것이다. 열반은 치료의 목적지가 아니다. 그러나 우리는
내담자 자신의 삶에 영향을 미치는 성장에 대하여 깊이 생각해보도록 돕
고, 그리고 가능성에 대하여 더 분명하고 더 진실한 느낌을 갖도록 도울
것이다. 사람들이 주변의 다른 사람들과 조화를 이루면서 자신의 삶을
적극적으로 다루고 다시 받아들이도록 격려할 수 있으면 된다.

이 과정에서 불가피한 삶의 사건들에 관하여 수동성을 극복하는 것이
회복력을 갖는 것만큼이나 중요하다. 치료는 내담자들이 자신의 삶에 대

하여 그리고 그들이 가지고 있는 합리적인 또는 비합리적인 기대에 대하여, 보다 분명하게 생각하게 할 필요가 있다. 우리는 무엇이 내담자들의 삶을 더 나아지게 하거나 더 흥미롭게 하는지, 그리고 그러한 성장을 이루는 과정에서 겪게 될 위험은 무엇인지에 대하여 실제적인 이해를 하도록 분명하게 도울 수 있다. 분명히 우리는 내담자에게 좋은 것을 이미 알고 있다고 가정하지 말아야 한다. 그리고 틀에 박히고 예측 가능한 자기발달의 단계를 밟아가거나 다른 단계로 넘어가게 하는 쉬운 선택을 하지 말아야 한다. 각 사람의 여정은 그들에게는 특별하다. 그리고 그들은 자기 자신을 발견하는 곳에서부터 성장할 필요가 있다. 그것은 치료가 왜 개인적 문제인지를 말해준다. 두 명의 내담자에게 똑같은 개입을 해선 안 된다. 치료는 우리 모두가 공통적으로 가지고 있는 것을 알 필요가 있다. 우리는 미래의 위험과 과거의 상실에 주의를 기울일 필요가 있다. 삶의 상실과 이익은 서로 균형을 맞출 필요가 있다. 삶에서 균형은 나쁜 것 없이 단순히 좋은 것을 얻는 문제가 결코 아니다. 모든 선택은 무엇인가를 포기할 것을 요구한다. 부정 없는 긍정은 없다. 그림자 없는 빛도 없다.

6. 빛의 원천 발견하기

빛이 그림자를 드리우고 우리도 밤을 필요로 한다는 사실을 받아들인다고 해서 그것이 수동적으로 된다는 것을 의미하지는 않는다. 신이 우리를 구제해주고 우리에게 좋은 것을 줄 것을 기원하며 기다릴 필요는 없다. 우리의 신조나 신념이 무엇이든 우리가 치료사와 내담자 그리고 한 인간으로 존재한다면, 그리 대단하지는 않지만 우리가 받은 재능을 최대한 활용해야 한다는 것에서 예외인 사람은 없다. 만일 우리가 힘을 원한다고 한다면, 새로운 도덕에서 우리는 그 힘과 함께 있기를 기대하는 대신 그 힘과 함께 있으면 된다. 그것이 가능하기 위해서는 우리의 삶을 움직이는 힘을 알아야 한다. 우리는 우리의 명령을 따르는 삶의 힘과 자연, 사회의 법, 마음의 기질과 성향, 삶의 법칙과 우주, 다중우주와 같이 우리를 넘어서 우리에게 명령하는 힘 사이를 구별해야 한다. 우리가 만일 그것들을 왜곡하거나 그것들과 싸우려 하지 않고 조화를 이루는 삶을 산다면, 우리는 훨씬 잘 살게 될 것이다.

우리는 이러한 삶의 탐색을 무작위로, 되는 대로 또는 우리 멋대로 할 수 없다. 우리는 사실과 삶에 대한 진실한 이해 그리고 세계가 어떻게 작용하는가에 대한 진실한 이해에 기초하여 탐색할 수 있다. 만일 우리가 치료 과정에서 깊이 있는 탐색을 하고자 한다면, 분명히 치료사들이 그러한 문제에 전문가가 되어 그 길을 인도할 것이라고 기대할 수 있다. 우리는 치료사들이 진리를 명령하길 원하지 않고 우리 자신의 진리를 발견하도록 돕기를 원한다. 철저하게 모든 진리를 검토하여 우리 스스로 생각하는 법을 배우도록 돕기를 원한다. 우리는 치료사들이 지시하는 것을 원하지 않고, 우리 자신의 방향을 어떻게 발견하는지 정확한 지도를 가지고 나침반을 어떻게 작동시키는지를 보여주길 원한다. 우리는 그들이 어떻게 살라고 또는 시키는 대로 하라고 말해주기를 원하지 않는다. 그리고 어떤 교리나 거룩한 책을 따르라고 설득당하길 원하지 않는다. 우리는 분명히 다른 삶의 층과 양식에 대하여 알기를 원하고 사람들이 갈 수 있는 다른 길에 대하여 알기를 원한다. 우리는 끝없는 행복이나 사후에 있을 장소를 약속하길 원하지 않는다. 우리가 원하는 것은 제대로 된 삶, 근본적으로 건전하고 매력 있는 태도를 본받을 수 있는 삶이다. 그렇다. 이러한 것들은 치료사들이 우리에게 보여줄 수 있어야 하는 것들이다. 치료사들이 그렇게 하지 않는다면 우리는 그들의 능력에 대해서 물어야 한다.

7. 치료에서 더 많은 것을 요구하다

치료사가 당신을 야단치거나 당신 자신에 대하여 더 기분 나쁘게 해도 괜찮은 건가? 치료사가 당신과 경쟁적으로 되어도 정말 괜찮은 건가? 아니면 치료사가 당신을 인정하지 않으면서 이것이 왜 이런지에 대한 설명도 없이 또는 그 과정에서 무엇인가를 배울 수 있는 가능성도 만들어주지 않고 지지하는 것이 괜찮은 건가? 치료사가 냉대를 하거나 계속해서 당신보다 앞서는 것을 용납할 수 있겠는가? 치료사들이 마치 자신은 완전히 분석 받은 것처럼 행동하고, 인간 조건이나 당신의 비판을 넘어선 행동을 한다면 치료사를 신뢰할 수 있겠는가? 그들의 삶을 당신에게 보여주기를 거절하는 것을 받아들여야 하는가? 치료사를 만나는 우리의 목적이 우리의 삶의 방식을 향상시키는 것이라면, 그들이 삶을 관리하는 능력이 우리의 멘토가 될 만한지를 시험할 수 있다. 아마도 이것은 다른

어떤 것보다도 치료사로서의 능력을 더 잘 증명하게 될 것이다. 자신의
건강에 해로운데도 술을 마시고 담배를 피우는 의사, 또는 손이 서툰 외
과의사, 또는 근육이 발달되어 있지 않고 연약하거나 과체중인 개인 트레
이너를 신뢰하기 어려운 것과 마찬가지로, 자신의 행동에 부주의하거나
혼란스러워하는 치료사를 신뢰하기 어려울 것이다. 그렇다. 치료사는 좋
은 정신적, 정서적, 관계적 그리고 실존적 능력을 보여주어야 하고, 이것
은 당신에게 오는 내담자들이 보았을 때도 분명해야 한다. 만일 내담자들
이 당신을 먹이로 삼는다면 다른 데로 가고, 내담자들이 당신을 필요로
한다면 그들을 떠나라. 만일 내담자들이 당신을 자유롭게 하고 격려하여
당신 자신의 존엄을 발견할 수 있게 한다면, 그들은 도움을 받을 것이다.
내담자들이 현재 문제를 가지고 있는지를 물어라. 만일 답을 하지 않는다
면 조심하라. 만일 내담자들이 자신의 문제에 대하여 편안해하고 확신을
가지고 있다면 그리고 자신의 삶과 사람들과 적극적이고 탐구하며 참여
하는 방식으로 관계를 맺는 것 같으면, 문제해결을 하려고 노력하는 당신
은 도움이 될 것이다.

　만일 당신이 삶에 대하여 배우고 싶다면, 기꺼이 가르치면서도 기꺼이
배우려하는 치료사를 만나라. 만일 당신이 삶에 능숙해지길 원하면, 당
신을 더 강하게 그리고 더 현명하게 만들 수 있는 치료사를 찾아라. 그
치료사는 유토피아나 행복을 약속하지는 않지만, 더 나은 것을 추구하도
록 당신을 도울 준비가 되어 있을 것이다. 만족과 깨달음에 대한 경험이
분명히 삶의 목적의 한 부분이긴 하지만, 그것만은 아니다. 그것은 대부

분 여행을 배우는 것에 대한 것이다. 역경과 어려움에 대한 우리의 태도에서 단호한 것과 삶의 법칙에 굴복하는 것, 우리가 만나는 한계와 불행에 편안해하는 것, 우리가 기대하는 좋은 일에 대한 열정을 배우는 것에 대한 것이다. 그것은 모두 모험처럼 사는 삶에 대한 것이다. 옳고 그름에 대한 이해는 우리가 어떻게 행동하고 싶은가에 따라 만들어진다. 윤리적 삶은 실제적인 도덕능력을 가지고 사는 것, 지혜와 민첩성을 가지고 진리와 선과 아름다움을 보는 눈을 가지고 행동하는 것이다. 그러나 그른 것, 추하거나 나쁜 것을 견디고 초월할 수 있는 능력도 있어야 한다. 우리는 왜 보통의 인간 고통에 만족해야 하는가? 인간의 발전은 그 이상 더 먼 곳으로 우리를 인도할 수 있다. 치료 전문가는 의학이나 마법 이상으로 우리를 인도하고 있다. 그것의 발전을 확신하라. 인간의 자유와 창의성은 사람들을 충분히 잘 살아가게 할 수 있다. 이것을 언제든지 가능하게 하는 것이 우리의 과제이다.

8. 행복의 느낌

그러면 결국 행복의 느낌은 무엇인가? 그것은 전체 그림의 반만 보여주는 것일 뿐이다. 만일 우리가 행복을 포함한 감정을 제대로 느끼기를 원한다면 정서의 전체적인 스펙트럼을 기꺼이 경험해야 한다. 우리는 우리의 감정과 마음의 상태를 얼마나 개방할지를 결정할 수 있다. 우리는 다소 유동적일 수도 있고 경직될 수도 있다. 우리는 다소 민감할 수도 있고 수동적일 수도 있다. 그러나 우리가 굴복하거나 반대하거나 싸울 수 없는 인형이나 좀비처럼, 우리의 태도가 언제나 긍정적일 수는 없다. 물론 우리가 사랑하고 좋게 느끼는 것은 우리를 행복하게 한다. 그러나 행복이나 사랑만으로 세계를 만들지는 못한다. 우리가 사랑하는 모든 것이 우리에게 좋은 것도 아니고 행복이 우리를 올바른 길로 가게 하는 것도 아니다. 이것은 우리가 사랑과 행복에 목표를 두지 말아야 한다는 의미도 아니고, 또 단지 어떤 종류의 행복과 사랑에 목표를 두어야 한다는 것도 아니다. 미움과 고통도 다룰 준비가 되어 있어야 하는 것이다.

삶의 고통을 해결할 때, 만일 우리가 행복과 사랑을 우리 태도의 지침으로 여긴다면, 그것만이 실제로 의미 있을 것이다. 그것은 반응이 아니라 적극적인 경험이고 존재의 양식이다. 누군가 무엇인가를 사랑하는 것은 사랑의 목적을 향하여 헌신하는 태도를 갖는 것이다. 진실함으로 행복은 편안하게 즐기면서 단순히 행복의 느낌을 즐기는 것이 아니다. 행복은 마음의 상태로서 세계에, 타인에, 나 자신에, 나에게 영감을 주는 생각에 마음을 열 것을 요구한다. 행복의 태도는 비난하거나 불평하는 것이 아니라 감사하는 태도이다. 행복하게 있기보다는 행복을 행하는 것은 세계와 삶을 있는 그대로 만나는 것이다. 나는 화가의 눈으로 주변 세계의 성장과 부패를, 세계의 아름다움을 똑같은 존재양식으로 본다. 나의 노래는 나무와 새로부터 그리고 공장과 교통 소음으로부터 기적과 같은 화음을 발명한다. 세계에 적극적으로 참여하는 행복은 만족으로 인한 행복보다 더 많은 의미를 준다. 내가 삶에 적극적으로 참여할 때, 그것이 비록 순수하게 행복하지 않은 도전일지라도, 나의 피부는 빛나고 나의 피는 부드럽게 흐르고 나의 생각은 비극과도 대면할 수 있다.

9. 진리와 행복

　이 책의 초고를 마쳤을 때 아버지의 임종이 임박했다는 것이 나를 무겁게 짓누르고 있었다. 이러한 애도의 상태에서도 정원의 나무를 비추는 햇살은 특별한 의미와 심오한 진지함을 가지고 있었다. 나는 순환하는 자연의 아름다움에 매우 민감하여 나의 실존의 무상함에 감사할 수 있었고 나 자신과 자연이 조화를 이루도록 할 수 있었다. 나는 어떤 것도 있는 그대로의 존재 방식과 달라지기를 요구하지 않는다. 다만 내가 할 수 있는 최선을 다하여 나의 부분을 감당해야 한다는 것을 알 뿐이다. 나는 올바르게 존재하는 것과 함께 일하는 것을 배우고, 가치 있는 모든 것을 위하여 세계가 빛을 비추면, 내가 살아 있는 동안 그 빛의 일부분이 되려고 노력한다. 나 자신의 존재가 되는 것이 때로는 영광스럽고 때로는 혐오스럽지만, 그 모든 것에서 그리고 그것이 무엇이든 그것에서 평화를 느낀다. 아버지가 돌아가시면 나는 나의 부모의 자녀라기보다는 삶의 자녀가 된다는 자각을 더 많이 할 것이다. 생명의 오고 감이라는 불변의 진리 안에서 나보다 조금 먼저 가시지만, 나는 지금 그 길을 인식하고 멀리서 불빛이 보이는 끝을 볼 수 있다. 역설은 언제나 거기에 있다. 즉 생명 안에 죽음이 있다. 그것은 우리가 관여할 일이 아니다. 나는 재배열을 요구할 수 없다. 내가 죽음에 직면할 때 삶을 다시 발견한다.

　궁극적으로 그것을 알 때 엄청난 평화의 느낌이 깃든다. 그것은 일종의 근원적인 행복으로, 우리가 잘은 모르지만 틀림없이 이치에 맞는다고 알고 있는 황량한 우주에서 발견되는 것에서 비롯된다. 우리는 우주가 우리에게 악의적이지 않고, 우리 자신을 우주에 재배열하는 것이 위로가 되어 그 안에서 안전하게 담겨 있기를 바란다. 나는 삶을 배우기에 가장 알맞은 정확한 경험을 삶이 나에게 줄 것을 믿는다. 때로는 그러한 경험이 어려울 것이다. 때로는 심지어 재난으로 보일 수도 있다. 그러나 재난을 넘어서 재난으로부터 배울 때, 우리는 그때를 진리의 순간으로 받아들이게 된다.

• 참고문헌 •

Achenback, B.G.(1984), *Philosophische Praxis*. Koln: Jurgen Dinter.

Aurelius, M.(2006), *Meditations*, trans. by M. Hammond, London: Penguin Classics.

Baumeister, R.F.(1991), *Meanings of Life*. London: The Guilford Press.

Beauvoir, S. de(1972), *The Second Sex*, trans. by H.M. Parshle, London: Penguin Modern Classics.

Beauvoir, S. de(2000), *Ethics of Ambiguity*, trans. by B. Frechtman, Oxford: Citadel Press.

Bernard, B.(1985), *Vincent by Himself*. New York: Little, Brown and Co.

Binswanger, L.(1946/1958), "The existential analysis school of thought", R. May, E. Angel and H.F. Ellenberger (eds), *Existence*. New York: Basic Books.

Binswanger, L.(1963), *Being-in-the-world*, trans. by J. Needleman, New York: Basic Books.

Blackburn, S.(2001), *Being Good: A Short Introduction to Ethics*. Oxford: Oxford University Press.

Boss, M.(1957), *Psychoanalysis and Daseinsanalysis*, trans. by J. B. Lefebre, New York: Basic Books.

Boss, M.(1979), *Existential Foundations of Medicine and Psychology*. New York: Jason Aronson.

Bracken, P.(2002), *Trauma: Culture, Meaning and Philosophy*. London:

Whurr.

Bretherton, R. and Φrner, R.J.(2004), "Positive psychology and psycho therapy: an existential approach", P.A. Linley and S. Joseph, *Positive Psychology in Practice*, Hoboken: John Wile and Sons.

Brulde, B.(2007), "The science of happiness", *Journal of Happiness Studies*, 8(1) (March), pp.1-14.

Buber, M.(1923/1970), *I and Thou*, trans. by W. Kaufman, Edinburgh: T&T Clark.

Buber, M.(1929/1947), *Between Man and Man*, trans. by R.G. Smith, London: Kegan Paul.

Camus, A.(1942/2006), *The Myth of Sisyphus*, trans. by J. O'Brien, Harmondsworth: Penguin Modern Classics.

Camus, A.(1954), *The Rebel: An Essay on Man in Revolt*, trans. by A. Bower, New York: Vintage.

Camus, A.(1989), *The Stranger*, trans. by M. Ward, New York: Vintage Books.

Carr, A.(2004), *Positive Psychology: The Science of Happiness and Human Strengths*, New York: Psychology Press.

Cohn, H.W.(1997), *Existential Thought and Therapeutic Practice: An Introduction to Existential Psychotherapy*, London: Sage.

Cooper, D.(1967), *Psychiatry and Anti Psychiatry*, London: Tavistock Publications.

Csikszentmihalyi, M.(1990), *Flow: The Concept of Optimal Psychology*, New York: Harper Collins Publishers.

Csikszentmihalyi, M.(2007), http://wikipedia.org/wiki/Mihaly_Csikszentmihalyi.

Curnow, T.(2001), *Thinking Through Dialogue: Essay on Philosophy in Practice*, Oxted: Practical Philosophy Press.

Culter, H.(2007), http://theartofhappiness.com/

Daliai Lama and Culter, H.(1998), *The Art of Happiness*, New York: Riverhead Books, Penguin.

Davies, P.(2007), *The Goldilocks Enigma*, London: Penguin Books.

Dawkins, R.(2006), *The God Delusion*, London: Bantam Press.

Dennett, D.(2003), *Freedom Evolves*, London: Allen Lane, the Penguin Press.

Derrida, J.(1967/1978), *Writing and Difference*, Chicago, IL: University of Chicago Press.

Deurzen, E. van(1988/2002), *Existential Counselling and Psychotherapy in Practice*, London: Sage Publications.

Deurzen-Smith, E. van(1997), *Everyday Mysteries: Existential Dimensions of Psychotherapy*, London: Routledge.

Deurzen, E. van(1998a), *Paradox and Passion in Psychotherapy*, Chichester: Wiley.

Deurzen, E. van(1998b), "Beyond psychotherapy", in Psychotherapy Section of the *British Psychological Society Newsletter*, 23 (June), pp.4-18.

Deurzen, E. van(2000), "*The Good Life: New Values for an age of Virtualif*", key note speech for the International Conference on Existential Psycho therapy in Arhus, Denmark, published on www.existentialtherapy.net

Deurzen, E. van and Arnold-Baker, C.(2005), *Existential Perspectives on*

Human Issues: A Handbook for Practice, London: Palgrave.

Dickinson, E.(1994), *The Works of Emily Dickinson*, London: The Wordsworth Poetry Library.

Diener, E.(2000), "Subjective well-being: the science of happiness, and a proposal for a national index", *American Psychologist*, 55, pp.34-43.

Diener, E.(2007), "Satisfaction with Life scale", http://www.psych.uiuc.du/~ediener/hottopic/hottopic.html

Diener, E. and Suh, E.M.(eds)(2000), *Culture and Subjective Well-being*, Cambridge, MA: MIT Press.

Dreyfus, H.(1964), in M. Merleau Ponty, *Sense and Non Sense*, Evanston, IL: Northwestern University Press.

Eagleton, T.(2007), *The Meaning of Life*. Oxford: Oxford University Press.

Eliot, T.S.(1954), *Selected Poems*, London: Faber and Faber.

Erwin, E.(1997), *Philosophy and Psychotherapy*, London: Sage Publications.

Foucault, M.(1965), *Madness and Civilization: A History of Insanity in the Age of Reason*, trans. by R. Howard, New York: Random House.

Frankl, V.E.(1967), *Psychotherapy and Existentialism: Selected Papers on Logotherapy*, Harmondsworth: Penguin.

Frankl, V.E.(1946/1964), *Man's Search for Meaning*, London: Hodder and Stoughton.

Frankl, V.E.(1955), *The Doctor and the Soul*, New York: Knopf.

Garland, A.(1997), *The Beach*, London: Penguin Books.

Gendlin, E.T.(1996), *Focusing-Oriented Psychotherapy:* A Manual of the Experiential Method, London: Guilford Publications.

Graves, R.(1992), *Greek Myths*, London: Penguin Books.

Habermas, J.(1973), "Dogmatism, reason, and decision: on theory and praxis in out scientific civilization", trans. by J. Viertel, *Theory and Practice*, Boston: Beacon Press.

Heidegger, M.(1927/1962), *Being and Time*, trans. by J. Macquarrie and E.S. Robinson, London: Harper and Row.

Herrestad, H., Holt, A. and Svare, H.(2002), *Philosophy in Society*, Oslo: Unipub Vorlag.

Hoggard, L.(2005), *How to be Happy? Lessons fro Making Slough Happy*, London: BBC Books.

Holmes, T.H. and Rahe, R.H.(1967), "Holmes-Rahe life changes scale", *Journal of Psychosomatic Research*, 11, pp.213-218.

Hoogendijk, A.(1991), *Spreekuur biu een Filosoof*, Utrecht: Veen.

Hubbard, S.(2004), "Eurydice", in *Ghost Station, Salt*, First commissioned by the Arts Council and the BFI for Waterloo underpass 1999.

Huxley, A.(1932/2003), *Brave New World*, London: Vintage, Random House.

James, H.(1986), *The Ambassadors*, London: Penguin Books Ltd.

James, O.(2007), *Affluenza: How to be Successful and Stay Sane*, London: Vermillion.

Jaspers, K.(1951), *The Way to Wisdom*, trans. by R. Manheim, New Haven: Yale University Press.

Jaspers, K.(1963), *General Psychopathology*, Chicago: University of Chicago Press.

Jaspers, K.(1964), *The Nature of Psychotherapy*, Chicago: University of Chicago Press.

Kierkegaard, S.(1843/1974), *Fear and Trembling*, trans. by Walter Lowrie, Princeton: Princeton University Press.

Kierkegaard, S.(1844/1980), *The Concept of Anxiety*, trans. by R. Thomte, Princeton: Princeton University Press.

Kierkegaard, S.(1846/1941), *Concluding Unscientific Postscript*, trans. by D.F. Swenson and W. Lowrie, Princeton: Princeton University Press.

Kierkegaard, S.(1855/1941), *The Sickness unto Death*, trans. by W. Lowrie, Princeton: Princeton University Press.

Kierkegaard, S.(1999), *Papers and Journals: a Selection*, trans. by A. Hannay, London: Penguin Classics.

Lahav, R. and Venza Tillmanns, M. da(1995), *Essays on Philosophical Counselling*, Lanham: University Press of Maryland.

Laing, R.D.(1960), *The Divided Self*, London: Tavistock Publications.

Laing, R.D.(1961), *Self and Others*, London: Penguin Books.

Laing, R.D.(1967), *The Politics of Experience*, London: Tavistock Publications.

Laing, R.D. and Esterson, A.(1964), *Sanity*, Madness and the Family, London: Penguin Books.

Layard, R.(2005), *Happiness: Lessons from a New Science*, London: Penguin Books.

LeBon, T.(2000), *Wise Therapy*, London: Continuum Press.

LeBon, T.(2007),

http://www.timlebon.com/BeyondAuthenticHappiness.html

Levin, I.(1972), *The Stepford Wives*, New York: Random House.

Levinas, E.(1989), *Ethics as First Philosophy*, Duquensne: Duquesne University Press.

Lewin, K.(1999), *The Complete Social Scientist: A Kurt Lewin Reader*, New York: American Psychological Association.

Linley, P.A. and Joseph, S.(eds)(2004), *Positive Psychology in Practice*, Hoboken, NJ: Wiley.

Luther King, M.(1963), *Strength to Love*, Glasgow: William Collins and Sons.

Macaro, A.(2006), *Virtue Ethics and Psychotherapy*, Chichester: Palgrave.

McGrath, A. and McGrath, J.C.(2007), *The Dawkins Delusion*, London: SPCK.

Mankell, H.(1994), *The Man who Smiled*, trans. by L. Thompson, Lodnon: Harvill Press.

Mann, T.(1924/1996), *The Magic Mountain*, trans. by John E. Woods, Everyman's Library, London: Random House.

Martin, J.(2006), *The Meaning of the 21st Century: A Vital Blueprint for Ensuring our Future*, London: Transworld Eden project books.

May, R.(1969a), *Love and Will*, New York: Norton.

May, R.(1969b), *Existential Psychology*, New York: Random House.

May, R.(1983), *The Discovery of Being*, New York: Norton and Co.

May, R., Angel, E. and Ellenberger, H.F.(1958), *Existence*, New York: Basic Books.

Merleau Ponty, M.(1945/1962), *Phenomenology of Perception*, trans. by C. Smith, London: Routledge.

Merleau Ponty, M.(1964), *Sense and Non-Sense*, trans. by H. Dreyfus. and P. Dreyfus. Evanston, IL: Northwestern University, Press.

Merleau Ponty, M.(1968), *The Visible and the Invisible*, trans. by A. Lingis. Evanston, IL: Northwestern University, Press.

Midgley, M.(2004), *The Myths We Live By*, London: Routledge.

Morioko, M.(2003), *Painless Civilization: A Philosophical Critique of Desire*, Mutsu Bunmei Ron, Tokyo, Transview, English translation, http:/www.lifestudies.org/ painless00.html:21

Murdoch, I.(1970), *The Sovereignty of Good*, London: Routledge.

Nagel, T.(1986), *The View from Nowhere*, New York: Oxford University Press.

Nietzsche, F.(1881/1987), *Daybreak: Thoughts on the Prejudices of Morality*, trans. by R.J. Hollingdale, Cambridge: Cambridge University Press.

Nietzsche, F.(1882/1974), *The Gay Science*, trans. by W. Kaufman, New York: Vintage Books.

Nietzsche, F.(1883/1933), *Thus Spoke Zarathustra*, trans. by A. Tille, New York: Dutton.

Nozick, R.(1974), *Anarchy, State and Utopia*, New York: Basic Books.

Nussbaum, M.C.(1994), *The Therapy of Desire: Theory and Practice in Hellenistic Ethics*, Princeton: Princeton University Press.

Nussbaum, M.C.(2001), *Upheavals of Thought: The Intelligence of Emotions*, New York: Cambridge University Press.

Orwell, G.(1949), *1984*, London: Penguin Books.

Oxford Dictionary(2005), Oxford: Oxford University Press.

Plato(405 BCE/1988), *Gorgias*, trans. by James H. Nichols Jr. Ithaca: Cornell University Press.

Redelmeier, D. and Singh, S.(2001), "Survival in Academy Award winning actors and actresses", *Annals of Internal Medicine*, 124, pp.955-962.

Richardson Lear, G.(2004), *Happy Lives and the Highest Good: An Essay on Aristotl's Nicomachean Ethics*, Princeton: Princeton University Press.

Ricoeur, P.(1986), *Lectures on Ideology and Utopia*, New York: Columbia University Press.

Rubenfeld, J.(2006), *The Interpretation of Murder*, London: Headline Publishing Group.

Satre, J.P.(1939/1962), *Sketch for a Theory of the Emotions*, trans. by M. Warwick, London: Methuen & Co.

Satre, J.P.(1943/1956), *Being and Nothingness: An Essay on Phenomenological Ontology*, trans. by H. Barnes, New York: Philosophical Library.

Satre, J.P.(1960a/1968), *Search for a Method*, trans. by H. Barnes, New

York: Random House Vintage Books.

Satre, J.P.(1960b/1976), *Critique of Dialectical Reason*, trans. by A. Sheridan-Smith, London: Methuen and Co.

Satre, J.P.(1965), *What is Literature?*, trans. by B. Frechtman, New York: Philosophical Library.

Satre, J.P.(1983/1992), *Notebooks for an Ethics*, trans. by D. Pellauer, Chicago: University of Chicago Press.

Satre, J.P.(1992), *Truth and Existence*, trans. by A. van den Hoven, Chicago: University of Chicago Press.

Seligman, M.E.P., Peterson, C. and Maier, S.(1996), *Learned Helplessness: A Theory for the Age of Personal Control*, New York: Oxford University Press.

Seligman, M.E.P.(2002), *Authentic Happiness*, New York: The Free Press.

Selye, H.(1974/1991), *Stress Without Distress*, New York: Signet.

Selye, H.(1978), *Stress of Life*, New York: MacGraw Hill.

Snow, J.(2005), *New Ten Commandments*, London: Channel Four.

Solnick, S. and Hemenway, D.(1998), "Is more always better? A survey on positional concerns", *Journal of Economic Behaviour and Organization*, 37, pp.373-383.

Spinoza, B. de(1677/1989), *Ethics*, trans. by R.H.M. Elwes, New York: Dover Publications.

Spurrell, M.T. and MacFarlane, A.C.(1992), "On stress", *Journal of Nervous and Mental Disease*, 180, pp.439-445 [Medline].

Szasa, T.S.(1961), *The Myth of Mental Illness*, New York: Hoeber-Harper.

Tantam, D.(2002), *Psychotherapy and Counselling in Practice: A Narrative Approach*, Cambridge: Cambridge University Press.

Tantam, D. and Deurzen, E. van(2001), *Cycle of Crisis*, SEPTIMUS course, www.septimus.info

Tillich, P.(1952), *The Courage to Be*, Newhaven: Yale University Press.

Tillich, P.(1966), *On the Boundary*, New York: Charles Scribner and Sons.

Tolstoy, L.(1886), *The Death of Ivan Ilyich*, London: Penguin, Red Classics.

Tolstoy, L.(1983), *Confessions*, trans. by D. Patterson, New York: Norton and Company.

Veenhoven, R.(1984), *Conditions of Happiness*, Dordrecht/Boston: Kluwer Academic Publishing.

Vlastos, G.(1991), *Socrates: Ironist and Moral Philosopher*, Cambridge: Cambridge University Press.

Wikipedia(2006), *Dictionary on the Internet*, www.Wikipedia.com

Worden, W.(2002), *Grief Counseling and Grief Therapy: A Handbook for the Mental Health Professional*, Frankfurt: Springer Publishing Company.

World Health Organization(1946), *Constitution of the World Health Organization*, WHO records, 2:100, New York.

Yalom, I.(1980), *Existential Psychotherapy*, New York: Basic Books.

Zeigarnik, B.W.(1967), "On finished and unfinished tasks", in W.D. Ellis(ed.), *A Sourcebook of Gestalt Psychology*, New York: Humanities Press.

• 찾아보기 •

ㅈ

· 저자 소개 ·

에미 반 두르젠 (Emmy van Deurzen)

- 쉴러대학 심리치료 전공 교수
- 런던 심리치료와 상담연구소(New School of Psychotherapy and Counselling) 학장
- 셰필드대학 건강연구소(School of Health and Related Research) 명예교수
- 런던과 셰필드에서 딜레마 상담연구소(Dilemma Consultancy Ltd) 운영

주요 저서

『Skills in Existential Counselling and Psychotherapy』 2nd ed.(2016)

『Paradox and Passion in Psychotherapy』 2nd ed.(2015)

『Existential Psychotherapy and Counselling in Practice』 3rd ed.(2012)

『Everyday Mysteries: A Handbook of Existential Psychotherapy』 2nd ed.(2010)

『Dictionary of Existential Psychotherapy and Counselling』 (2005)

• 역자 소개 •

윤희조

- 서울대학교 철학과 학·석사
- 서울불교대학원대학교 불교학과 석·박사
- 현 서울불교대학원대학교 불교학과 불교학 전공, 불교상담학 전공 주임교수
- 현 불교와심리연구원 원장
- 현 한국불교상담학회 편집위원장

주요 저서

『붓다와 프로이트』 (운주사, 2017)

『불교심리학사전』 (씨아이알, 2017)

『불교상담학개론』 (학지사, 2017)

『불교의 언어관』 (씨아이알, 2012)

윤영선

- 숙명여자대학교 영문과 학사
- 서울신학대학교 상담대학원 상담심리학 석·박사
- 현 한국실존치료연구소 부소장

주요 저서

『인간의 사랑과 성』 (아카데미아, 2017)

『정신통합: 영혼의 심리학』 (씨아이알, 2016)

『은퇴의 심리학』 (NUN, 2016)

심리치료와 행복추구

초판인쇄 2017년 11월 14일
초판발행 2017년 11월 21일

저　　　자 에미 반 두르젠
역　　　자 윤희조, 윤영선
펴　낸　이 김성배
펴　낸　곳 도서출판 씨아이알

책임편집 박영지, 최장미
디　자　인 백정수, 윤미경
제작책임 이헌상

등록번호 제2-3285호
등　록　일 2001년 3월 19일
주　　　소 (04626) 서울특별시 중구 필동로8길 43(예장동 1-151)
전화번호 02-2275-8603(대표)
팩스번호 02-2265-9394
홈페이지 www.circom.co.kr

I S B N 979-11-5610-338-7　93180
정　　　가 20,000원

여러분의 원고를 기다립니다.

도서출판 씨아이알은 좋은 책을 만들기 위해 언제나 최선을 다하고 있습니다. 토목·해양·환경·건축·전기·전자·기계·불교·철학 분야의 좋은 원고를 집필하고 계시거나 기획하고 계신 분들, 그리고 소중한 외서를 소개해주고 싶으신 분들은 언제든 도서출판 씨아이알로 연락 주시기 바랍니다. 도서출판 씨아이알의 문은 날마다 활짝 열려 있습니다.

출판문의처 : cool3011@circom.co.kr 02)2275-8603(내선 605)

≪도서출판 씨아이알의 도서소개 ≫

※ 한국출판문화산업진흥원의 세종도서로 선정된 도서입니다.
† 대한민국학술원의 우수학술도서로 선정된 도서입니다.
§ 한국과학창의재단의 우수과학도서로 선정된 도서입니다.

불교

붓다와 정토(대승불전 II)(시리즈 대승불교 ⑤)
시모다 마사히로 외 저 / 원영상 역 / 2017년 10월 / 352쪽(152*224) / 22,000원

열정적 깨달음_딴뜨릭 불교의 여성들
미란다 쇼(Miranda Shaw) 저 / 조승미 역 / 2017년 9월 / 508쪽(152*224) / 24,000원

라싸 종교회의_8세기 말 티벳불교의 돈점 논쟁
폴 드미에빌 저 / 배재형, 김성철, 차상엽 역 / 2017년 8월 / 본문 편 212쪽, 각주 편 444쪽(152*224) / 43,000원

돈황사본 『대승기신론소』 연구
금강대학교 불교문화연구소 저 / 2017년 7월 / 524쪽(152*224) / 38,000원

율(律)에서 배우는 삶의 지혜
Sasaki Shizuka 저 / 지성 스님 역 / 2017년 6월 / 240쪽(158*224) / 16,000원

불교심리학사전
이노우에 위마라, 카사이 켄타, 카토 히로키 편 / 윤희조 역 / 2017년 4월 / 824쪽(152*224) / 38,000원

지론종 연구
금강대학교 불교문화연구소 편저 / 2017년 3월 / 1200쪽(152*224) / 70,000원

인식학과 논리학(시리즈 대승불교 ⑨)
가츠라 쇼류 외 저 / 박기열 역 / 2017년 2월 / 320쪽(152*224) / 22,000원

의두(화두) 23기행_감생이 두 마리(대적공실·의두요목 해의)
우세관 저 / 2016년 12월 / 260쪽(140*195) / 15,000원

대승불교의 실천(시리즈 대승불교 ③)
스에키 후미히코 외 저 / 김재권 역 / 2016년 12월 / 296쪽(152*224) / 20,000원

아비담마 연구: 마음과 시간에 대한 불교적 탐구
냐나포니카 테라 저 / 빅쿠 보디 편 / 김한상 역 / 2016년 11월 / 272쪽(152*224) / 20,000원

세계 불교학자들의 학문과 방법(동대세불연총서 ②)
동국대학교 세계불교학연구소 편 / 2016년 9월 / 388쪽(152*224) / 30,000원

불교의 업설: 대승성업론
바수반두(世親) 저 / 윤영호 역 / 2016년 9월 / 116쪽(148*210) / 12,000원

한국사상사: 불교사상편
고영섭 저 / 2016년 8월 / 208쪽(152*224) / 14,000원

불교입문: 불교로 들어가는 문
고영섭 저 / 2016년 8월 / 236쪽(152*224) / 14,000원

불학과 불교학: 인문학으로서 불교학 이야기
고영섭 저 / 2016년 7월 / 644쪽(152*224) / 28,000원

요가수행자의 불교적 바탕: 『유가사지론』의 인도·티벳·동아시아 전파 금강학술총서 ㉒
울리히 팀메 크라우 편저 / 금강대학교 불교문화연구소 편역 / 2015년 6월 / 476쪽(152*224) / 35,000원

성유식론(成唯識論) 주해
이 만 역주 / 2016년 6월 / 808쪽(152*224) / 38,000원

세계의 불교학 연구(동대세불연총서 ①)
동국대학교 세계불교학연구소 편 / 2016년 5월 / 432쪽(152*224) / 30,000원